园林古建
百位匠师铭录

北京市园林古建工程有限公司
张道顺 编著

中国建筑工业出版社

图书在版编目（CIP）数据

园林古建百位匠师铭录／张道顺编著.—北京：中国建筑工业出版社，2017.2
ISBN 978-7-112-20226-3

Ⅰ.①园… Ⅱ.①张… Ⅲ.①园林建筑—工程技术人员—生平事迹—中国—现代 Ⅳ.①K826.16

中国版本图书馆CIP数据核字（2016）第004567号

北京市园林古建工程有限公司在园林古建业内具有很高的知名度。本书由北京市园林古建工程有限公司组织公司的专业人士编著而成，全书介绍了园林古建公司百位工匠师傅们的工作经历以及他们的成就。

全书共包括：公司简史、瓦作匠师、木作匠师、油漆作匠师、画作匠师、山石匠师、扎彩作匠师等内容。书中文字篇幅适中，对公司的发展历程和每位匠师的介绍配以大量彩色图片加以说明，使读者可以切身感受北京市园林古建工程有限公司的辉煌业绩。

责任编辑：张伯熙
责任校对：焦　乐　张　颖

园林古建百位匠师铭录
北京市园林古建工程有限公司
张道顺　编著
*
中国建筑工业出版社出版、发行（北京海淀三里河路9号）
各地新华书店、建筑书店经销
北京美光设计制版有限公司制版
北京方嘉彩色印刷有限责任公司印刷
*
开本：965×1270毫米　1/16　印张：19¼　字数：556千字
2017年6月第一版　2017年6月第一次印刷
定价：200.00元
ISBN 978-7-112-20226-3
（29692）

版权所有　翻印必究
如有印装质量问题，可寄本社退换
（邮政编码 100037）

前言 Forward

中国古建筑，是人类创造的艺术典范，其独特的建筑外形、榫卯结构和丰富的彩画形式有着特定的含义，是人类弥足珍贵的文化遗产，是中国文化的一种体现。写一本介绍北京市园林古建工程有限公司和工匠师傅们的书，是我多年的愿望。

北京市园林古建工程有限公司成立于1952年12月25日，60多年来始终致力于园林古建事业发展和古建筑技艺传承，先后承揽了颐和园、天坛公园、故宫、八达岭长城、明十三陵、湖北武当山古建筑群、承德避暑山庄以及天安门、正阳门、圆明园、北海公园、中山公园、景山公园、香山碧云寺、北京植物园卧佛寺、潭柘寺、戒台寺、恭王府等一大批世界文化遗产及全国重点文物保护单位的古建筑保护修缮与复建，并承建了英国、德国、日本、加拿大、西班牙、埃及、约旦、哈萨克斯坦等十几个国家和中国香港地区的中国园林仿古工程，培养了一大批具有精湛技艺的园林古建匠师，创造了辉煌的业绩。2014年园林古建公司"古建油漆彩绘"入选第四批北京市非物质文化遗产保护名录，尽显"国匠"风采与责任。

中国古建筑，犹如一幅跨越时空、意境优美的古典画卷，蕴含着精湛的技艺——"瓦、木、土、石、扎、油漆、彩画、抓"八大作。工匠，乃工艺专长的匠人，如木匠、瓦匠、油漆匠等。我国从周代始设匠师，为主管众工匠的官员。《通典》记载："正五命……冬官：工部、匠师、司木、司土、司金、司水等。"通常，匠师是负责宫殿砖瓦建筑的官员，所谓："后周有匠师中大夫，掌城廓宫室之制。"而木工由司木负责。匠师技高于工匠，乃大师也。

本书真实记载了北京市园林古建工程有限公司100位匠师的古建筑技艺与辛勤奉献，他们当中有的由瓦匠、木匠、油漆匠、画匠、扎彩匠成长为工程师、设计师、全国著名古建专家。瓦作大师孙祖培、古建筑木作"头牌"张忠和、油漆作"泰斗"赵立德、资深画师郑守仁、扎彩作大师顾永林、山石大师周学凯等，还有园林古建公司古建技艺传承人：瓦作匠师卢立辉、木作匠师郑晓阳、油漆作匠师李海先、画作匠师秦书林、王光宾、李燕肇、张民光，他们是匠师中的佼佼者，对古建筑技艺传承执着与坚守，为古建筑保护修缮与复建付出了心血与汗水。

让古建成就梦想。古建筑保护与技艺传承是我们一代又一代园林古建人的一份责任。佛像制作与修复大师刘玉明，师从程德海，弟子李海先收徒董兴旺、李鹏胜；"高彩匠"画师冯庆生，师从张仕桀，弟子李燕肇收徒江永良；"线法"创新大师冯义，师从郑守仁，师爷常魁林，收徒包一建、张民光。他们是古建筑技艺师承四代的典型传承者代表。

《园林古建百位匠师铭录》的出版，耗时两年有余，编著过程中，得到了多方的支持与帮助，走访请教了顾永林、周学凯、刘玉明、冯义、李振麒、许贵清、赵洪晨等老师傅们，在此表示感谢！杨宝生、张峰亮、刘畅、赵欣慧、马楠参与了本书的编著工作，在此一并表示感谢！

此书的问世，意在让更多的人了解园林古建公司，敬仰园林古建匠师，学习传承古建筑技艺。让我们铭记在心，赞美匠师技艺，弘扬"精雕细琢、精益求精"的工匠精神，为中国园林古建事业发展添砖加瓦，描金增彩。

北京市园林绿化集团有限公司党委副书记
北京市园林古建工程有限公司党委书记

张道顺

2016 年 10 月

目录 Contents

前言
公司简史　　　　　　　　　　　　　　　　　　　　　　　　1

瓦作匠师

劳模匠师	于春和	74
新建瓦作元老	李庆林	76
古建瓦作"标杆"	李庆银	78
瓦作老班长	李克祥	80
瓦作"红旗手"	李庆增	82
砖雕大师	安德厚	84
憨厚老匠师	李庆坡	86
资深瓦作大师	孙祖培	88
"琉璃活"大师	崇俊福	90
瓦作老班长	刘琪伶	92
"黑活"大师	马增德	94
瓦作老技师	李振麒	96
瓦作老匠师	孟三林	98
全国著名古建专家	刘大可	100
砖雕匠师	张树义	104
第一个"清包工"匠师	杜忠义	106
"三位一体"的实践者	杨宝生	108
从瓦作到质监站长	刘新明	112
从瓦作到项目经理	孙　源	114
瓦作技师	张铁栓	116
古建瓦作新秀	王荣生	118
从瓦作到高级工程师	薛玉宝	120
从瓦作到项目经理	田宝生	122
从瓦作到高管	张顺来	124
从司机到项目经理	胡国明	126
优秀瓦作工长	薛福海	130
从电工到项目经理	燕树伟	132
从材料员到项目经理	鄂疆辉	134
古建筑瓦作能手	卢立辉	136

木作匠师

古建筑木作"头牌"	张忠和	140

新建、古建全能技师	崔兴汉	142
古建筑设计大师	陈维汉	144
精通新建、古建匠师	王占武	146
雕刻技师	张瑞泽	148
木作老匠师	许贵清	150
由木作到优秀管理者	赵金玉	152
施工、设计全才匠师	郑晓阳	154
优秀木作工长	王永刚	156
由木作到项目经理	武光英	158
能打硬仗的项目经理	陈明常	160
木作后起之秀	李春洁	162
木作技师	陈宝林	164
由木作到项目经理	孙长志	166
由木作到项目经理	张保忠	168
木作后起之秀	蔺洪信	170
木雕新秀	高俊亭	172
优秀木作工长	赵　杰	174
六零后木作技师	于永茂	176

油漆作匠师

油漆作"泰斗"	赵立德	180
会"僚活"的油漆作大师	张官箴	182
油画队老队长	王殿贵	184
佛像制作、修复大师	刘玉明	186
油漆作老班长	郭广成	190
擅长"熬油"的油漆作老匠师	褚怀圣	192
油漆作老匠师	范殿福	194
油漆作老匠师	曹春义	196
擅长"大漆活"油漆作技师	李新计	198
出生古建油漆彩画世家	许福庆	200
油漆作老匠师	刘进考	202
精通古建技术的油漆作匠师	赵洪晨	204
五零后油漆作状元	宋金龙	206
贴金女状元	冯丽珠	208
油漆作技术能手	朱启珍	210
油漆作技术能手	高秋妹	212
掌握"熬油"技术的后起之秀	郭维合	214
掌握"大漆"技术的后起之秀	李海先	216
擅长匾额制作的油漆作新秀	何方铎	218

画作匠师

资深老画师	郑守仁	222
六场通透的老画师	李福昌	224
超过前人线法大师	张举善	226
绰号"美人张"	张锡龄	228
"高彩匠"画师	冯庆生	230
忠厚老画师	杨继民	232
民间画家	李作宾	234
"硬抹实开"人物绘画大师	孔令旺	236
线法创新大师	冯 义	238
油画全能画师	秦书林	240
人物绘画状元	陆 弘	244
线法绘画新秀	包一建	246
优秀画作工长	王 洪	248
桃柳燕绘画新秀	张玉兰	250
山水绘画标兵	罗德阳	252
人称"牡丹杨"	杨翠萍	254
花鸟绘画新秀	马玉梅	256
画师中的巾帼标兵	王光宾	258
从画师到项目经理	李燕肇	262
人物绘画后起之秀	张民光	264

山石匠师

山石艺术大师	周学凯	268
叠石造园后起之秀	夏志英	272
富有灵感的叠石新秀	庞建明	274
吃苦耐劳的叠石班长	韩树松	276
技法讲究的叠石新秀	全振山	278

扎彩作匠师

绰号"北京唯一的架子工"	徐文奎	282
"打牮拨正"扎彩大师	顾永林	284
扎彩作老班长	王文江	288
扎彩匠师"神仙"	李春林	290
从新建到古建扎彩匠师	张国维	292
扎彩作后起之秀	张长柏	294
擅长"起重"扎彩作新秀	马广德	296
六零后扎彩作新秀	席大朋	298

公司简史

新中国成立不久,北京市人民政府决定着手对公园和风景区进行较大规模修缮与建设。1952年12月25日,经北京市人事局(局人字第2951号)核准,在西郊公园(北京动物园)挖河大队的基础上成立"北京市人民政府公园管理委员会工程队"。市政府下拨周转金6亿元(折合新人民币6万元)。张应侯任队长,王泮之任党支部书记(兼),蔡志坚任副队长。核定编制为138人,实际人数129人,是国内最早成立的一家园林古建施工单位(图0-1)。办公地址设在西郊公园内西北角来远楼(图0-2)。1953年6月,公园管理委员会工程队更名为"北京市人民政府园林处工程队"。1954年1月园林工程队并入工程队,成立"北京市人民政府园林处工程大队",张应侯任工程大队队长,王泮之任工程大队党支部书记(兼)。工程大队下设建筑工程队和园林工程队两个专业队。园林工程队又设一、二、三、四工区,建筑工程队设五、六工区。从1953年开始工程队自己设计并新建了西郊公园象房(图0-3)、黑白熊山(图0-4)、兽舍、鹿苑、鸟室、草原动物园、猴楼等八大工程(图0-5)。1954年之后又新建了羚羊馆等工程(图0-6),为一些公园新建温室,还承接了紫竹院公园、北海公园、天坛公园、龙潭公园、陶然亭公园、北京展览馆、革命公墓、正阳门广场、黑龙潭等园林绿化工程,挖土方,整理土山,拆砌假山石,修整道路,植树,种草。1955年2月,北京市成立园林局,园林处工程大队更名为"北

图 0-1 1952年12月25日北京市人民政府公园管理委员会工程队成立
图 0-2 1952年工程队办公地址:西郊公园来远楼(北京动物园提供)

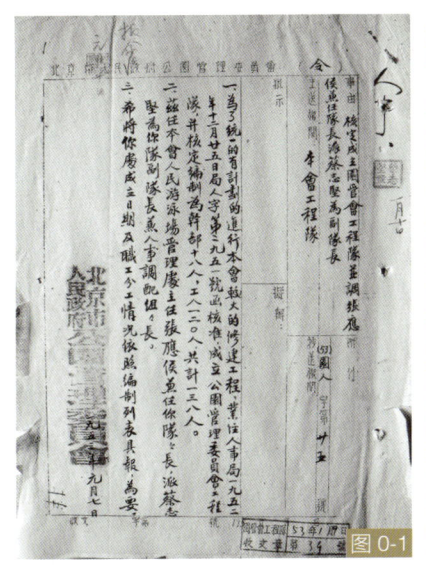

京市园林局工程大队"。1955年7月,园林工程队与苗圃保养队合并,建筑工程队恢复原建制。1956年3月,将建筑工程队划归动物园,更名为"北京动物园工程队"。1957年1月根据颐和园、北海和香山公园一些古建筑维修的需要,将颐和园古建修缮队与动物园工程队合并,成立"北京市园林局修建工程处",张应侯任主任,同年4月高国华任党支部书记(图0-7),并从颐和园调来了古建筑瓦、木、油、画、扎彩作40多名工匠,他们都参加过1953年颐和园组织的佛香阁第一次全面整修油饰(图0-8、表0-1)。还从北海公园调来若干名瓦作、木作匠师,充实了修建工程处古建施工技术力量。修建工程处办公地址设在北京市西城区西外大街143号(动物园内西南角),同年成立"油画队"和"加工厂",赵立德首任油画队队长。1955～1957年,在北京动物园新建了狮虎山(图0-9)、野牛馆、河

图0-3　1953年西郊公园新建象房(北京动物园提供)
图0-4　1953年西郊公园新建黑白熊山
图0-5　1953年西郊公园新建猴楼(北京动物园提供)
图0-6　1954年西郊公园新建羚羊馆(北京动物园提供)

图 0-7　1957 年张应侯（左二）、盖立英（左三）合影

图 0-8　1954 年佛香阁修缮职工合影（颐和园提供）

图 0-7

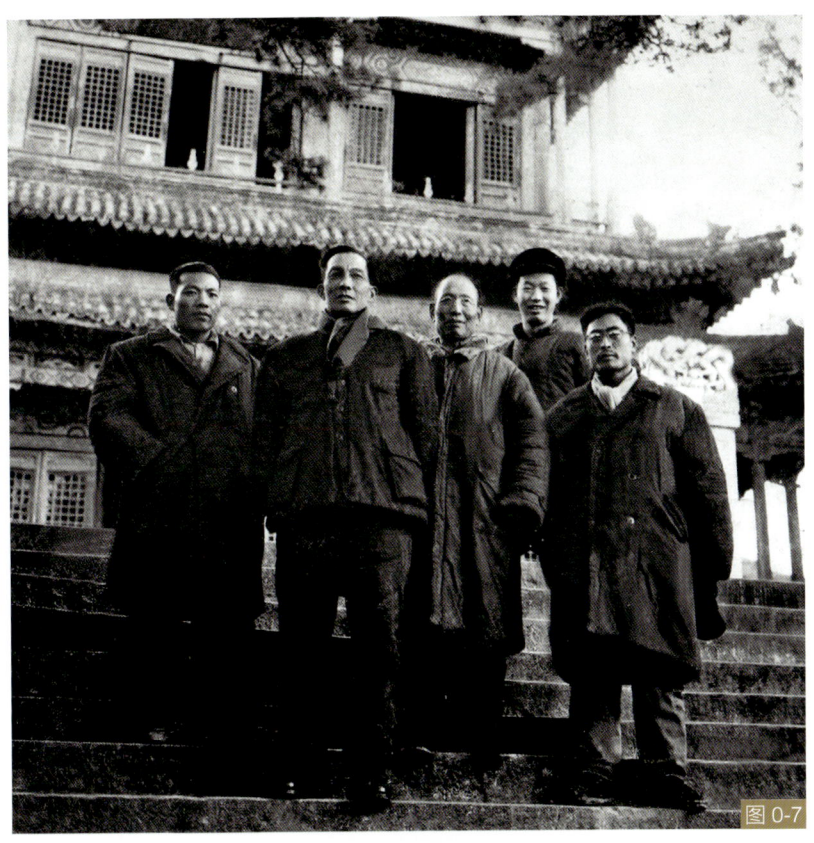

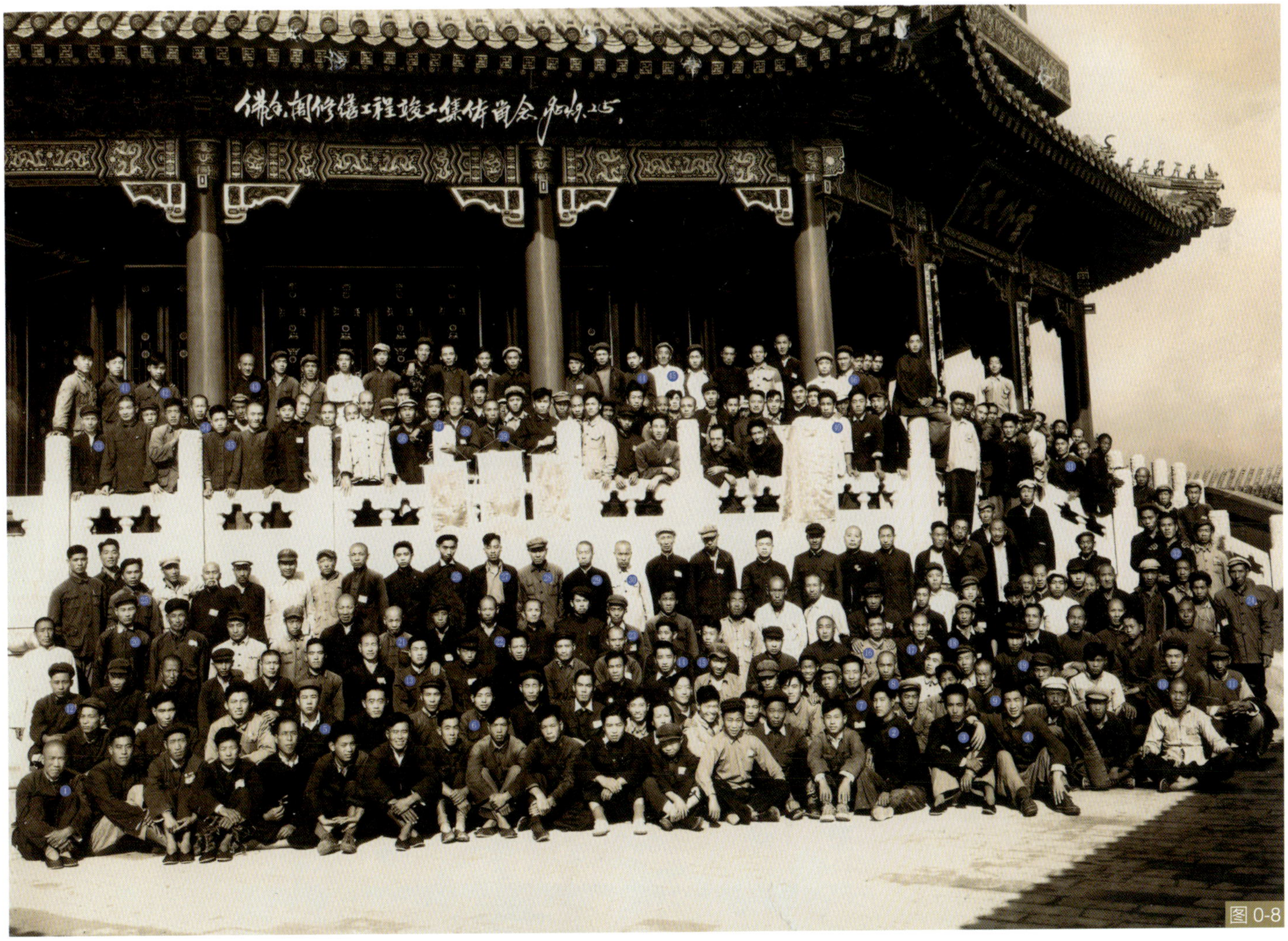

图 0-8

马馆（图 0-10）、长颈鹿馆（图 0-11）、熊猫馆、犀牛馆等（图 0-12），完成了陶然亭公园慈悲庵整修，新建刨冰堂。还承接了颐和园、香山公园、五塔寺、紫竹院公园、陶然亭公园和植物园等一些零星修建工程（图 0-13）。1957 年 7 月 31 日下午 3 时 40 分，北京十三陵长陵祾恩殿遭雷击。为保护文物古建筑安全不被雷击，根据梁思成先生的建议及北京市人民政府委员会的指示，同年 8 月 25 日，修建工程处率先将十三陵长陵祾恩门、祾恩殿、明楼等处安装了避雷设施（图 0-14）。随后又在颐和园佛香阁、智慧海、排云殿、大戏台，天坛公园祈年殿、皇穹宇，北海公园白塔，景山公园万春亭，前门、

1957 年 1 月并入北京市园林局修建工程处人员名单

表 0-1

编号	姓名	工种	编号	姓名	工种
1	徐文彬	木作	25	曹洪义	油作
2	李新计	油作	26	刘志强	油作
3	苑维新	油作	27	褚怀圣	油作
4	郭广成	油作	28	张官箴	油作
5	范殿福	油作	29	李森贵	画作
6	王殿贵	油作	30	郑守仁	画作
7	赵立德	油作	31	李福田	油作
8	王振生	画作	32	赵永生	材料
9	崔士敬	油作	33	许殿魁	油、画作
10	杨树海	油作	34	张松山	油作
11	安德厚	瓦作	35	刘进考	油作
12	张忠和	木作	36	李庆增	瓦作
13	孙炳堂	油作	37	安福忠	油作
14	崔占峰	油作	38	李德方	油作
15	冯义	画作	39	曹春义	油作
16	李福昌	油、画作	40	李宝林	油作
17	梨文厚	油作	41	许福庆	油作
18	崇俊福	瓦作	42	刘玉明	油作
19	冯庆生	画作	43	张炳全	扎彩作
20	王清华	油作	44	王振江	画作
21	高凤章	油作	45	孔令旺	画作
22	董石印	油作	46	郭广浮	油作
23	张锡龄	画作		顾永林	扎彩作
24	徐文奎	扎彩作		杨继民	画作

图 0-9　1955 年西郊公园新建狮虎山
图 0-10　1956 年西郊公园新建河马馆（北京动物园提供）
图 0-11　1957 年西郊公园新建长颈鹿馆
图 0-12　1957 年西郊公园新建犀牛馆（北京动物园提供）

图 0-13

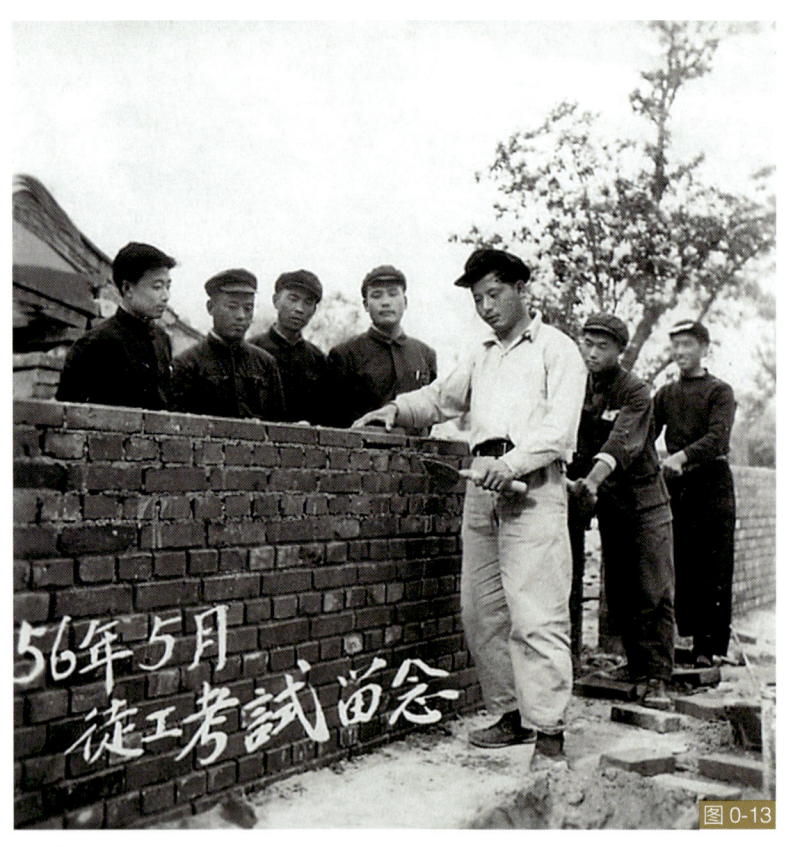

图 0-13　1956年5月工程队徒工考试。前排徒工右起：马春生、李振麒、朱海启。后排师傅右起：付文宝、李庆林、李克祥（李海先提供）

图 0-14　1957年修建工程处安装十三陵避雷设备。前排左起：于春生、师××、顾永林、李灿章、李砚丽、焦桂林。后排左起：何生之、陈荣光、孙墨林、李汝池、高国华、张应侯、李志军、徐贵良（张敦怡提供）

图 0-14

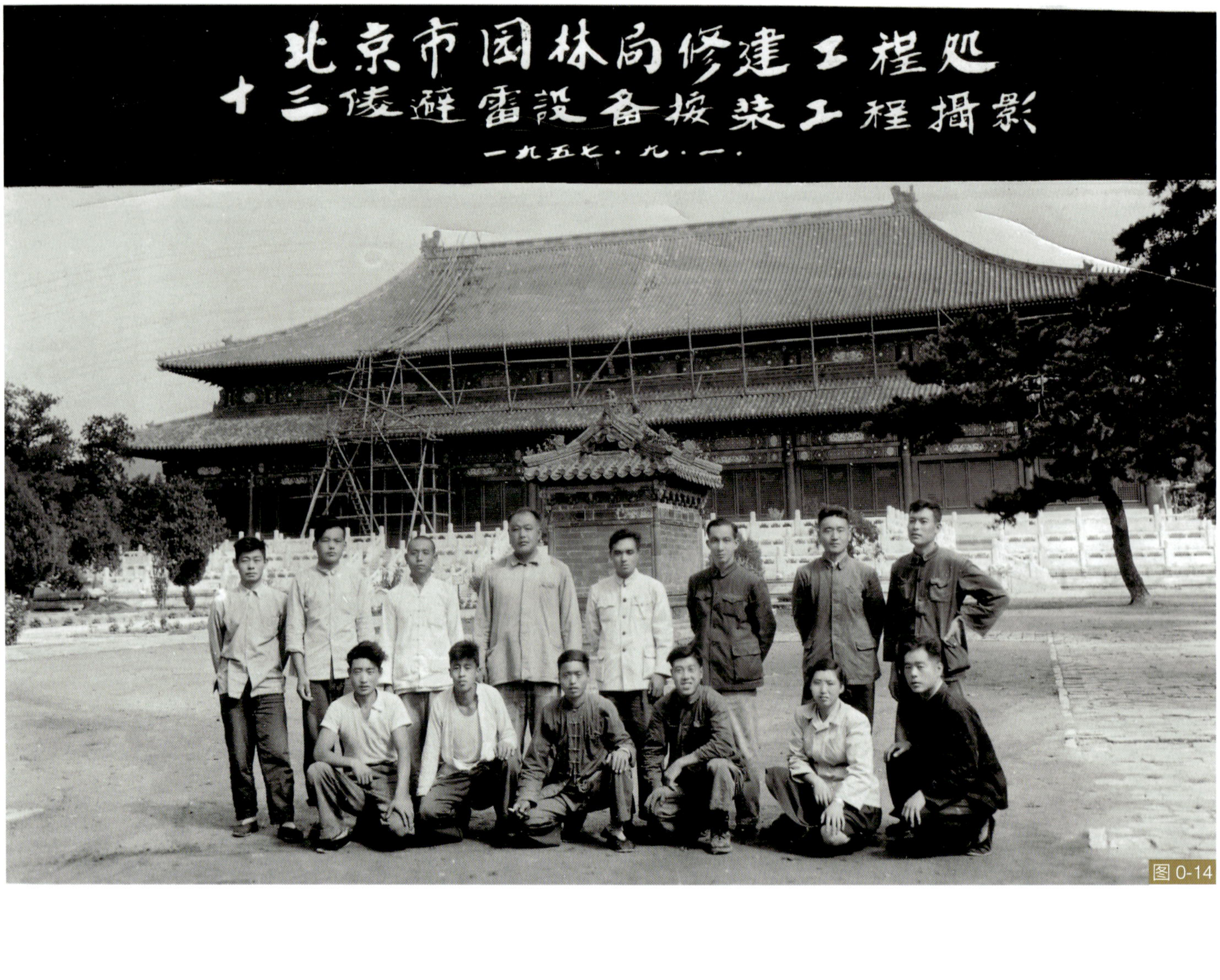

箭楼等古建筑安装了一批避雷设施，并每年对避雷设施进行维护摇测，以保证其安全。1957年修建工程处职工人数发展到236人，其中技术工人达到130人，由1957年前以新建工程为主，逐步转到以古建筑维修和新建并举。1958年、1959年承接了颐和园长廊修缮油饰（图0-15），景山公园万春亭等五亭、绮望楼修缮（图0-16），北海公园白塔修缮，紫竹院公园建桥（图0-17）。1959年为完成国庆十周年的十大建筑，修建工程处的油画匠师李福昌、冯庆生、冯义等人还支援了人民大会堂工程建设（图0-18～图0-20）。1960年承接了中南海紫光阁、周总理办公室油饰彩画，北海公园，香山公园，卧佛寺，中山公园，日坛公园和月坛公园等一些古建筑修缮任务，还参加了颐和园、卧佛寺水库、紫竹院公园三角地等挖湖任务。从1961年开始，动员大批工人还乡，职工人数减少了47%，技工代替壮工干活，修建任务零星、分散。1962年以后主要完成了香山公园碧云寺大殿，北海公园双虹榭、1963年阅古楼（图0-21），香山公园碧云寺水泉院，1964年潭柘寺避雷设备安装（图0-22），颐和园湖山真意、清晏舫，北海公园琼岛小建筑，卧佛寺，1965年中山公园新建兰花室，北海公园五龙亭、画廊，香山公园昭庙、见心斋、琉璃塔，颐和园德兴殿以及八大处，景山公园等少量维修工程。还承接了北京动物园兽舍修建以及颐和园、天坛公园、北海公园、香山公园（图0-23）、中山公园、景山公园、劳动人民文化宫、十三陵等服务设施的修建。1960年、1964年、1965年从北京建筑工程学校先后三次分配了10名中专生至单位，充实了技术干部队伍。

图0-15　1958年颐和园长廊修缮（105间）
图0-16　1958年景山公园绮望楼修缮

图 0-17	1959年紫竹院公园建桥打桩（李灿章提供）
图 0-18	1959年人民大会堂建设
图 0-19	1959年李汝池铁工小组荣获"园林局修建工程处"颁发锦旗后合影（李灿章提供）

图 0-20　1959年修建工程处职工大门合影。前排左起：赵立德（一）、李志军（二）、周学凯（五）。后排左起：赵永生（一）、赵森达（二）、张应侯（五）、高国华（七）、秦宝元（八）、顾年胜（九）、李书田（十）

图 0-21　1963年北海阅古楼修缮

图 0-22　1964年潭柘寺毗卢阁正吻避雷针

图 0-23　1965年香山公园东宫门修缮

1968年10月北京市园林局撤销，修建工程处先后划归北京市市政工程局、建设局和公用局。1969年天安门城楼因年久失修，不堪重负，经国务院决定彻底拆除天安门城楼，在原址按照原规格和原建筑形式重新修建一座天安门城楼。修建工程处选派刘玉明带领油工班，冯义带领画工班的部分油、画作匠师支援北京市第五建筑公司，参加天安门重建工程油饰彩画施工（图0-24、图0-25）。1969年之后修建工程处还主要完成了卧佛寺大殿修缮，1970年颐和园清华轩整修，北京动物园新建羚羊馆，1971年颐和园听鹂馆修缮等工程，还参加了1968年碧云寺水库、八大处水库建设。

　　1972年12月恢复园林局建制，修建工程处又划归园林局。1973年成立"施工一队"和"施工二队"。1973年接收了地铁转业分配来的67名复转军人。从1970年开始到1975年陆续分配一些"知识青年"，1976年接收了"知识青年"120人，到1976年底职工人数达到712人。1977年6月原汽车队组建成立"机械运输队"，主要负责施工单位建筑材料的运输。总结这几年主要完成的工程有：1974年颐和园西堤六桥整修（图0-26）、龙王庙修缮、听鹂馆瓦活、油饰，八达岭长城栏杆安装（图0-27），1975年陶然亭公园新建水榭（图0-28），颐和园石舫修缮（图0-29）、写秋轩修缮，香山公园昭庙修缮，1976年颐和园谐趣园油饰（图0-30、图0-31），紫竹院公园新建大桥、新建办公楼，1977年颐和园画中游维修、东宫门整修油饰，毛主席纪念堂绿化植树等（图0-32）。

图0-24

图0-25

图0-26

图 0-24　1969 年天安门城楼重建油饰彩画
图 0-25　1970 年天安门重建后修建工程处与房修二公司画工合影。前排左起：李福昌、冯义、蒋广全、李聚贤。后排左起：李则成（一）、王梦楼（四）、赵金成（五）（冯义提供）
图 0-26　1974 年颐和园西堤六桥整修
图 0-27　1974 年八达岭铁栏杆安装
图 0-28　1975 年陶然亭公园新建水榭
图 0-29　1975 年颐和园石舫修缮
图 0-30　1976 年颐和园谐趣园油饰

1978年党的十一届三中全会召开，我国进入了一个改革开放新的发展时期。1978年6月，北京市园林局修建工程处革命委员会更名为"北京市园林局修建处"。1978年11月调回和接收支援酒泉钢铁公司建设的原北京二建公司职工80多人。12月又接收了"知识青年"445人。1980年4月，园林局修建处更名为"北京市园林修建公司"，陆肇元首任公司经理，于春和首任临时党委书记。为发挥公司水电专业技术人员和古建工匠的作用，扩大生产经营规模，8月公司成立"水电工程队"，10月成立"古建工程队筹备组"。1981年4月为解决职工子女就业，公司成立"劳动服务公司"（合作社）。1982年6月北京市园林局成立"建筑工程公司"，将园林修建公司下属的劳动服务公司划归"古建工程一队"。1982年公司职工人数达到1254人。1983年又将北京市园林局建筑工程公司古建工程一队划入园林修建公司，更名为"古建工程服务队"。1982年公司承建的香山饭店庭院工程是当时北京的第一个庭院工程（图0-33），随后公司又承建了1983年长城饭店屋顶花园、中国画院等庭院工程以及1985年玉泉山水池、山石工程等。为突出公司古建施工的特点，1984年7月公司更名为"北京市园林古建工程公司"，杨象寅任经理，于春和任临时党委书记。为加强公司宿舍生活区管理，1985年7月公司成立"生活服务队"。总结这几年公司承建的古建筑修缮工程主要有：1978年颐和园长廊（图0-34、图0-35）、陶然亭慈悲庵（图0-36）、潭柘寺油饰彩画（图0-37），1979年戒台寺（图0-38），1980年烟台毓璜

图0-31

图0-33

图0-32

| 图 0-31 | 1976年北京市园林局技校修建彩画班师生合影。前排右起：何超英（一）、王斌（二）、贾德宝（四）。中排左起：杨翠萍（二）。后排右起：曹丽霞（二）、徐丽雅（四）、孙玲（五）、马玉梅（六）、高秋妹（七）（王晶提供）
| 图 0-32 | 1977年毛主席纪念堂绿化植树
| 图 0-33 | 1982年香山饭店庭院
| 图 0-34 | 1978年颐和园长廊修缮（周彦忠提供）
| 图 0-35 | 1978年颐和园长廊修缮职工合影。前排右起：尹瑞芝、许福庆、曹春义、刘进考、黄俊杰、朱启珍。后排右起：纪淑兰、郑殿基、杨于京、吕京、王志、曹丽霞、王晶（王晶提供）

图 0-34

图 0-35

图 0-36	1978年陶然亭公园慈悲庵修缮
图 0-37	1978年潭柘寺油饰彩画（杨宝生提供）
图 0-38	1979年戒台寺修缮（易国跃提供）

顶修缮（图0-39），1981年端门、北海公园天王殿（楠木殿），1982年颐和园东宫门"涵虚"牌楼（图0-40）、香山碧云寺、卧佛寺、地坛公园拜台（图0-41），1983年中南海西花厅油饰彩画、北海公园小西天（图0-42、图0-43），1984年颐和园德和园（大戏台）（图0-44）、烟台蓬莱阁（图0-45）、武汉黄鹤楼油饰彩画（图0-46、图0-47），1985年圆明园福海油饰彩画、哈尔滨文庙（图0-48）、承德避暑山庄，1986年北京动物园大门区整修工程（图0-49）、恭王府油饰等工程。1984年公司在英国自行设计并建造了"燕秀园"，是本公司打入国际市场迈出的第一步（图0-50）。1986年又建造了英国曼彻斯特中国城牌楼（图0-51）。这时段承建的园林、仿古工程主要有：1978年北京动物园新建非洲象房，1982年中央党校新建水榭、牌楼，1983年天津水上公园油画，1984年北京双秀公园建设（图0-52），1985年北京西土城遗址公园（"蓟门烟树"）复建（图0-53），1986年北京陶然亭公园名亭景区建设等工程。1986年承建的北京紫竹院公园筠石苑工程，是具有南方苏州园林风格的园中之园。1986年公司开始承接国庆天安门广场摆花工程，制作安装金色"大龙"（高7米，长16米）硬质微缩景观（图0-54～图0-57）。为更好地发挥园林古建设计优势，1986年4月公司成立"设计室"。

为进一步拓展山石庭院工程业务，扩大生产经营规模，1988年1月公司成立了"山石土建工程队"和"第四工程队"。1989年1月公司古建工程服务队更名为"第五工程队"（图0-58）。1990年公司

图0-39　1980年山东烟台毓璜顶修缮
图0-40　1982年颐和园东宫门涵虚牌楼修缮

图 0-41　1982 年地坛公园拜台修缮
图 0-42　1983 年大修小西天时考察承德避暑山庄。左起：杨宝生、包卫宁、付文宝、叶春明、袁世文
图 0-43　1983 年北海小西天修缮
图 0-44　1984 年颐和园德和园（大戏台）修缮（杨宝生提供）

图 0-45　1984年烟台蓬莱阁和博物馆修缮职工合影（宋金龙提供）
图 0-46　1984年武汉黄鹤楼油饰彩画（杨宝生提供）
图 0-47　1984年武汉黄鹤楼油饰彩画（杨宝生提供）
图 0-48　1985年哈尔滨文庙修缮（张绥军提供）
图 0-49　1986年动物园大门区整修

图 0-50	1984年英国利物浦燕秀园建设工程
图 0-51	1986年英国曼彻斯特"中国城"牌楼
图 0-52	1984年双秀公园建设工程
图 0-53	1985年西土城遗址公园("蓟门烟树")复建

图 0-54　1986年国庆天安门广场摆花——"大龙"花坛
图 0-55　1988年时任北京市园林局局长赵一恒（前排左一）视察天安门摆花工程。后排左起：王长峰、李忠盛、李梦达
图 0-56　1989年天安门广场组字坡面花坛架子前合影。右起：顾永林、王桂申、李忠盛、李志军、张国维、张道顺、王长峰、周会源、孙万荣、庞丽莉。后排：王文江（张道顺提供）
图 0-57　1989年二队天安门广场施工合影（1张道顺、2吕胜利、3陈建刚、4梁学忠、5王荣生、6孟繁银、7王华城、8赵德生、9刘晋生、10苗立生、11张春成、12王金平、13邢金山、14芦俊义、16佟德龙、17苑玉明、18孙正民、19庞革明、20毕燕生、21李颜君、22王光荣、24魏志刚、25刘惠声、26李振麒、27张振忠、28田建国、29张京久、30周友喜、31于礼、32蔺洪信、33顾春城、34周艳霞、35于大省、36刘艳玲、37王玉玲、38卢广英、39韩淑惠、40胡桂珍、41董凤祥、42李金虎、43刘文清、44王五才、45蒋玉峰、46张洪斌、47孙英军、48王启平）

图 0-54

图 0-55

图 0-56

图 0-57

由西城区西外大街143号（动物园内西南角）迁入西城区新风北街4号办公楼办公。1990年公司被建设部批准为园林古建专业承包一级资质，同时兼营新建施工，注册资金1325万元。为搞活经济多种经营，1990年7月公司开办"双秀宾馆"。1991年2月公司成立"第六工程队"。1992年8月成立"园林出租汽车公司"。1993年4月成立"交园驾校"。为进一步发展园林古建设计业务，更好地为施工服务，1997年12月设计室改为"北京华宇星园林古建设计所"。

　　1988年以来公司主要完成了颐和园佛香阁修缮（图0-59、图0-60）、苏州街复建（图0-61），北海公园快雪堂修缮（图0-62），端门修缮下架油饰（图0-63），天安门朝房消防报警，1989年中国香港沙田陵园油饰彩画，1991年北京颐和园景明楼复建（图0-64），国子监（首都图书馆）辟雍修缮（图0-65），1992年北京双安商场屋顶仿古建筑等工程，以及日本新潟1988年"天寿园"（图0-66、图0-67），1991年日本北海道"天华园"（图0-68、图0-69）、日本熊本"孔子公园"（图0-70），1991年加拿大枫华园酒店（图0-71）、西班牙亭子等建设工程。1988年承建的北京十三陵昭陵，是单体建筑面积最大的复建工程，被评为"北京市优质工程"（图0-72、图0-73）。1989年承建的北京亚运会建设项目——五洲大酒店消防报警及亚运村村长办公室，荣获"亚运会工程质量荣誉奖"。1989年北京动物园新建熊猫馆工程，被评为"北京市优质工程"（图0-74、图0-75）。

图0-58　1989年油画队部分职工合影（1罗德阳、2秦书林、3李海先、4张京春、5马元龙、6周向红、7包一建、8顾春增、9刘燕平、10崇德山、11高秋妹、12李志成、13宋金龙、14刘金利、15孙志钧、16刘立新、17马志英、18刘玉明、19王忠福、20曹丽霞、21黄俊杰、22关鹏、23安宴、24孙文章、25封燕平、26马玉梅、27杨瑞亨、28王洪、29贾树鹏、30王瑞丰、31邓宝晨、32张民光、33李文友、34冯丽珠、35王斌、36朱启珍、37陆弘、38张玉兰、39金建刚、40岳桐）

图0-58

图 0-59	1988年颐和园佛香阁修缮工程
图 0-60	1988年颐和园佛香阁修缮工程（杨宝生提供）
图 0-61	1988年颐和园苏州街复建（杨宝生提供）
图 0-62	1988年北海快雪堂修缮（杨宝生提供）
图 0-63	1988年端门修缮

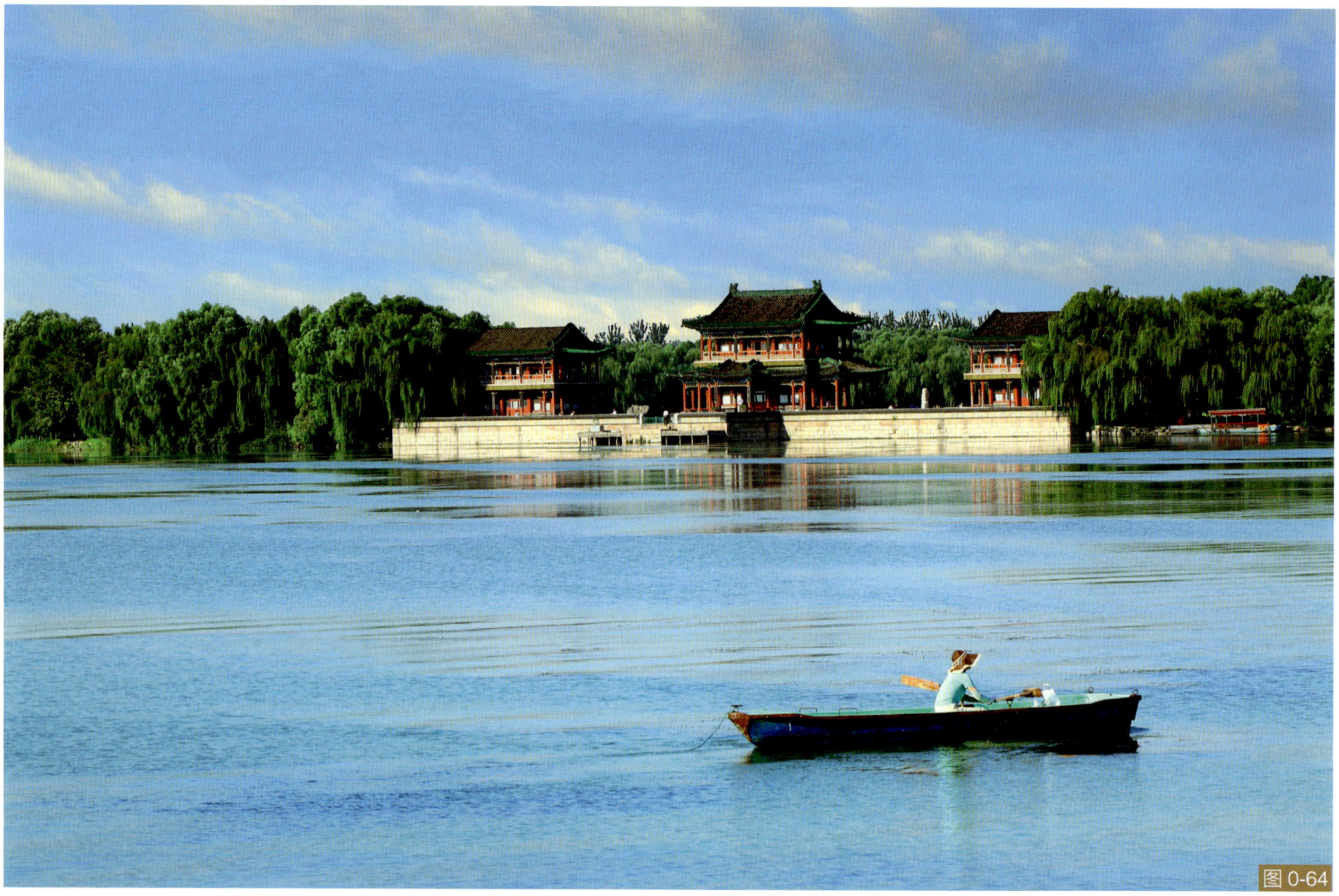

图 0-64	1991年颐和园景明楼复建工程（杨宝生提供）
图 0-65	1991年国子监（首图）辟雍修缮
图 0-66	1988年日本新潟天寿园建设
图 0-67	王震为日本天寿园题名"天寿园"

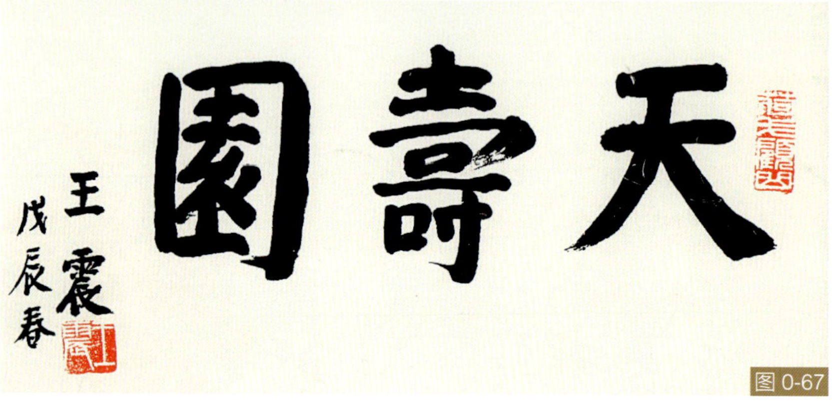

图 0-68　1991 年日本北海道天华园鸟瞰（李松云提供）
图 0-69　1992 年日本北海道天华园竣工典礼。赵一恒（右）与胡新法（胡新法提供）
图 0-70　1991 年日本熊本孔子公园建设——杞望亭
图 0-71　1991 年加拿大蒙特利尔市枫华园酒店仿古建筑（宋余生提供）

图 0-72　1988 年十三陵昭陵祾恩殿复建
图 0-73　十三陵昭陵祾恩殿被评为 1989 年度北京市优质工程
图 0-74　1989 年北京动物园大熊猫馆建设工程
图 0-75　北京动物园熊猫馆被评为 1990 年度北京市优质工程

从 1993 年开始公司主要完成的工程有：北海公园白塔（图 0-76）、静心斋修缮，广东阳江银海宋街建设，1994 年中央党校省部级干部研讨楼（西院，1995 年东院）修缮，天安门粉刷，1995 年国宾馆钓鱼台大楼复建、古堡修缮、避雷针安装（图 0-77），1996 年香山公园欢喜园复建，1997 年国宾馆钓鱼台 18 号楼修缮（图 0-78），1998 年香山公园碧云寺罗汉堂修缮（图 0-79），1999 年香山公园玉华岫复建（图 0-80），2000 年颐和园文昌阁油饰彩画（图 0-81），2001 年中山公园水榭修缮、动物园南门内北楼修缮等工程，以及 1993 年日本长崎，1994 年德国路德维西堡中国酒店、日本福冈酒店，1997 年德国柏林"得月园"（图 0-82、图 0-83），2000 年埃及中埃青年友谊林牌楼及仿古建筑，2002 年约旦安曼市侯赛因"中国园"等建设工程。1995 年北京西客站顶层平台古建景观工程，荣获"北京西站建设三等功"（图 0-84）；1996 年颐和园澹宁堂油饰彩画，被评为"北京市优质工程"（图 0-85、图 0-86）；1998 年北京植物园展览温室工程，荣获"国家优质工程银质奖"、"詹天佑土木工程大奖"和"九十年代北京市十大建筑"称号（图 0-87～图 0-91）。1999 年昆明世园会北京展园"万春园"，荣获两项大奖和 3 项银奖（图 0-92～图 0-95）。

2003 年 4 月，北京突发"非典"疫情，公司积极采取应对措施，重点加大对颐和园耕织图景区复原，东岳庙西路古建修缮，北京植物园卧佛寺修缮等十个工程及公司自管的六栋半宿舍楼（470 户居民）防

图 0-76	1993 年北海公园琼岛白塔修缮（杨宝生提供）
图 0-77	1995 年国宾馆钓鱼台大楼复建
图 0-78	1997 年国宾馆钓鱼台 18 号楼修缮

| 图 0-79 | 1998年香山公园碧云寺罗汉堂修缮（周彦忠提供）
| 图 0-80 | 1999年香山公园玉华岫复建
| 图 0-81 | 2000年颐和园文昌阁油饰彩画（杨宝生提供）

图 0-82　1995 年时任北京市园林局副局长张树林（前右）与范赛劳分别代表北京、柏林市政府签署得月园建设合同（赵洪晨提供）
图 0-83　1997 年德国柏林得月园建设工程——桂露山房
图 0-84　1995 年西客站顶层平台古建景观工程（杨宝生提供）
图 0-85　1996 年颐和园澹宁堂复建仿清早期苏式彩画（杨宝生提供）
图 0-86　颐和园澹宁堂被评为 1996 年度北京市优质工程

图 0-87	1998年北京植物园展览温室
图 0-88	北京植物园展览温室工程2003年度荣获"国家优质工程银质奖"
图 0-89	北京植物园展览温室工程2001年度荣获"九十年代北京市十大建筑"称号
图 0-90	北京植物园展览温室工程2003年度荣获"詹天佑土木工程大奖"
图 0-91	1998年北京植物园展览温室工程荣获"詹天佑土木工程大奖"

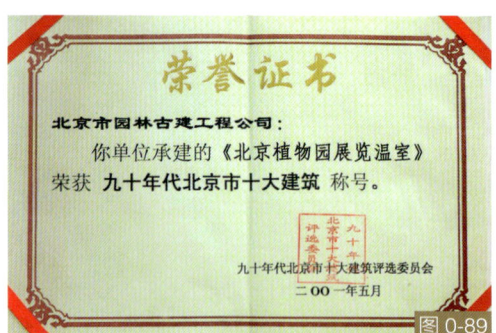

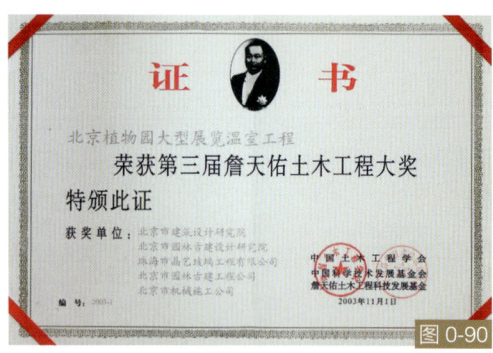

图 0-92　1999年昆明世园会北京展园——万春园
图 0-93　1999年昆明世园会北京展园"万春园"荣获室外庭园单项创作大奖
图 0-94　1999年昆明世园会北京展园"万春园"荣获室外庭园施工大奖
图 0-95　2000年时任北京市园林局局长魏广智与柏林高级顾问杜尼·约克等在颐和园石舫合影。左起：李宝军、于玉熙、魏广智、杜尼·约克、张树林、金柏龄、王玉龙

控力度，确保了公司772名职工（包括离退休职工）和538名农民工无一人感染"非典"疫情。天坛公园神乐署修复工程，被当时的崇文区建委评为"抗击非典先进工地"（图0-96～图0-98）。香山公园香雾窟复建（图0-99），北海公园阐福寺修缮等工程，以及哈尔滨新建文园牌楼（图0-100），中国香港粉岭私家园林彩画（图0-101），德国不来梅六角亭子和得月园"琴岛亭"等建设工程，没有因"非典"影响施工。公司向国家文物局申办了"古建筑维修保护、近现代文物建筑保护工程施工"一级资质，向北京市园林局申办了"园林绿化施工"二级资质。香山公园勤政殿复建工程，荣获2003年度"北京市建筑长城杯金质奖"（图0-102～图0-105）。

2004年8月9日按照北京市政府决定，公司包括在职职工518人和退休职工233人，从北京市园林局整体划转到北京城建集团有限责任公司，为国有全资子公司，由原来的事业单位转为企业（图0-106、图0-107）。2004～2006年公司中标的主要工程有：景山前街大高玄殿牌楼复建，中央音乐学院（醇亲王府）修缮，恭王府后花园山石维修（图0-108），故宫太和门西庑、东庑及周边建筑修缮（图0-109～图0-113）。2005年前门、正阳门修缮（图0-114），景山公园万春亭等五亭修缮（图0-115～图0-120），天坛圜丘、皇穹宇建筑群修缮（图0-121），王府饭店屋面琉璃瓦维修，山海关环古城公园景观工程A标段改造，重庆市涪陵区蔺市龙门桥迁建保护（图0-122～图0-124），天安门广场旗阵、摆花工程（图

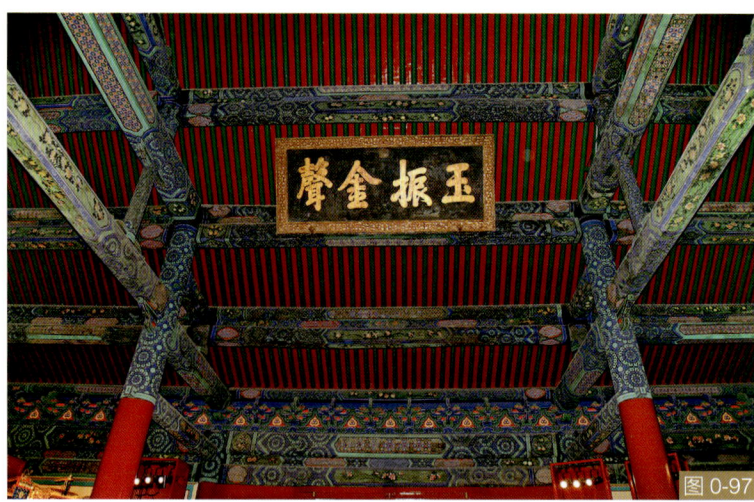

图0-96　2003年天坛神乐署修复工程被当时的崇文区建委评为"抗击非典先进工地"。
　　　　右起：王廷江、张顺来、曹海利、秦燕鸣、孙长志、薛福海
图0-97　2003年天坛神乐署正殿修复除尘后的内檐彩画（杨宝生提供）

图 0-98 天坛公园神乐署修复工程荣获 2004 年“北京市建筑长城杯金质奖”

图 0-99 2003 年香山公园香雾窟复建

图 0-100 2003 年哈尔滨新建文园牌楼（杨宝生提供）

图 0-101 2003 年中国香港粉岭私家园林彩画工程。前排左起：陆弘、张玉兰、李燕肇。后排左起：王洪、秦书林、郭维合等（秦书林提供）

北京市建筑长城杯工程金质奖证书

北京市园林古建工程公司

你单位承建的 天坛神乐署修复 工程

评为 二OO四 年度建筑长城杯金质奖工程。

编号：（竣）公 30

北京市优质工程评审委员会

二OO五年 九 月二十三日

图 0-98

图 0-99

图 0-100

图 0-101

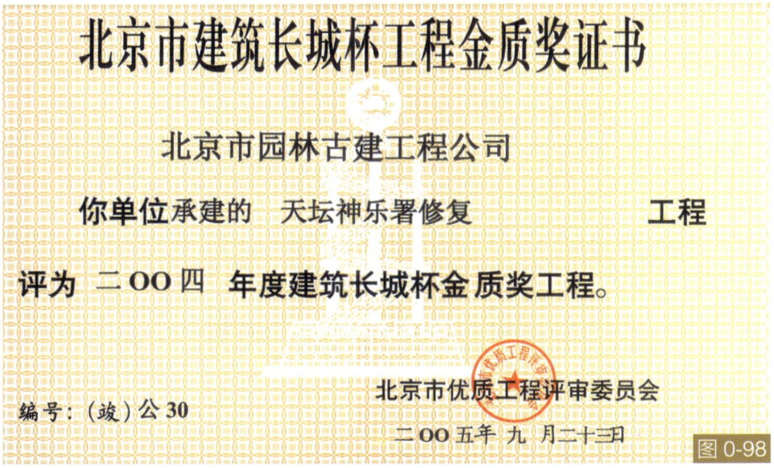

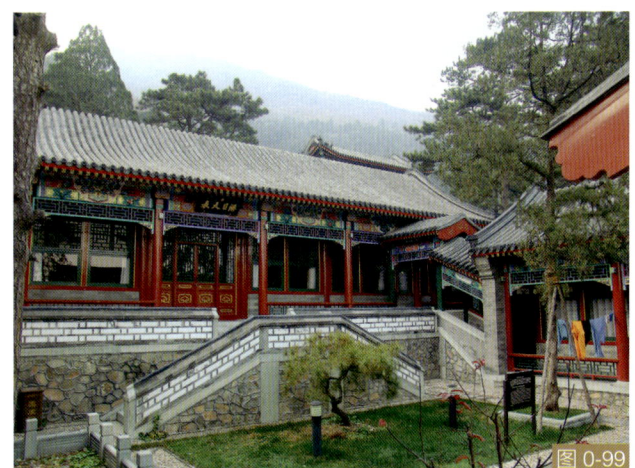

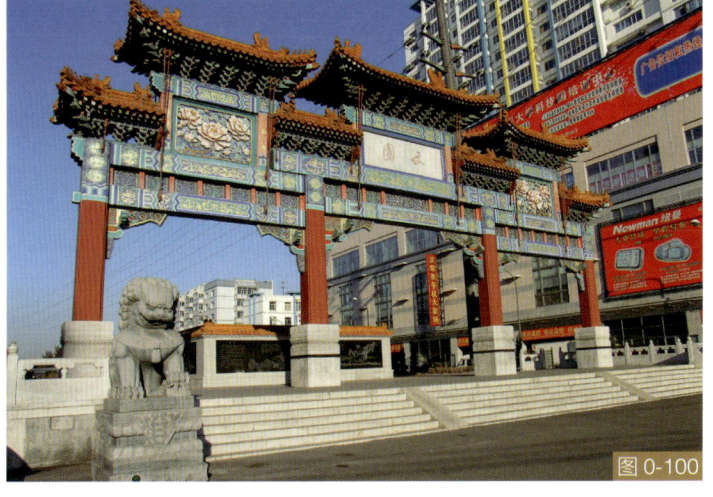

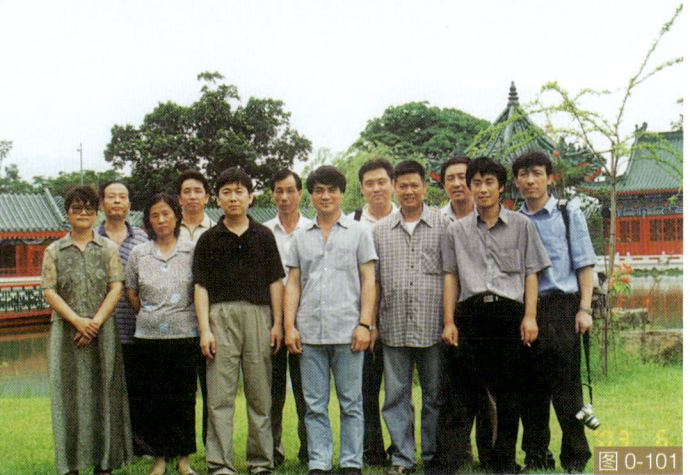

图 0-102	2002年香山公园勤政殿复建工程
图 0-103	2002年香山勤政殿复建内景（张道顺提供）
图 0-104	香山公园勤政殿复建工程荣获2003年度"北京市建筑长城杯金质奖"
图 0-105	香山公园勤政殿复建工程荣获2003年度"北京市建筑长城杯金质奖"奖杯
图 0-106	2004年关于北京市园林局所属四个单位划归城建集团并对其转企改制的协议书
图 0-107	2004年关于北京市园林局所属四个单位划归城建集团并对其转企改制的协议书

图 0-108　2004 年恭王府后花园山石维修工程

图 0-109　2004 年故宫中轴线古建筑维修工程开工仪式。右起：晋宏逵、刘若梅、李理、谢方开、李季、郑欣淼、杨宝生、纪天斌。左一：尉之平（杨宝生提供）

图 0-110　2004 年故宫太和门西、东两庑开工仪式合影。左起：赵洪晨、杨宝生、张克贵、刘朝辉、刘鹰、赵金玉（杨宝生提供）

图 0-111　2004 年故宫太和门西庑修缮（弘义阁架子）（杨宝生提供）

| 图 0-112 | 2004 年故宫太和门西、东庑及周边建筑修缮（杨宝生提供）
| 图 0-113 | 故宫太和门西庑及周边建筑修缮工程被评为 2007 年度"北京市建筑装饰优质工程"
| 图 0-114 | 2005 年正阳门城楼、箭楼修缮工程（刘鹰提供）
| 图 0-115 | 2005 年景山公园万春亭等五亭修缮

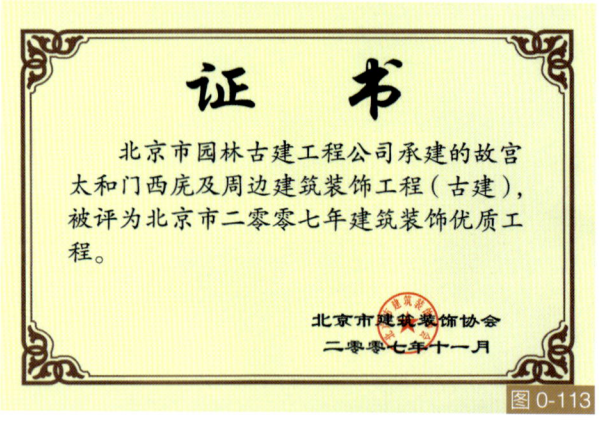

图 0-116　时任国家建设部部长汪光焘 2006 年视察景山万春亭工程。左起：李炜民、汪光焘、郑秉军、沈方、张作英（张顺祥提供）

图 0-117　时任国家文物局局长单霁祥 2006 年视察景山万春亭工程。右起：孔繁峙、黄威、董保华、单霁祥（张顺祥提供）

图 0-118　2005 年时任北京市园林局副局长刘英视察景山万春亭修缮工程。左起：沈方、袁鹏、刘英、孟涛、冯志刚

图 0-119　2006 年景山公园万春亭等五亭修缮。右起：冯志刚、杨宝生、张峥、韩树松（杨宝生提供）

图 0-120　2006 年景山公园万春亭等五亭修缮后（刘鹰提供）

图 0-121	2005年天坛皇穹宇修缮中（杨宝生提供）
图 0-122	2005年重庆市涪陵区蔺市龙门桥迁建保护工程（杨宝生提供）
图 0-123	2006年重庆市涪陵区蔺市龙门桥迁建保护工程施工中。右起：张保忠、杨宝生、陈明常、刘鹰（杨宝生提供）
图 0-124	重庆市涪陵区蔺市龙门桥迁建保护工程竣工。右起：张道顺、林晓春、毛国华、姚宝琪（张道顺提供）

0-125、图0-126）。2006年天安门广场摆花"布达拉宫"硬质微缩景观（图0-127），郑王府府邸前院文物保护，后海亥型四合院新建，京津公路改造工程沿线景观绿化工程四标段（图0-128、图0-129），重庆市人民大礼堂大修（图0-130～图0-133），厦门第六届花博会北方园林景观及古建筑（图0-134），烟台毓璜顶公园改造（图0-135）。2006年公司转企两年后经营收入首次突破1亿元。为打入国际市场，公司向商务部申办了"对外承包工程经营资格证书"。天坛公园神乐署修复工程，荣获2004年度"北京市建筑长城杯金质奖"；颐和园耕织图景区复原工程，荣获2005年度中国风景园林学会"优秀园林古建工程金奖"（图0-136、图0-137）；天坛祈年殿院建筑群修缮工程，荣获2006年度中国风景园林学会"优秀园林古建筑金奖"以及2007年度"全国建筑装饰工程奖"（图0-138～图0-143）。2007年6月公司注册资本金增加到2008万元。同年10月经北京市国资委批准（京国资产权字2007第98号），将北京市电子工业建筑设计所（包括在职职工12人，退休职工9人）无偿划转到公司，增加设计人员技术力量（图0-144、图0-145）。

为回顾展示公司辉煌历程，举办55周年庆典，评选出55名"特别贡献奖"获得者，他们是（按姓氏笔画为序）：于春和、王伟、王洪、王玉龙、王永刚、王光荣、王兴燕、王廷江、王殿贵、毛国华、孔令旺、冯志刚、刘鹰、刘大可、刘新明、安德厚、孙长志、孙祖培、杨开祥、杨宝生、杨象寅、李庆银、

图 0-125　2005年天安门广场旗阵工程。右起：徐贱云、周剑平、杨宝生（杨宝生提供）

图 0-126　2005年时任北京城建集团党委书记、董事长刘龙华慰问天安门广场摆花施工单位。左起：刘龙华、杨宝生（黎方益提供）

| 图 0-127 | 2006年天安门广场摆花"布达拉宫"硬质微缩景观（周彦忠提供）
| 图 0-128 | 2006年京津公路改造工程沿线景观绿化工程第四标段
| 图 0-129 | 京津公路改造工程沿线景观绿化工程第四标段2007年度被评为北京市园林绿化局"优质工程"
| 图 0-130 | 2006年重庆市人民大礼堂大修工程（毛国华提供）

图 0-127

图 0-129

图 0-128

图 0-130

图 0-131	2007 年重庆大礼堂大修工程竣工（毛国华提供）
图 0-132	2007 年重庆大礼堂大修后（杨宝生提供）
图 0-133	2009 年重庆大礼堂工程验收会。右起：张复合、李先逵、王景慧、罗哲文、甘宇平（张道顺提供）
图 0-134	2006 年厦门第六届花博会北方园林景观及仿古建筑工程
图 0-135	2006 年烟台毓璜顶改造工程（杨宝生提供）

图 0-136	2004 年颐和园耕织图景区复原工程
图 0-137	颐和园耕织图景区复原工程荣获 2005 年度中国风景林学会"优秀园林古建工程金奖"
图 0-138	2004 年天坛祈年殿院建筑群修缮工程开工典礼。后排左起：李尚金、刘秀晨、郑孝燮、王世仁、梅宁华，前排中杨宝生（杨宝生提供）
图 0-139	2005 年天坛祈年殿院建筑群修缮工程（杨宝生提供）

图 0-136

图 0-138

图 0-137

图 0-139

40 / 41　公　司　简　史

图 0-140　2005 年天坛祈年殿院建筑群修缮工程（周彦忠提供）

图 0-141　2005 年天坛祈年殿除尘后的内檐彩画（杨宝生提供）

图 0-142　天坛祈年殿院建筑群修缮工程荣获 2006 年度中国风景园林学会"优秀园林古建筑金奖"

图 0-143　天坛祈年殿院建筑群修缮工程荣获 2007 年度"全国建筑工程装饰奖"

图 0-144　2007 年北京市电子工业建筑设计所无偿划转到公司（国资委批文）

图 0-145　2007 年北京市电子工业建筑设计所无偿划转到公司（国资委批文）

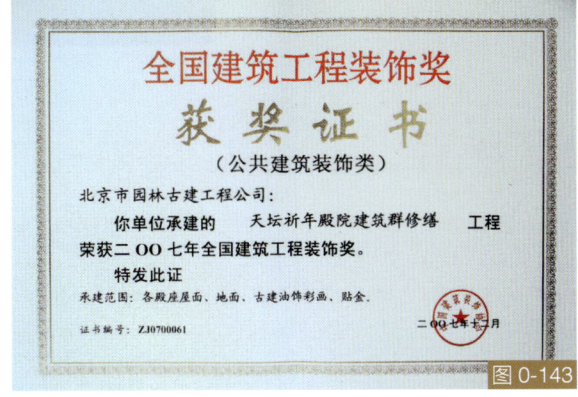

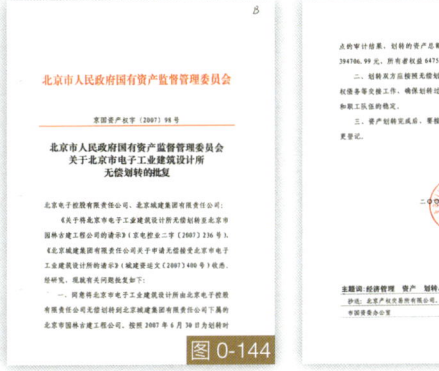

李作宾、李灿章、李念成、李树仁、李春洁、李振麒、宋余生、张应侯、张忠东、张忠和、张顺来、张保忠、张铁栓、张道顺、张瑞泽、陈少白、周学凯、郑晓阳、胡国明、胡新法、赵立德、赵金玉、赵洪晨、秦书林、顾永林、夏志英、徐文奎、郭维合、曹海利、鄂疆辉、韩树松、薛玉宝、燕树伟。举行拜师学艺仪式，编辑出版《北京市园林古建工程公司辉煌55》书刊（图0-146~图0-150）。

前门大街五洲大药房及都一处改造工程，荣获2007年度"北京市结构长城杯银质奖"（图0-151~图0-153）；故宫太和门西庑及周边建筑修缮工程，被评为2007年度"北京市建筑装饰优质工程"。2007~2009年公司中标的主要工程有：颐和园霁清轩修缮（图0-154），天坛公园丹陛桥御路恢复，景山公园寿皇牌楼（三座）油饰彩画，天安门广场摆花"天坛祈年殿"硬质微缩模型景观（图0-155~图0-157），厦门花博会北京园"同和园"建设（图0-158~图0-160），哈萨克斯坦"北京大厦"仿古工程建设（图0-161、图0-162）。2008年北京植物园十方普觉寺彩画保护，东岳庙东路古建修缮，恭王府修缮，京师大学堂建筑遗存保护，西单牌楼复建（图0-163），奥运会和国庆天安门广场摆花宫灯制作安装，山海关环古城公园景观改造B、C标段，南京江宁古墓维修及城墙修缮（图0-164、图0-165）。2009年原"国民政府财政部印刷局"旧址主楼修缮，河北怀来县鸡鸣驿城墙整体加固保护一标段，贵州铜仁川主宫原址保护复建，济南南郊宾馆七星湖改造等工程（图0-166）。公司被评为2008年"全

图 0-146	2007年公司举办拜师会老匠师们合影。前排中：87岁李庆银。后排左起：78岁马增德、74岁顾永林、72岁张瑞泽、72岁李振麒、65岁赵洪晨、73岁刘玉明、75岁周学凯、70岁李灿章、80岁宋建志、74岁范殿福
图 0-147	2007年公司总经理杨宝生（右七）、党委书记张道顺（右六）、总工程师刘大可（右五）与师徒合影。木作师傅王永刚（右一）、画作师傅王光宾（右二）、预算师傅王伟（右三）、施工管理师傅薛玉宝（右四）、画作师傅秦书林（右八）、瓦作师傅苗建华（右九）、财务管理师傅杜永生（右十）、预算师傅赵芳（右十二）（周彦忠提供）
图 0-148	2007年公司新老领导与55名特别贡献奖获得者合影。前排右起：张道顺、杨宝生、陆肇元、陈少白、顾永林、汪大贲、王玉龙、周学凯（周彦忠提供）
图 0-149	2007年参加公司成立55周年招待会的领导和专家：孟兆贞、王凤江、廖祥春、郑秉军
图 0-150	2007年公司成立55周年招待会公司助理以上领导班子成员。右起：赵金玉、毛国华、张忠东、彭念慈、刘大可、杨宝生、张道顺、张顺来、杜永生、刘鹰、王西满
图 0-151	2007年前门大街五洲大药房及都一处改造工程

图 0-152

图 0-154

图 0-155

图 0-156

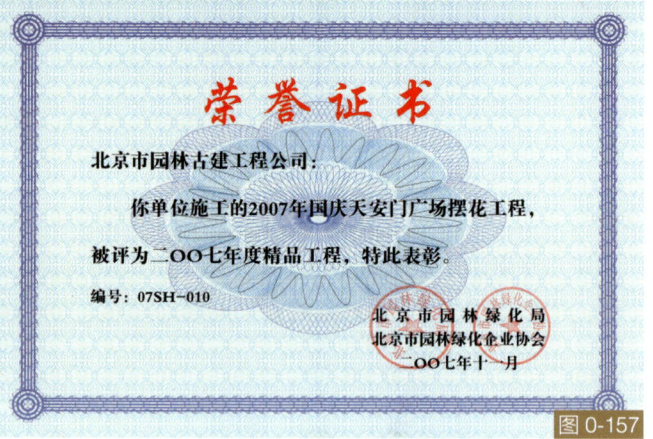
图 0-157

- 图 0-152   2007 年前门大街五洲大药房及都一处改造工程
- 图 0-153   前门大街五洲大药房及都一处改造工程荣获 2007 年度"北京市结构长城杯银质奖"
- 图 0-154   时任北京市副市长牛有成 2007 年视察颐和园霁清轩工程。左起：牛有成、郑秉军、阚跃（颐和园提供）
- 图 0-155   2007 年时任城建集团总经理徐贱云带队检查广场摆花工程。右起：于学斌、张道顺、弥建洲、龚亿军、程占华、徐贱云、左长春、李太祥、刘新、赵凯军
- 图 0-156   2007 年天安门广场国庆摆花工程——"天坛祈年殿"硬质微缩模型景观
- 图 0-157   2007 年天安门广场摆花工程被评为"精品工程"

44 / 45　公司简史

图 0-158　2007年北京市园林绿化局领导参加厦门同和园开工仪式。前排讲话：董瑞龙（徐佳提供）
图 0-159　2007年厦门第六届花博会同和园（全振山提供）
图 0-160　2008年住房和城乡建设部授予公司第六届中国（厦门）国际园林花卉博览会"先进集体"称号

图 0-158

图 0-160

图 0-159

| 图 0-161 | 2007年哈萨克斯坦"北京大厦"仿古工程（王洪提供）
| 图 0-162 | 2007年哈萨克斯坦"北京大厦"仿古牌楼（王洪提供）
| 图 0-163 | 2008年西单牌楼复建工程

图 0-164　2008 年南京江宁古墓维修
图 0-165　2008 年南京明城墙修缮工程
图 0-166　2009 年济南南郊宾馆七星湖改造工程（张道顺提供）

国建筑业科技进步与技术创新先进企业"（图0-167）。2008年住房和城乡建设部授予公司第六届中国（厦门）国际园林花卉博览会"先进集体"，天坛斋宫修缮工程，被评为2008年"全国建筑工程装饰奖"（图0-168、图0-169），香山碧云寺古建筑保护修缮工程，获得中国风景园林学会"优秀园林古建工程金奖"（图0-170、图0-171），天安门广场摆花工程，被评为2008年"北京市社会精品工程"（图0-172、图0-173），中山公园长廊油饰彩画工程，被评为2008年度"北京市建筑装饰优质工程"（图0-174、图0-175）。2009年公司编制的"建筑瓦屋面荷载速见汇编"，获得中国建筑装饰协会"科技创新成果奖"和集团科技成果奖（图0-176）。香山见心斋保护修缮工程，荣获2009年中国风景园林学会"优秀园林古建工程金奖"（图0-177、图0-178）。公司被评为2009年度全国城市园林绿化企业50强（图0-179）。

2010～2012年公司中标的主要工程有：故宫英华殿修缮，静宜园（香山）昭庙清净法智殿、琉璃塔修缮（图0-180～图0-183），西安园博会"北京园"，广东惠州金海湾中区天后宫建设，四川德阳市旌阳区孝泉龙护舍利塔保护（图0-184），厦门大学群贤楼抢险修复，西宁市京韵青风景区建设（图0-185），安阳市天盛寺大雄宝殿复建等工程（图0-186）。2011年天安门广场国庆摆花大红灯笼（图0-187），重庆园博会北京园建设（图0-188～图0-190），广西宾阳县思恩试院保护，四川省罗江县庞统祠灾后维修（二期）、芦山平襄楼、青龙寺大殿、樊敏碑阙及石刻环境整治（三标段），青海玉树新寨嘉那嘛

图0-167	2008年公司被评为"全国建筑业科技进步与技术创新先进企业"
图0-168	2007年天坛公园斋宫修缮工程二期
图0-169	天坛斋宫修缮工程二期被评为2008年"全国建筑工程装饰奖"

图 0-170	2007 年香山碧云寺古建筑保护修缮工程
图 0-171	香山碧云寺古建筑保护修缮工程荣获 2008 年度中国风景园林学会"优秀园林古建工程金奖"
图 0-172	2008 年天安门广场摆花工程"大型宫灯"花坛（张道顺提供）
图 0-173	天安门广场摆花工程被评为 2008 年度"北京市社会精品工程"
图 0-174	2007 年中山公园长廊油饰彩画
图 0-175	中山公园长廊油饰彩画工程被评为 2008 年"北京市建筑装饰优质工程"

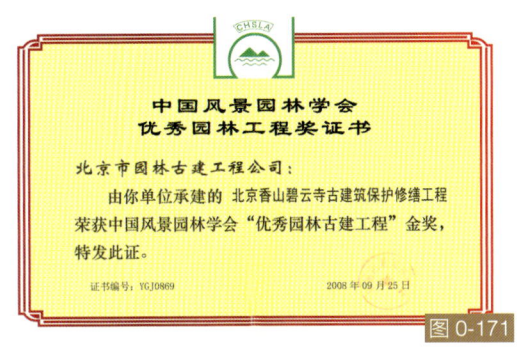

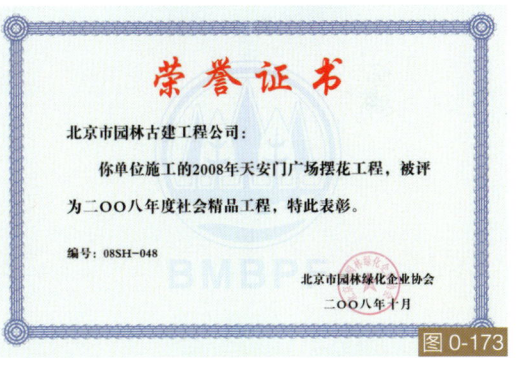

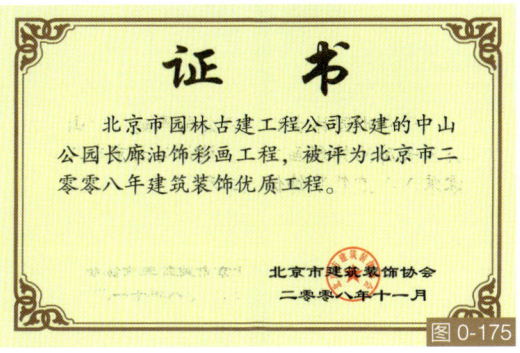

| 图 0-176 | 公司编制的"古建筑屋面荷载汇编"被评为 2008 年"全国建筑装饰行业科技创新成果奖"
| 图 0-177 | 2007 年香山公园见心斋修缮（张道顺提供）
| 图 0-178 | 香山公园见心斋保护修缮工程荣获 2009 年中国风景园林学会"优秀园林古建工程金奖"
| 图 0-179 | 公司荣获 2009 年度"全国城市园林绿化企业 50 强"

图 0-176

图 0-177

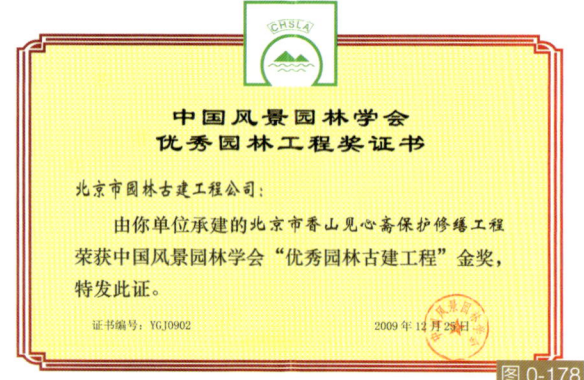

图 0-178

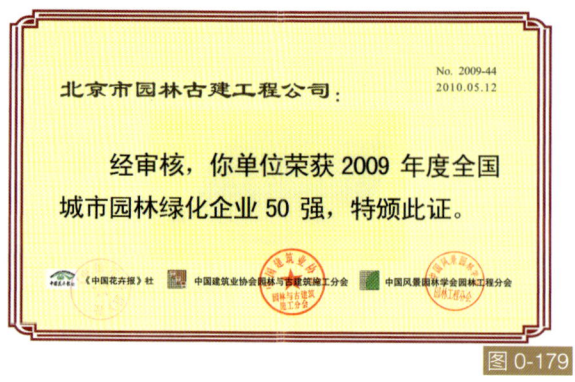

图 0-179

| 图 0-180 | 2010年静宜园（香山）昭庙清净法智殿、琉璃塔修缮工程（张道顺提供）
| 图 0-181 | 2010年静宜园（香山）昭庙清净法智殿、琉璃塔修缮（张道顺提供）
| 图 0-182 | 2010年静宜园（香山）昭庙清净法智殿——金顶（周彦忠提供）

图 0-183　2013年时任城建集团副总经理樊军、李太祥视察静宜园（香山）昭庙清净法智殿、琉璃塔修缮工程。
　　　　　右起：张顺来、张道顺、刘凤元、刘鹰、樊军、李太祥、杨宝生、袁国跃、李辉坚（杨宝生提供）
图 0-184　2010年四川德阳市孝泉龙护舍利塔维修工程
图 0-185　西宁市京韵青风景区开园。左起：陈明常、杨宝生、姚宝琪（杨宝生提供）

图 0-186

图 0-187

图 0-188

获奖证书

北京园：

荣获第八届中国（重庆）国际园林博览会

室外展园大奖

第八届中国（重庆）国际园林博览会组委会

二〇一二年五月

图 0-189

获奖证书

北京园：

荣获第八届中国（重庆）国际园林博览会

展园设计大奖

第八届中国（重庆）国际园林博览会组委会

二〇一二年五月

图 0-190

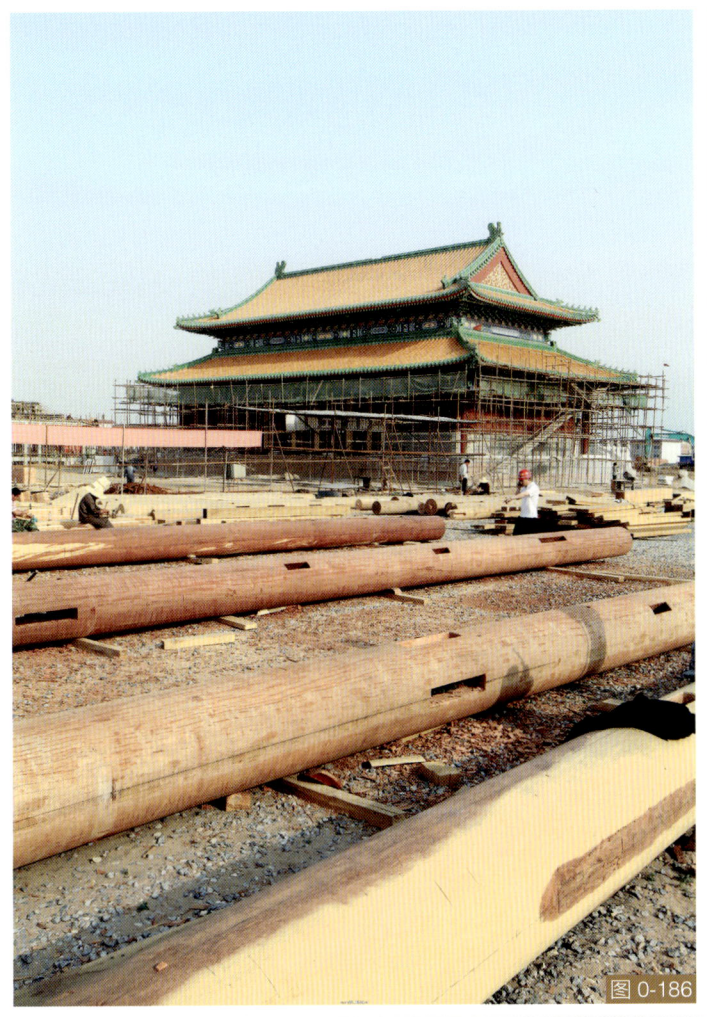

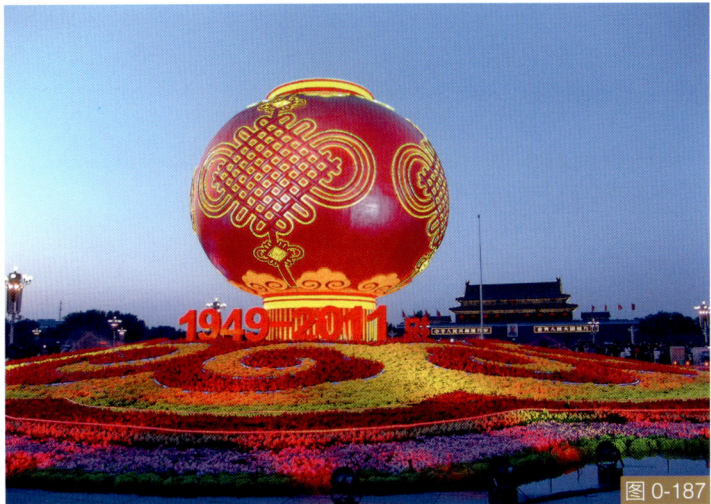

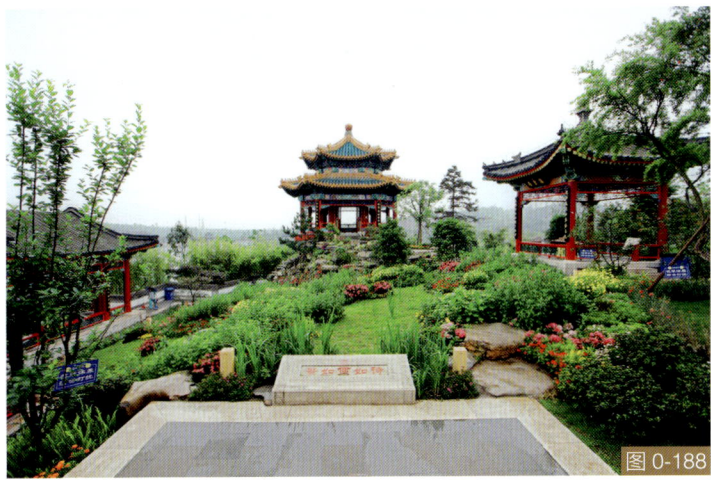

图 0-186 2010 年安阳市天盛寺大雄宝殿复建工程

图 0-187 2011 年天安门广场国庆摆花——大红灯笼（张道顺提供）

图 0-188 2011 年第八届中国（重庆）国际园林博览会“北京园”工程（杨宝生提供）

图 0-189 北京园荣获第八届中国（重庆）国际园林博览会“室外展园大奖”

图 0-190 北京园荣获第八届中国（重庆）国际园林博览会“展园设计大奖”

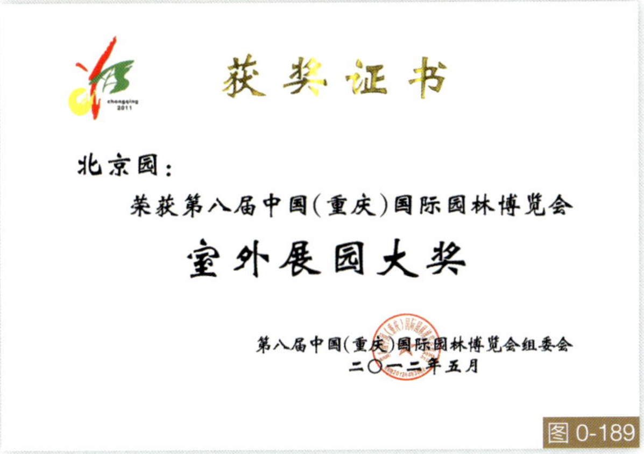

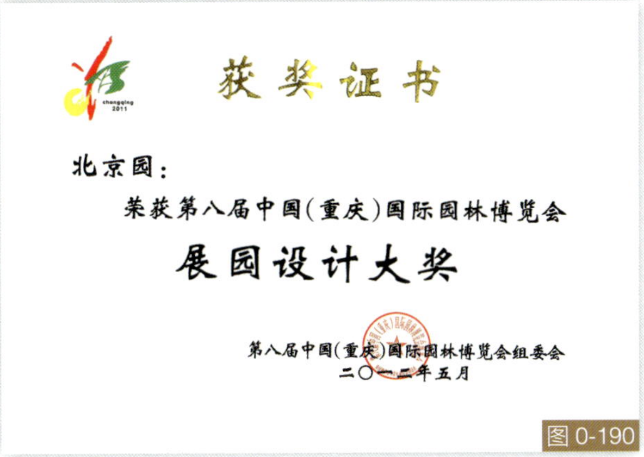

呢震后抢险修缮（第二标段）和环境整治。2012年圆明园澹怀堂遗址保护，故宫宁寿宫花园保护修复（图0-191），华彬江南锦一期建设（图0-192），武当山遇真宫文物解体及复原（图0-193），承德普乐寺保护，承德避暑山庄清代道路保护等工程。公司组织编制的《文物古建筑木柱墩接新法》，荣获"全国建筑装饰行业科技创新成果奖"和城建集团科技进步二等奖。截至2010年年底，公司专业技术人员达到100余人，其中高级职称10余人，中级职称30余人。古建技师20余人。一、二级建造师20余人。公司完成了文物保护一级资质"古遗址古墓葬保护"增项。设计所具有建筑行业（建筑工程）设计乙级资质，文物保护工程勘察设计资质升为甲级。公司被评为"北京建设行业AAA信用企业"（图0-194）和"园林绿化行业守信企业"（图0-195），中国建筑业联合会2010年度"全国先进施工企业"（图0-196）。故宫寿康宫修缮工程，被评为"全国建筑装饰优质工程"（图0-197～图0-199）；2010年住房和城乡建设部授予公司第七届中国（济南）国际园林花卉博览会"先进集体"，第七届中国（济南）园博会室外展园北京园，荣获建筑小品奖大奖（图0-200～图0-202）；2011年西安世园会北京园，被评为"创新杯·2011年度中国园林绿化行业十大优质金奖工程"，并获组委会5个单项奖（图0-203、图0-204）。

2012年5月公司依法工商注册为"有限公司"，完成了公司制改造，成立了董事会、监事会，公司更名为"北京市园林古建工程有限公司"。公司制定了《园林古建公司五年发展规划（2011年—2015年）》。2012年公司全年新签中标合同额4亿元，经营收入突破3亿元，创公司历史最好水平。

图0-191

图0-192

图0-193

图 0-191	2012年故宫宁寿宫花园保护修复工程
图 0-192	2012年北京华彬江南锦一期
图 0-193	2012年武当山遇真宫文物解体及复原工程
图 0-194	2012年公司被评为"北京市建设行业AAA信用企业"
图 0-195	2012年公司被评为"北京市园林绿化行业守信企业"
图 0-196	公司荣获2010年度"全国先进施工企业"
图 0-197	2007年故宫寿康宫修缮工程（张道顺提供）

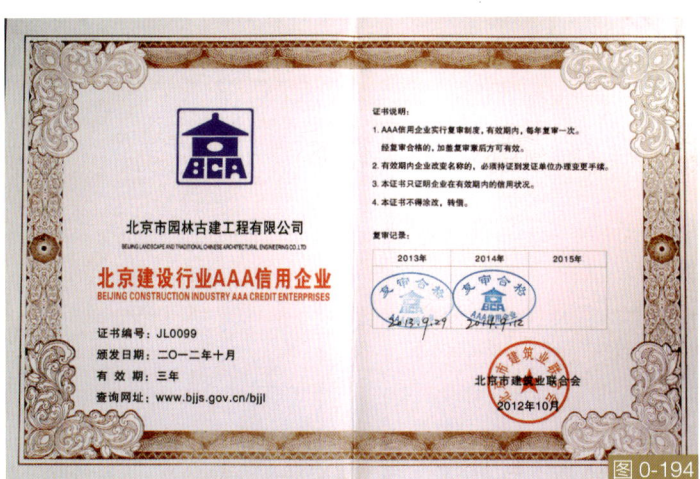

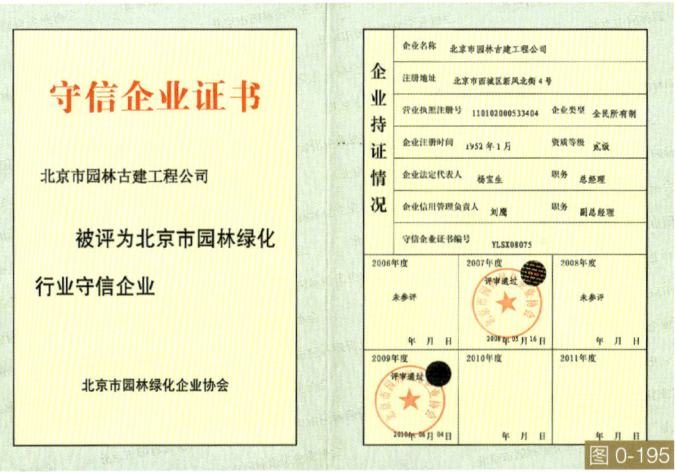

图 0-198　2007 年故宫寿康宫修缮工程翼角彩画（张道顺提供）

图 0-199　故宫寿康宫修缮工程被评为“全国建筑工程装饰奖”

图 0-200　2010 年济南园博园北京园（张道顺提供）

图 0-198

全国建筑工程装饰奖

获奖证书

（公共建筑装饰类）

北京市园林古建工程公司：

你单位承建的　寿康宫区建筑维修工程　工程荣获二〇一一~二〇一二年度全国建筑工程装饰奖。

特发此证

承建范围：屋面、外墙、地面、油漆彩画、贴金等装饰装修。

证书编号：ZJ1100241

二〇一二年十二月

图 0-199

图 0-200

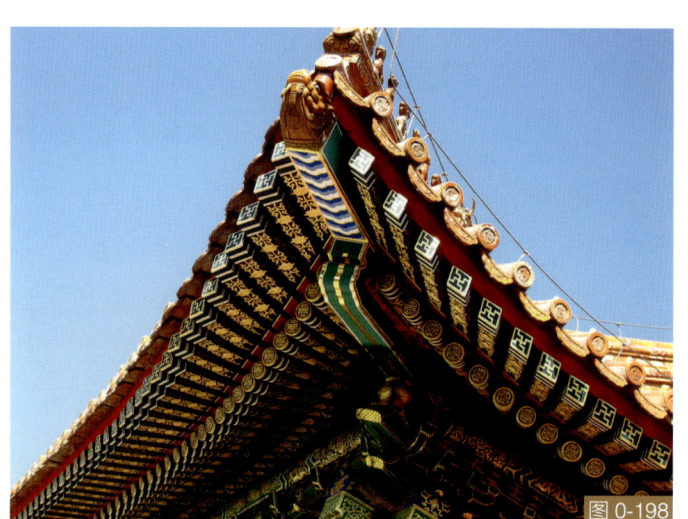

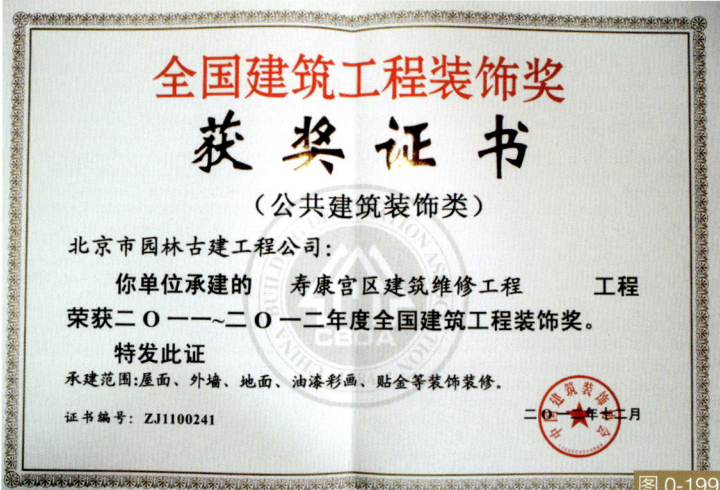

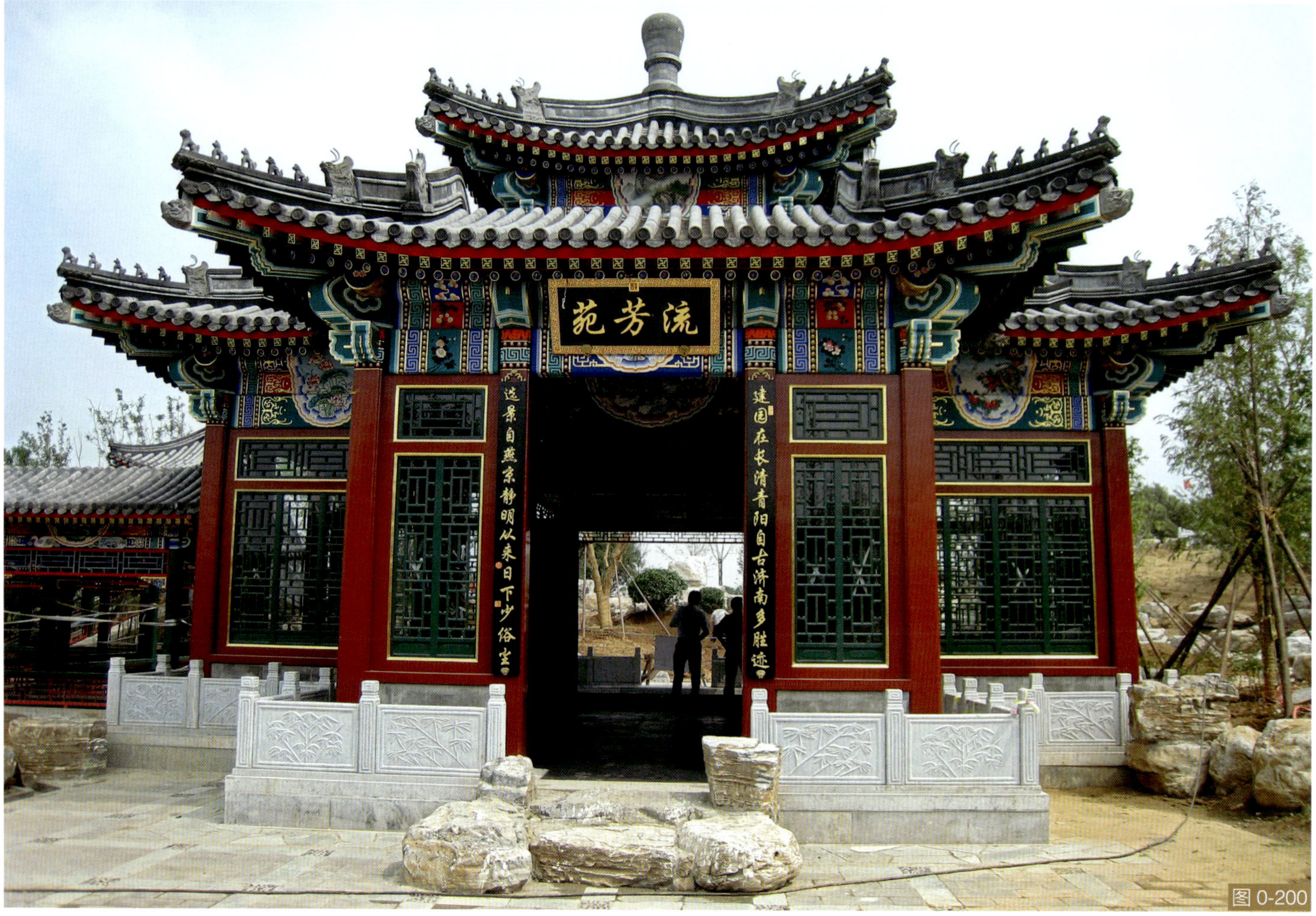

图 0-201 2010 年住房和城乡建设部授予公司第七届中国（济南）国际园林花卉博览会“先进集体”

图 0-202 2010 年第七届中国（济南）园博会室外展园北京园荣获建筑小品奖大奖

图 0-203 2011 年西安世园会“北京园”

图 0-204 西安世园会北京园被评为“创新杯 · 2011 年度中国园林绿化行业十大优质金奖工程”

荣誉证书

授予 北京市园林古建工程公司

第七届中国（济南）国际园林花卉博览会先进集体称号

中华人民共和国住房和城乡建设部

二〇一〇年五月八日

图 0-201

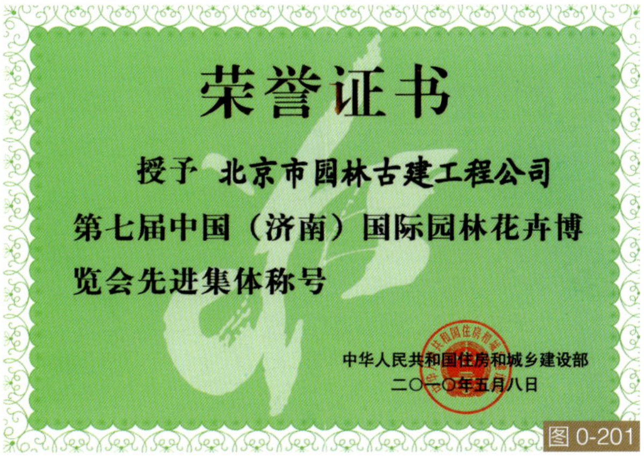

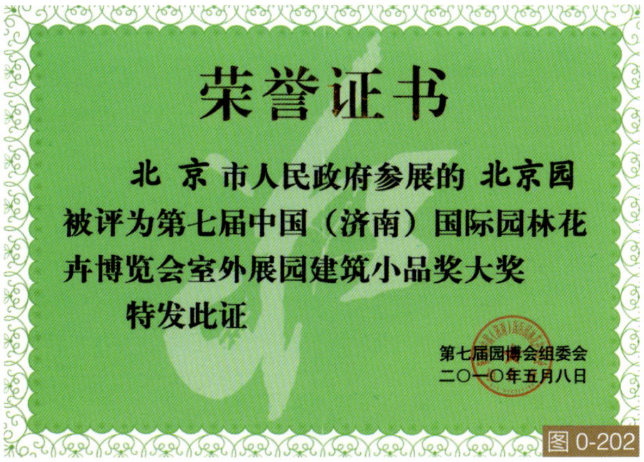
荣誉证书

北 京 市人民政府参展的 北京园

被评为第七届中国（济南）国际园林花卉博览会室外展园建筑小品奖大奖

特发此证

第七届园博会组委会

二〇一〇年五月八日

图 0-202

图 0-203

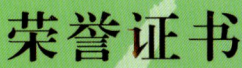

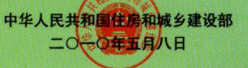

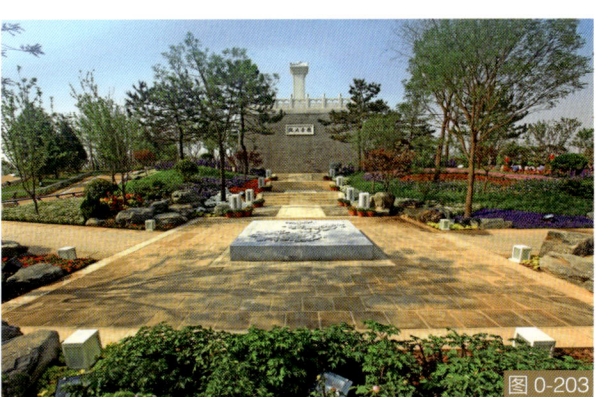

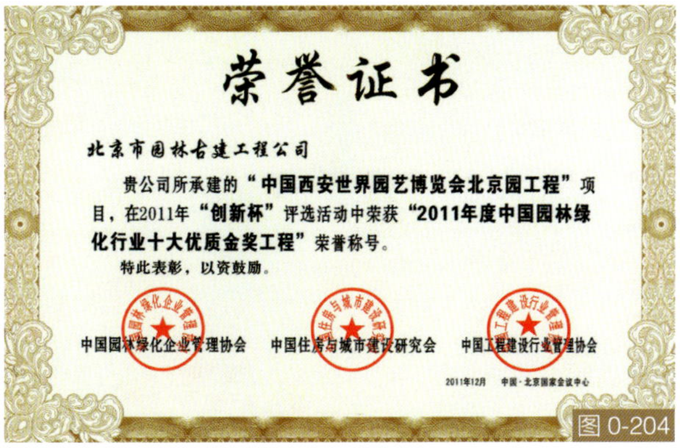
荣誉证书

北京市园林古建工程公司

贵公司所承建的“中国西安世界园艺博览会北京园工程”项目，在2011年“创新杯”评选活动中荣获“2011年度中国园林绿化行业十大优质金奖工程”荣誉称号。

特此表彰，以资鼓励。

中国园林绿化企业管理协会　中国住房与城市建设研究会　中国工程建设行业管理协会

2011年12月　中国·北京国家会议中心

图 0-204

颐和园四大部洲修缮工程，被评为2012年度"全国十佳文物维修工程"（图0-205、图0-206）；十方普觉寺山门等中轴线建筑彩画及修缮工程，获得"北京市装饰优质工程奖"（图0-207、图0-208）；圆明园正觉寺复建工程，获得"北京市建筑长城杯金质奖"，并入围"中国建设工程鲁班奖"备选名单，开创了古建修缮工程申报"鲁班奖"先河（图0-209～图0-213）。

2013～2015年公司中标的主要工程有：北京觉生寺（大钟寺）抢险，西宁人民公园西花房改造，厦门集美大学嘉庚建筑——尚忠楼群古建维修改造（图0-214），承德殊像寺建筑基址及院落整治保护，吉林大学鸣放宫文物修缮（图0-215）。2014年静宜园（香山）永安寺修复（图0-216～图0-219），静宜园（香山）栖月崖等景区修复，清西陵行宫保护（图0-220），西山八大处姚家寺复建、证果寺（图0-221）、三处三山庵、七处宝珠洞修缮，嵩祝寺修缮，英特宜家购物中心景观工程B标段与景观绿化铺装，原官园花鸟金鱼市场改造项目，河南商丘归德府城墙维修加固（图0-222），曲阜遗址公园北城墙修缮，金界壕遗址黑龙江甘南县水冲沟抢险保护一、二标。2015年武汉园博会北京园建设（图0-223、图0-224），唐山世园会北京园建设（图0-225），河北张北县元中都遗址环境整治，青岛即墨古城县衙修缮，河北易县明长城紫荆关加固，青海民和县喇家国家考古遗址公园建设（图0-226），青海瞿昙寺修缮（图0-227），西宁香水泉遗址保护恢复，安徽省含山县凌家滩遗址墓葬祭祀区保护，加拿大萨斯卡通市中山亭建设等工程。

图0-205　2010年颐和园四大部洲修缮工程
图0-206　颐和园四大部洲修缮工程被评为2012年度"全国十佳文物维修工程"
图0-207　2008年十方普觉寺山门等中轴线建筑彩画及修缮工程
图0-208　十方普觉寺山门等中轴线建筑彩画及修缮工程荣获"北京市建筑装饰优质工程奖"

图 0-209	2009年圆明园正觉寺复建工程
图 0-210	复建后的圆明园正觉寺三圣殿（周彦忠提供）
图 0-211	圆明园正觉寺复建工程荣获2010年度"北京市结构长城杯工程金奖"
图 0-212	圆明园正觉寺复建工程荣获"北京市建筑长城杯工程金奖"
图 0-213	圆明园正觉寺复建工程荣获2011年度"全国建设工程优秀项目管理成果一等奖"

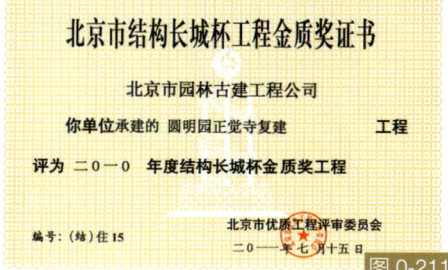
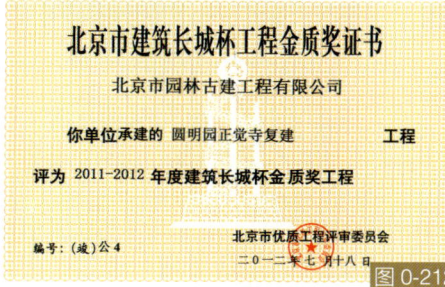

图 0-214　2013年厦门集美大学嘉庚建筑——尚忠楼群古建维修（杨宝生提供）
图 0-215　2013年吉林大学鸣放宫文物修缮工程
图 0-216　2014年香山静宜园永安寺修复工程（张道顺提供）
图 0-217　2014年时任北京城建集团副总经理李太祥、樊军视察香山静宜园永安寺修复工程。
　　　　　右起：樊军、李太祥、吴继华（杨宝生提供）

图 0-218　2015 年园林集团党委书记、董事长马立强、总经理张兰年视察香山静宜园永安寺修复工程。
前排左起：鄂疆辉（一）、毛国华（二）、杨宝生（三）、郭林宝（四）、马立强（五）、张兰年（六）、张峰亮（八）（张道顺提供）

图 0-219　2014 年香山静宜园永安寺修复工程（鄂疆辉提供）

图 0-220　2014 年清西陵行宫保护工程

图 0-221　2014 年西山八大处证果寺修缮工程

图 0-222	2014年河南商丘归德府城墙维修加固（何景龙提供）
图 0-223	2015年武汉园博会北京园（张道顺提供）
图 0-224	2015年武汉园博会北京园（韩媛媛提供）

图 0-225　2015年唐山世园会北京园工程（韩媛媛提供）

图 0-226　2015年青海民和县喇家国家考古遗址公园建设开工典礼。右起：杨宝生（二）、李振长（十二）（杨宝生提供）
图 0-227　2015年青海瞿昙寺修缮（杨宝生提供）

2013年公司认真做好古建技艺的传承，总经理杨宝生经过五年潜心研究、挖掘提炼、整理编著并出版了《颐和园长廊苏式彩画》一书，该书填补了国内同专业领域研究的空白（图0-228）。公司举办苏式彩画技艺传统拜师仪式，80岁高龄线法大师冯义先生喜收公司青年画师张民光为其弟子（图0-229）。公司针对东岳庙东路伏魔殿原彩画被油漆覆盖情况，完成的"东岳庙伏魔殿外檐彩画复原技术探索"项目科技成果，荣获集团二等奖。第九届中国（北京）园博会北京园建设工程（图0-230～图0-232）、中国园林博物馆室外展区工程二标段建设（图0-233～图0-235），荣获各类大奖6项。青海玉树新寨嘉那嘛呢震后总体抢险修缮工程，荣获首届（2013年度）全国十佳文物保护工程评选"特别荣誉奖"（图0-236、图0-237）；北海小西天万佛楼、阐福寺大佛殿建筑群修缮工程，获得"北京市建筑装饰优质工程奖"（图0-238、图0-239）。

2014年公司进行了组织机构改革，撤销原有的3个分部、直属项目部和机关总承包部，成立了总承包一、二、三部。机关实行大部制，职能部室由10个压缩为5个，即：综合办公室、党群工作部、经营管理部、工程管理部、财务审计部。中层管理人员竞聘上岗，一般管理人员实行双向选择。

2014年公司设计所承接的主要设计项目有：北京景山寿皇殿建筑群修缮，香山静宜景区修复二期，重庆彭氏宗祠抢修，湖南凤凰古城堡保护等工程设计。全年设计收入首次突破1000万元。

图0-228　2013年公司总经理杨宝生编著出版《颐和园长廊苏式彩画》一书
图0-229　2013年80高龄线法大师冯义先生喜收公司青年画师张民光为其弟子（周彦忠提供）

图 0-230	2012年第九届中国（北京）国际园林博览会北京园工程（张道顺提供）
图 0-231	北京园荣获第九届中国（北京）国际园林博览会"室外展园大奖"
图 0-232	北京园荣获第九届中国（北京）国际园林博览会"展园施工大奖"
图 0-233	2012年中国园林博物馆室外展区工程二标段"塔影别苑"景区（周彦忠提供）
图 0-234	2012年中国园林博物馆室外展区工程二标段"半亩轩榭"景区
图 0-235	2013年公司荣获第九届中国（北京）国际园林博览会"先进集体"

| 图 0-236 | 2011年青海玉树新寨嘉那嘛呢震后总体抢险修缮工程（第二标段）（杨宝生提供）
| 图 0-237 | 青海玉树新寨嘉那嘛呢震后总体抢险修缮工程（第二标段），荣获首届（2013年度）全国十佳文物保护工程评选"特别荣誉奖"
| 图 0-238 | 2011年北海公园小西天万佛楼、阐福寺大佛殿建筑群修缮工程
| 图 0-239 | 北海公园小西天万佛楼、阐福寺大佛殿建筑群修缮工程被评为"2013至2014年北京市建筑装饰优质工程"

公司高质量完成了APEC峰会雁栖湖国际会都（核心岛）宴会厅天花吊顶彩画和国家水立方APEC峰会会场花架制作。雁栖湖国际会都宴会厅天花吊顶彩绘，全部采用沥粉贴金传统工艺（图0-240）。水立方APEC峰会会场花架制作，不使用化学胶粘剂，花架油饰首创擦涂"蜂蜡"新工艺。

公司坚持古建技艺传承和特色发展，制定了"公司古建技艺传承人津贴发放办法"，首次评选出画作匠师秦书林、王光宾、李燕肇、张民光，油漆作匠师李海先，木作匠师郑晓阳6名职工为公司古建技艺传承人。

2014年青岛世园会北京园荣获"室外展园竞赛大奖"（图0-241～图0-243）；河北承德普乐寺保护工程（图0-244、图0-245）和青海玉树达那寺建筑抢险修缮工程（图0-246、图0-247），被评为第二届（2014年度）"全国十佳文物保护工程"。2014年公司信用等级连续六年被评为AAA级企业（图0-248），公司被评为全国"质量信得过单位"（图0-249）。2015年公司被评为全国"质量、安全、信誉AAA企业"（图0-250），被评为"2015年度全国古建筑施工企业10强"（图0-251）。

北京市园林古建工程有限公司成立63年以来，始终致力于园林古建事业发展和古建技艺传承（图0-252、图0-253），积极开拓国内外市场，承揽了大量世界文化遗产和全国、省（市）重点文物保护工程的修缮与复建，完成了一批园林绿化景观工程，先后赴英国、德国、加拿大、西班牙、日本、埃及、约旦、哈萨克斯坦等国家和中国香港地区承揽园林古建工程。通过古建筑保护修缮与复建、仿古建筑

图 0-240　2014 年 APEC 峰会雁栖湖国际会都（核心岛）宴会厅天花吊顶彩画
图 0-241　2014 年青岛世界园艺博览会北京园工程
图 0-242　2014 年青岛世园会北京园（杨宝生提供）
图 0-243　青岛世界园艺博览会北京园荣获 2014 年“室外展园竞赛大奖”
图 0-244　2012 年河北承德普乐寺保护修缮工程
图 0-245　河北承德普乐寺保护修缮工程被评为第二届（2014 年度）“全国十佳文物保护工程”
图 0-246　2012 年青海玉树达那寺建筑抢险修缮工程（刘鹰提供）
图 0-247　青海玉树达那寺建筑抢险修缮工程荣获第二届（2014 年度）“全国十佳文物保护工程”

2014青岛世界园艺博览会
INTERNATIONAL HORTICULTURAL EXPOSITION 2014 QINGDAO
北京园
Beijing Garden
荣获2014青岛世界园艺博览会室外展园竞赛大奖
特颁此证，以资鼓励
Awarded Top Grand Award of Outdoor Garden Competition
in International Horticultural Exposition 2014 Qingdao.
This certificate is hereby awarded to you as an encouragement.
2014年青岛世界园艺博览会组织委员会
The Organization Committee of 2014
Qingdao International Horticultural Exposition
二〇一四年十月
October, 2014

图 0-243

图 0-244

荣誉证书
第二届（2014年度）全国十佳文物保护工程
河北承德普乐寺保护修缮工程
业主单位：承德市文物局
设计单位：河北省古代建筑保护研究所、承德市文物局规划设计室
施工单位：北京市园林古建工程公司
监理单位：河南东方文物建筑监理有限公司
国家文物局
中国古迹遗址保护协会　中国文物报社
2015年11月

图 0-245

图 0-246

荣誉证书
第二届（2014年度）全国十佳文物保护工程
青海玉树达那寺建筑抢险修缮工程
业主单位：青海省文物管理局
设计单位：中国文化遗产研究院
施工单位：北京市园林古建工程有限公司、中兴文物建筑设计工程公司、北京首华建设经营有限公司
监理单位：广东立德建设监理有限公司
国家文物局
中国古迹遗址保护协会　中国文物报社
2015年11月

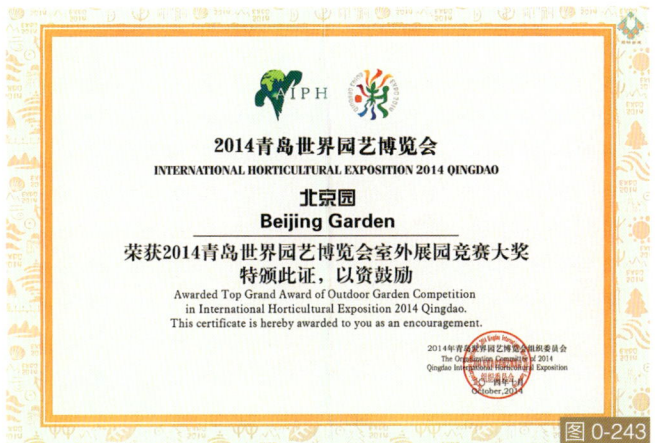

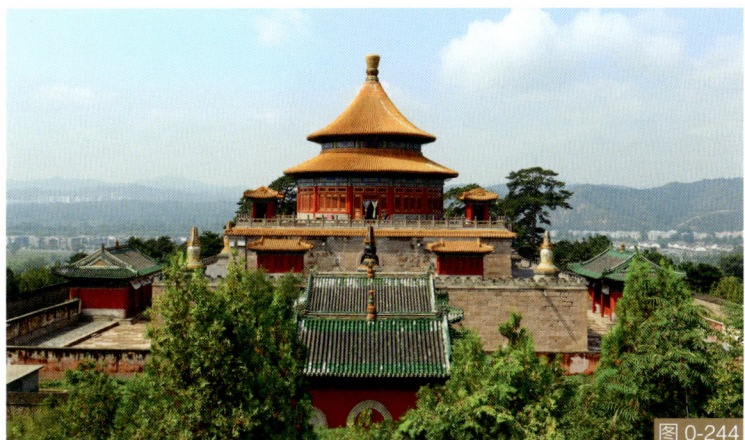

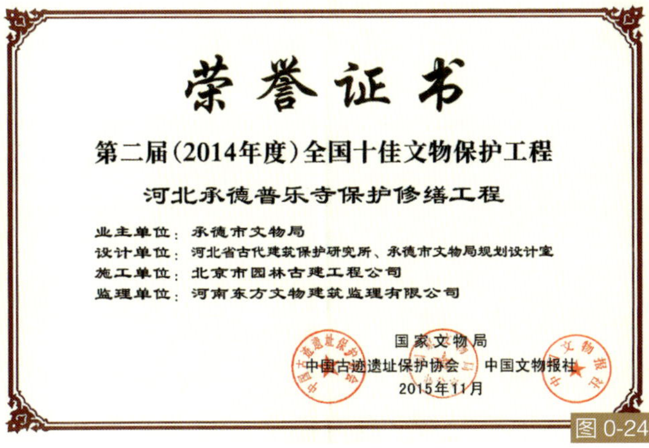

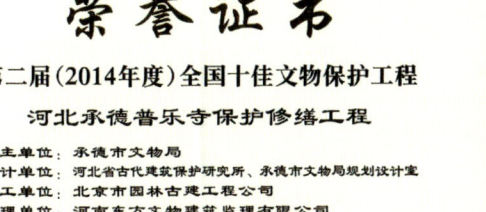

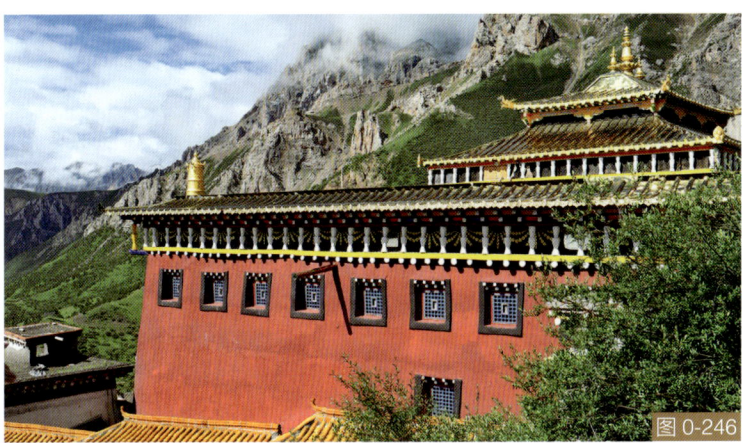

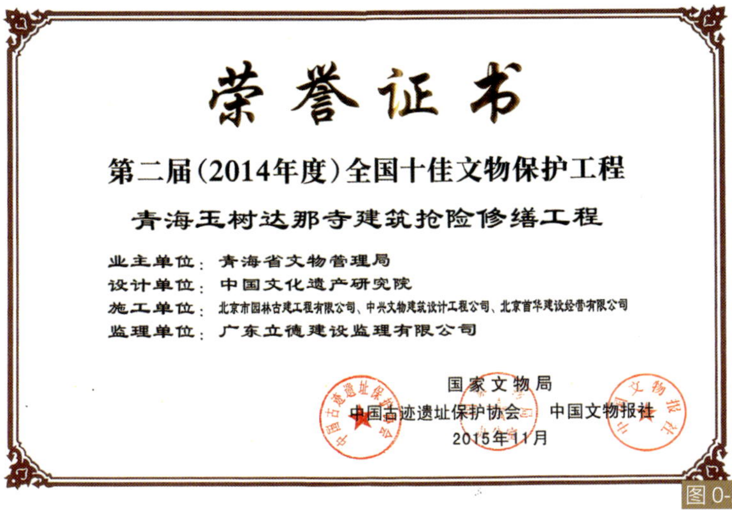

图 0-247

图 0-248　2014 年公司信用 AAA 等级证书
图 0-249　2014 年公司被评为全国"质量信得过单位"
图 0-250　2015 年公司被评为全国"质量、安全、信誉 AAA 企业"
图 0-251　2015 年公司被评为"全国古建筑施工企业 10 强"
图 0-252　公司召开传承工作会
图 0-253　公司领导与传承人合影

图 0-248

图 0-249

图 0-250

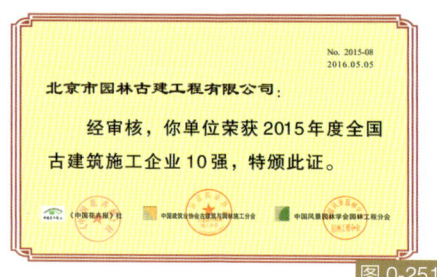
图 0-251

图 0-252

图 0-253

和园林绿化工程施工，培养了一大批具有精湛技艺的专业人才和能工巧匠，创造了辉煌的业绩。公司先后获得"国家优质工程银质奖"、"詹天佑土木工程大奖"、中国"优秀园林古建金奖"、全国"十佳文物保护工程"、全国"建筑工程装饰奖"、北京市"建筑工程长城杯金质奖"、北京市"建筑装饰优质工程奖"、北京市"园林绿化精品工程"等国家、省部级几十项质量大奖，跨入"全国城市园林绿化企业50强"和"全国古建筑施工企业10强"。2014年公司"古建油漆彩绘"入选第四批北京市非物质文化遗产保护名录，尽显"国匠"责任与风采（图0-254）。2014年6月经北京城建集团决定，由北京金都园林绿化有限责任公司、北京市花木有限公司、北京市园林古建工程有限公司和北京市园林古建设计研究院有限公司共同组建成立了"北京市园林绿化集团有限公司"（图0-255～图0-257）。公司将以北京城建集团和园林集团为依托，发挥资质、品牌、技术、产业链等优势，抢抓京津冀协同发展和疏解北京非首都功能等国家发展战略机遇期，按照北京城建集团"十三五"发展规划和"做强总部，做大资本，推进产业链协同发展，构建千亿级企业集团"发展战略，以及园林集团"做强总部、做大规模、整合资源、协同发展"战略和"打造城建集团第三个上市公司"战略目标，弘扬"工匠精神"，以"传承技艺、兴业为民"为宗旨，以"企业强大、职工幸福"为发展愿景，坚持古建特色发展，满怀信心迈向美好未来！

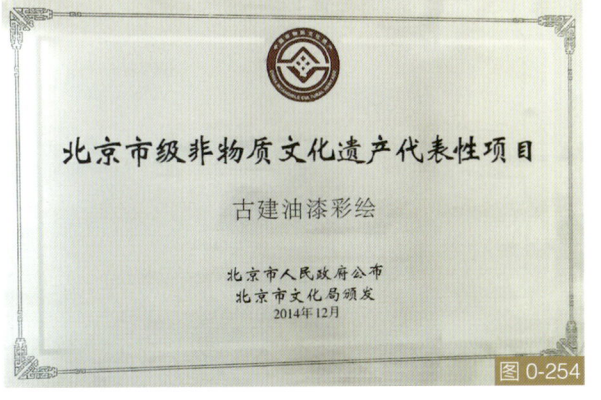

图 0-254　2014年公司申办"北京市级非物质文化遗产代表性项目：古建油漆彩绘"

图 0-255　2014年北京市园林绿化集团有限公司揭牌成立。右起：于学斌、张新宇、杨宝生、马立强、张兰年、张道顺、郭林宝（韩媛媛提供）

图 0-256　2015年城建集团党委书记、董事长陈代华来园林集团调研。右侧前起：杨金风、冯建军、徐荣明、李卫红、陈代华、姚广红、龚亿军、于剑锋、艾长山、刘冬梅（韩媛媛提供）

图 0-257　2015年城建集团总经理郭延红来园林集团调研。右侧前起：聂崑、郭延红、王晓宁（韩媛媛提供）

瓦作匠师

劳模匠师 于春和

男,1925年3月出生,河北沧县人。中共党员。1949年4月在北京祁华营造厂学徒,瓦工。1952年4月到北京市人民政府建筑工程局第二建筑工程公司工作,瓦工,后任瓦工班长、瓦工青年突击队队长。1959年晋升为七级瓦工。1966年7月在中国人民解放军建字02部队014大队工作,任瓦工青年突击队队长。1973年任建筑工程部建筑科学研究院顾问。1976年5月任北京市建筑设计院副院长、党委副书记。1979年8月任北京市园林局修建处党委副书记,1980年4月任北京市园林修建公司党委书记。社会兼任北京市建筑学会理事。

1958年他和李瑞环、张百发一同参加了人民大会堂建设,他带领瓦工青年突击队参加人民大会堂宴会厅建设(图1-1)。1960年他带领的瓦工青年突击队,以达到定额178%提前四个半月完成全年计划。他曾主要参加过北京焦化厂建设、北京电子管厂建设,每年平均完成两年的工作量。1954年被评为北京市劳动模范,1956年被评为全国劳动模范,1959年出席全国群英会(图1-2)。1955年当选北京市人大代表。1962年、1964年两次当选北京市党代会代表。1979年调到园林局修建处负责党委工作(图1-3,图1-4)。他深入基层,亲临一线,有时间就下工地,曾参加了1980~1985年颐和园职工宿舍楼建设施工,与工人师傅们一起劳动,传授施工经验和瓦作技术。1986年2月退休。

图 1-1	1958年人民大会堂建设
图 1-2	1981年于春和劳模普查登记表
图 1-3	职工合影右起：赵立德、于春和、刘海英（宋金龙提供）
图 1-4	1984年在齐齐哈尔澄江阁合影。于春和（中）、王殿贵（右）、李松云（左）（李松云提供）

图 1-1

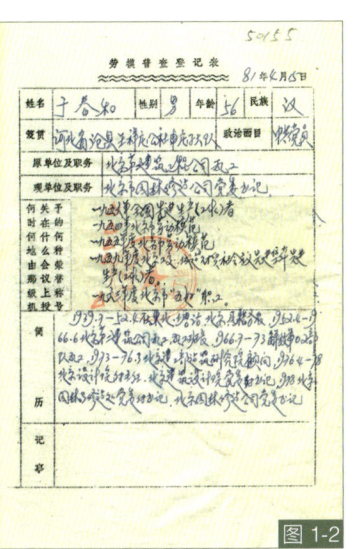
图 1-2

图 1-3

图 1-4

新建瓦作元老 李庆林

男，1919年7月出生，河北青县人。1933年1月在北京魏华营造厂学徒，瓦工。1952年12月经李寿鹏介绍来北京市人民政府公园管理委员会工程队工作，任瓦工组长。他辈分高，擅长新建，一般人比不了他，可谓新建瓦作元老。1963年晋升为七级瓦工。1959年被评为园林局修建工程处红旗手，1962年被评为先进工作者。收徒王荣生。

1953年开始他主要参加了西郊公园（动物园）新建象房（图2-1），1954年天坛公园新建温室，1955年颐和园新建休养所，1956年陶然亭公园新建刨冰堂，动物园新建长颈鹿馆等工程施工。1958年之后他主要参加了紫竹院公园三角地挖湖，1959年植物园新建溢水堰、修建樱桃沟石板路、新建石渠，1961年龙潭公园新建码头，1963年花卉处新建温室，1965年香山公园小白楼修缮等工程。1969年以后他又主要参加了动物园新建羚羊馆，1972年扩建猩猩馆，1975年陶然亭公园新建水榭（图2-2），绿化处新建东单管理楼，1976年陶然亭公园云绘楼修缮，1977年陶然亭公园新建西湖码头、金鱼展室，1978年陶然亭公园慈悲庵修缮、新建影院等工程施工。1979年7月退休。

图 2-1　1953 年西郊公园（北京动物园）新建象房（动物园提供）
图 2-2　1975 年陶然亭公园新建水榭

图 2-1

陶然亭新貌　　　　陶然亭旧状

图 2-2

古建瓦作"标杆" 李庆银

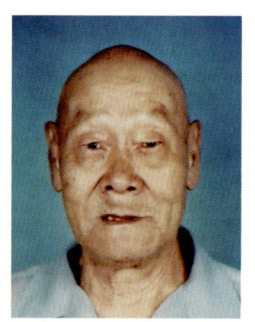

男，1921年2月出生，河北青县人。1938年在北京泰祥木厂学徒，瓦工。1952年12月经周学敏介绍来公园管理委员会工程队，任瓦工组长。1963年晋升为六级瓦工。1973年在园林局修建工程处施工二队瓦工一班工作。他擅长古建挑脊、瓦瓦等各种砖砌法，特别是古建"清活"最拿手。一般难的活都交给他，如基础"撂底"、大殿山墙"把角"等，其他人员以他为"标杆"顺着他干。收徒李振麒。

1953年开始他主要参加过西郊公园（动物园）新建象房、熊山，1955年狮虎山（图3-1），1956年长颈鹿馆等工程施工。1958年以后他主要参加了颐和园长廊（105间）修缮，景山公园绮望楼修缮，1962年中山公园瑞珍厚修缮，1965年北海公园画廊修缮，少年宫观德殿修缮等工程施工。1969年之后他主要参加过卧佛寺大殿修缮，1970年动物园新建羚羊馆，1972年北海公园五龙亭修缮、仿膳修缮，1976年陶然亭公园新建水榭，颐和园谐趣园修缮，1978年陶然亭公园慈悲庵修缮（图3-2）、新建影院等工程施工。在慈悲庵修缮施工中，他协助班长负责技术把关，建议砍砖和砖雕的活让自己的职工干，为培养年轻人提供了锻炼的机会。1980年4月退休。

图 3-1　1955 年西郊公园（北京动物园）新建狮虎山
图 3-2　1978 年陶然亭公园慈悲庵修缮（张道顺提供）

瓦作老班长 李克祥

男，1922年6月出生，河北青县人。1936年在天津学徒，瓦工。1952年12月经周学敏介绍来公园管理委员会工程队，瓦工。1973年在园林局修建工程处施工一队，任五班班长，六级瓦工。他干活认真，瓦活秀气，技术全面。

1953年开始他主要参加了西郊公园（动物园）新建熊山、猴楼（图4-1），1955年颐和园新建休养所，1956年动物园新建河马馆、熊猫馆等工程。1958年以后他主要参加了香山公园眼镜湖整修，颐和园长廊（105间）修缮，1962年香山公园碧云寺大殿修缮，1965年颐和园如意门修缮、宜芸馆修缮，香山公园见心斋修缮，1968年卧佛寺大殿修缮等工程施工。1969年之后他主要参加了北京动物园新建羚羊馆，1970年颐和园清华轩修缮，香山公园芙蓉馆修缮等工程施工。1973年他任五班班长，带领全班人员参加了颐和园景福阁修缮、1975年写秋轩修缮，1978年颐和园文昌阁修缮、长廊修缮（图4-2），紫竹院公园新建水榭等工程施工。1979年9月退休。之后在园林修建公司劳动服务公司返聘，任瓦作技术顾问。1986年他还参加了北京动物园大门区整修工程施工，协助工程负责人具体负责瓦作技术指导。

图 4-1 1953年西郊公园（北京动物园）新建猴楼（动物园提供）
图 4-2 1978年颐和园长廊修缮

图 4-1

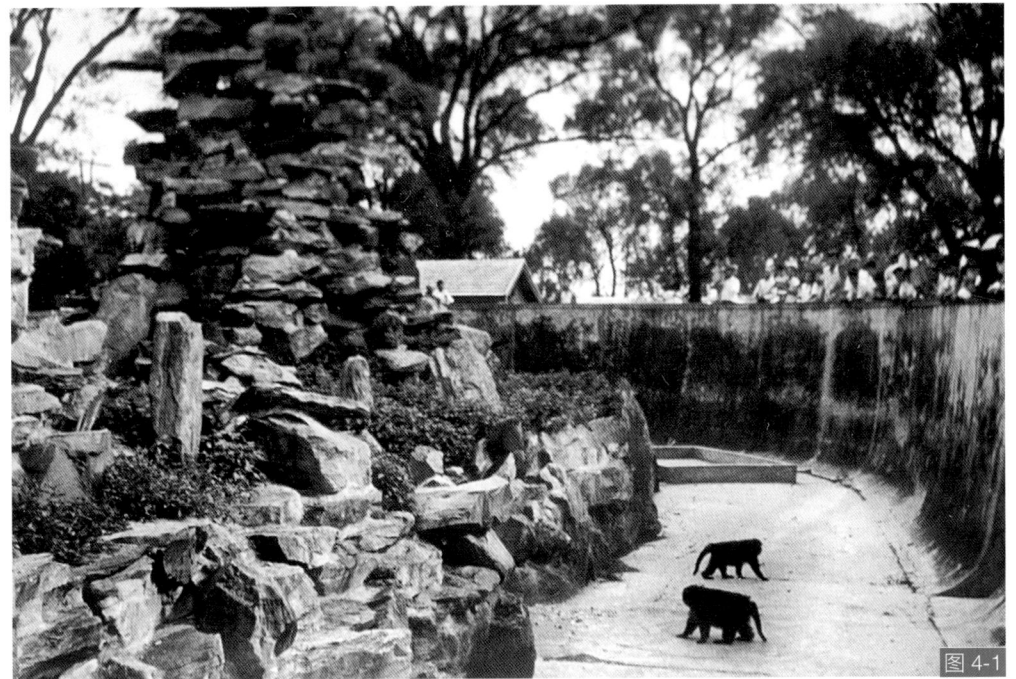

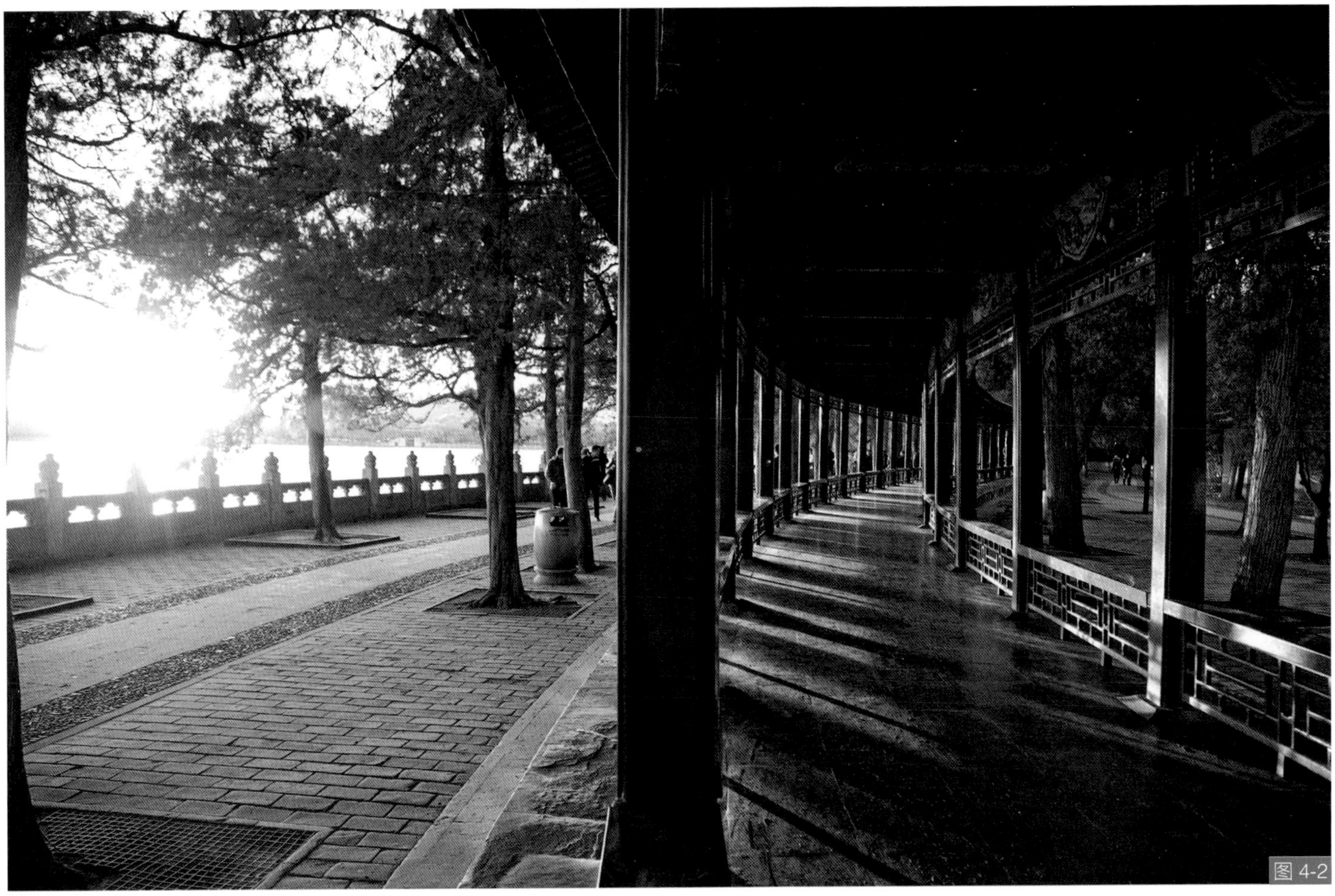
图 4-2

瓦作"红旗手" 李庆增

男，1921年7月出生，河北青县人。1938年在北京王贵芳私营学徒，瓦工。1952年12月经李寿鹏介绍来公园管理委员会工程队，六级瓦工。1953年获工程队"五一"竞赛头等奖；1959年被评为园林局修建工程处红旗手。1973年在园林局修建工程处施工一队，任瓦工班长。他擅长砌砖，不怕吃苦、能干。收徒韩树松。

1953年开始他主要参加了西郊公园（动物园）新建象房、1955年狮虎山、1956年河马馆（图5-1）、熊猫馆等工程施工。1958年以后他主要参加了颐和园长廊（105间）修缮，1961年龙潭公园新建码头，1963年花卉处温室建设，1965年颐和园界湖桥修缮，八大处修缮，1968年香山碧云寺水库挖湖，1969年卧佛寺大殿修缮，1970年香山公园芙蓉馆修缮，1973年颐和园益寿堂修缮等工程施工。1974年之后他任瓦工班长，带领班组人员完成了颐和园西堤六桥修缮、1975年写秋轩修缮、1977年画中游修缮，1978年北京动物园新建非洲象房，紫竹院公园新建水榭等工程施工（图5-2）。1980年5月退休。之后在园林修建公司劳动服务公司留用返聘，任瓦作技术顾问。1986年他参加北京动物园大门区整修工程施工，并向年轻人传授瓦作技术。

图 5-1 1956年西郊公园（动物园）新建河马馆（动物园提供）

图 5-2 1978年紫竹院公园水榭（张道顺提供）

图 5-1

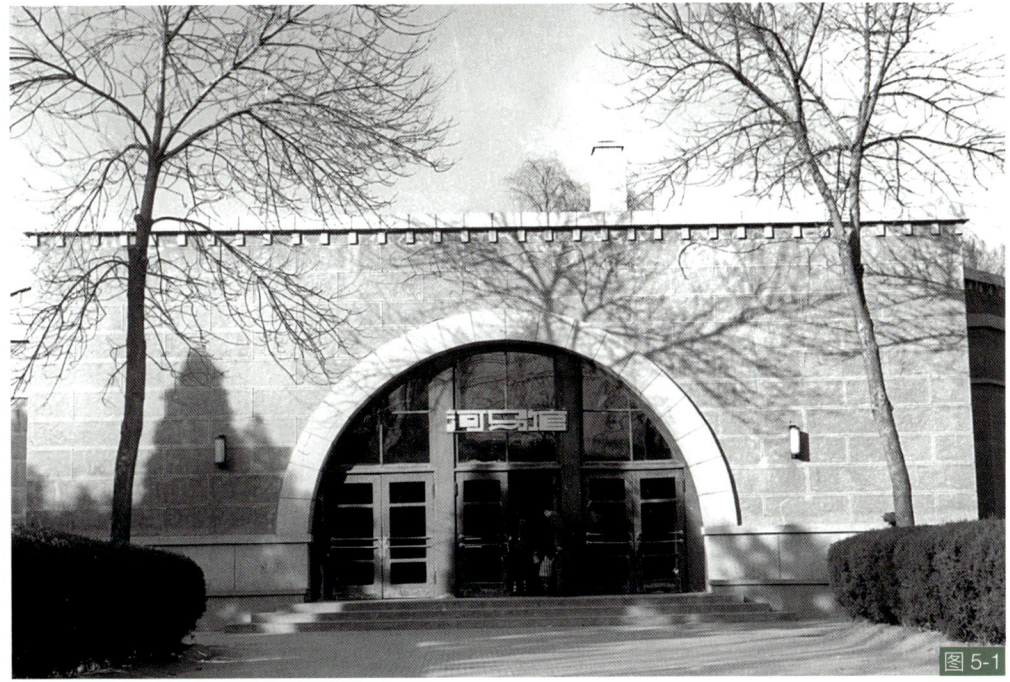

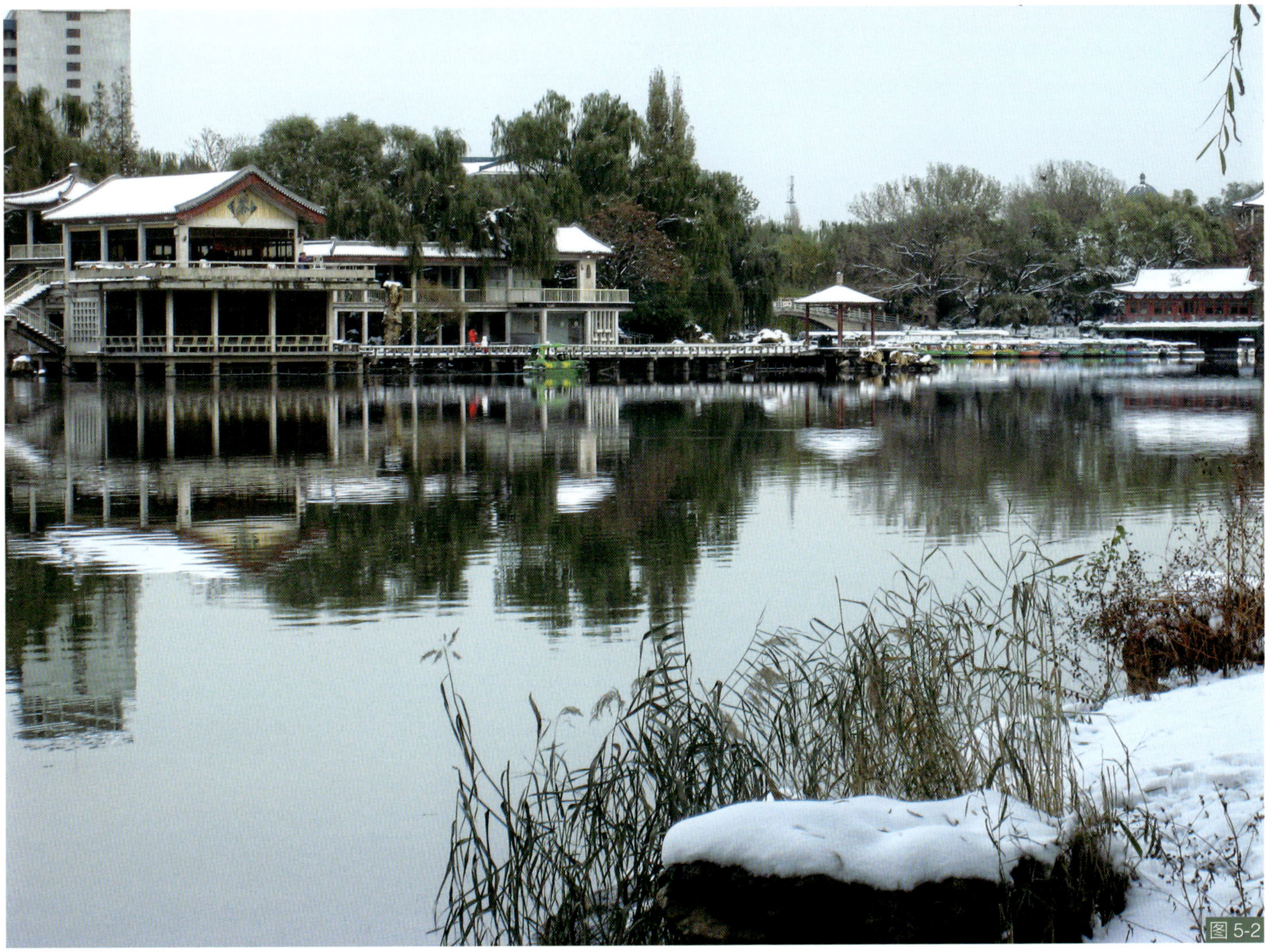

图 5-2

砖雕大师 安德厚

男，1919年7月出生，北京海淀人。中共党员。1933年在北京天合木厂学徒，瓦工。1952年12月经武文寿介绍来公园管理委员会工程队，任瓦工组副组长，六级瓦工。1953年获工程队"五一"劳动节三等奖。1973年在修建工程处施工二队，瓦工。他擅长"拌杂料、案子活"（砍砖），砖雕，虎皮石砌筑等技术。

1953年开始他主要参加了西郊公园（动物园）新建猴楼，1954年陶然亭公园新建露天舞池、1956年新建刨冰堂，北京动物园新建犀牛馆等工程施工（图6-1）。1958年以后他主要参加了香山公园眼镜湖修缮，颐和园长廊（105间）修缮，1961年龙潭公园新建码头，1962年香山公园碧云寺大殿修缮，1964年北海公园琼岛小建筑修缮，1965年香山公园小白楼修缮，1968年陶然亭公园新建码头，碧云寺水库挖湖等工程施工。1969年之后他主要参加了卧佛寺大殿，1975年陶然亭公园新建水榭，1977年月坛公园修缮等工程施工。

1978年他参加陶然亭公园慈悲庵修缮工程施工（图6-2），为瓦作技术顾问。他亲自砍砖，做示范，带领指导张树义、翟和明以及青年女工殷凤云、卢广英、唐连香、张景凤、扈淑敏、邹素梅、庄兰英、李建华、陈尊婷、汪莉英、黄淑秀等完成了修缮工程所用的全部砖雕及砍砖任务。1979年7月退休。

图 6-1 1956年西郊公园（北京动物园）新建犀牛馆（动物园提供）

图 6-2 1978年陶然亭公园慈悲庵修缮（张道顺提供）

图 6-1

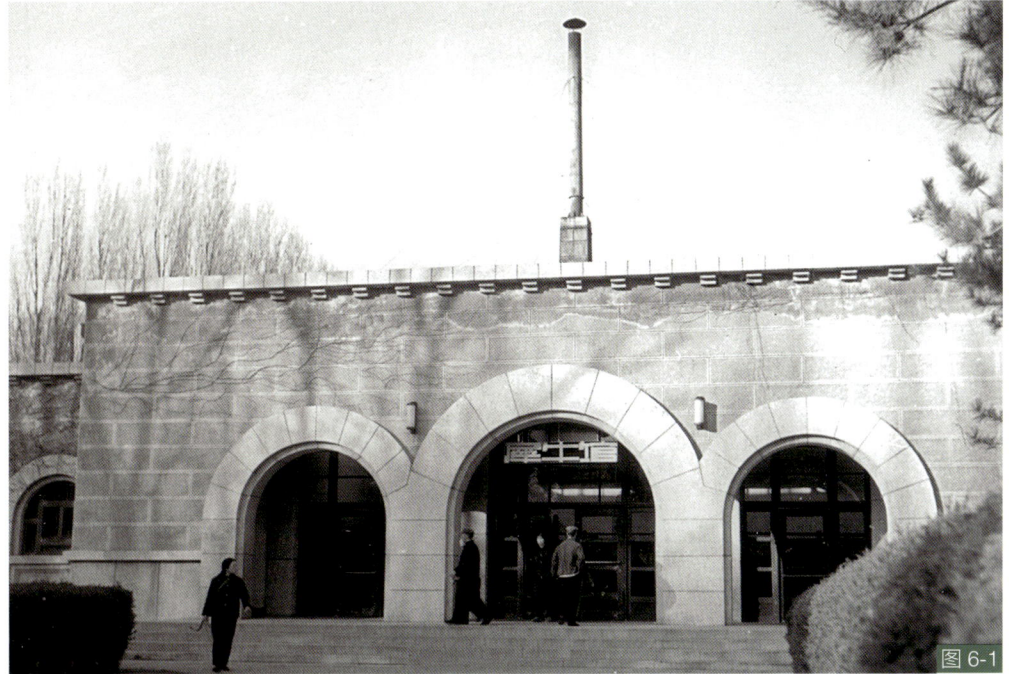

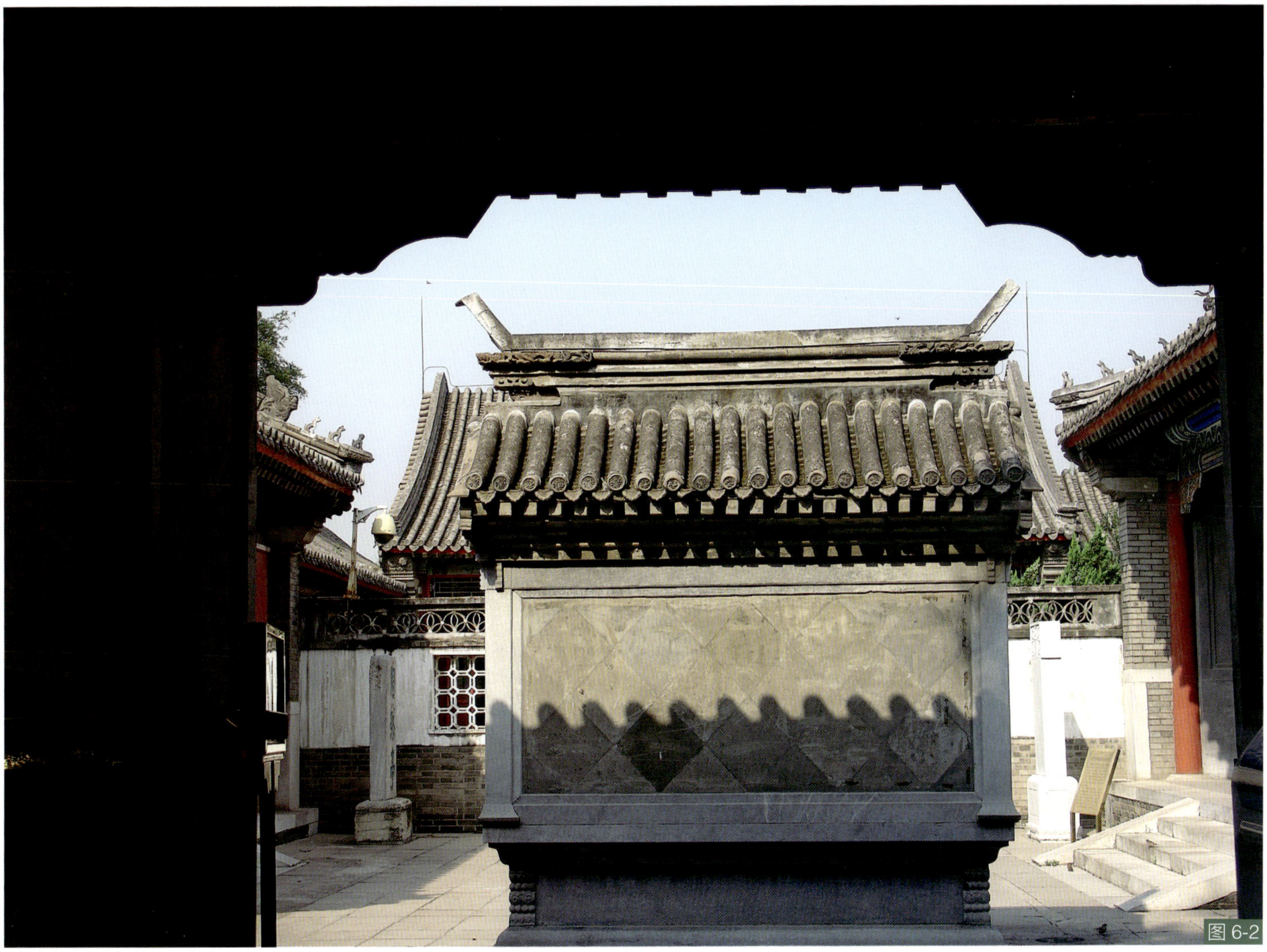
图 6-2

憨厚老匠师 李庆坡

男，1925年1月出生，河北青县人。1944年在张家口长安医院学徒，瓦工。1952年12月经李寿鹏介绍来公园管理委员会工程队，瓦工班二组。1978年在园林局修建处施工二队，任瓦工副班长。1980年晋升为七级瓦工。1981年在园林修建公司劳动服务公司工作，瓦工。他憨厚老实，技术过硬。

1953年开始他主要参加了西郊公园（动物园）新建鹿苑、1954年羚羊馆（图7-1），天坛公园新建苗圃温室，1955年北京动物园新建野牛馆，1956年北京动物园新建熊猫馆等工程施工。1958年以后他主要参加了颐和园长廊（105间）修缮，景山公园绮望楼修缮，1961年紫竹院公园三角地挖湖，1962年北海公园双虹榭修缮，1968年香山碧云寺水库挖湖等工程施工。1970年之后他主要参加了北京动物园新建羚羊馆，1972年北海公园五龙亭修缮，1976年陶然亭公园树皮亭及甬路修建、云绘楼修缮（图7-2）、1978年慈悲庵修缮、新建影院，1980年中山公园神厨、神库修缮，1982年地坛公园拜台修缮，八大处二处修缮等工程施工。1983年被评为北京市园林局先进个人。1985年1月退休。退休后他在园林古建公司古建工程服务队留用返聘，任瓦作技术顾问。1986年他还参加了北京动物园大门区整修工程施工。

图 7-1 1954年西郊公园（北京动物园）新建羚羊馆（动物园提供）

图 7-2 1976年陶然亭公园云绘楼修缮

图 7-1

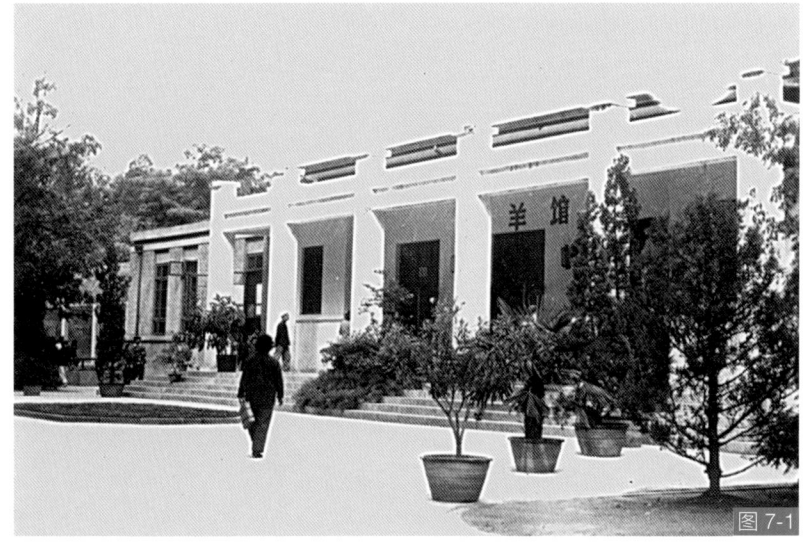

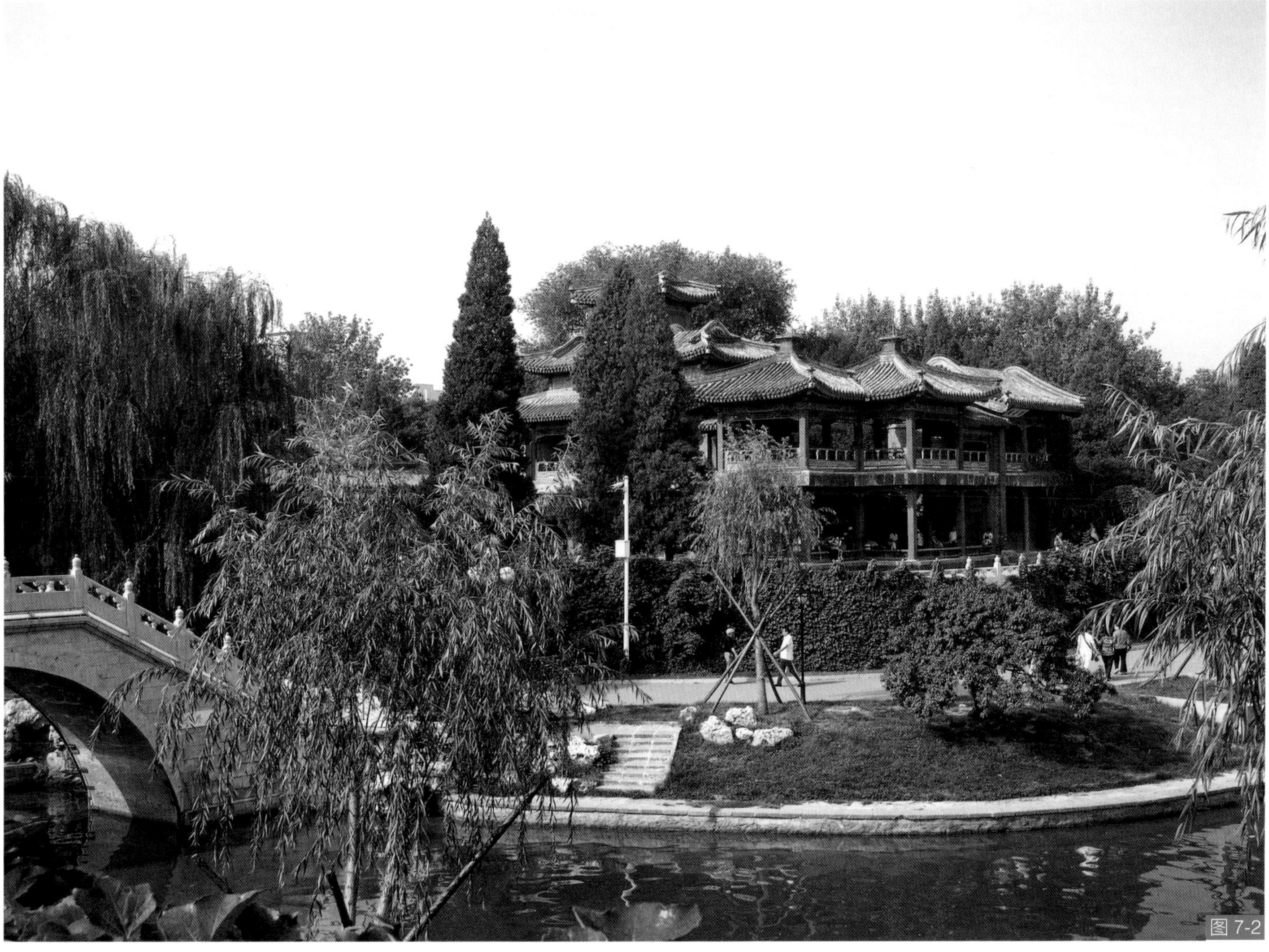
图 7-2

孙祖培　资深瓦作大师

男，1918 年 4 月出生，河北固安人。中共党员。1933 年在固安老家学徒，瓦工。1952 年 12 月经张晓峰介绍由北京东升泰营造厂来公园管理委员会工程队，瓦工。1957 年在园林局修建工程处二工区任工长。1953 年获工程队"五一"竞赛头等奖；1956 年被评为先进工作者；1958 年被评为园林局修建工程处红旗手。1963 年晋升为七级瓦工。在行业内提到他的大名，众人皆知，可谓资深古建瓦作大师。收徒杨宝生。

1953 年开始他主要参加了西郊公园（动物园）新建象房、猴楼，1956 年陶然亭公园新建刨冰堂等工程施工。1958 年之后他主要参加了颐和园长廊（105 间）修缮（图 8-1），香山公园眼镜湖修缮，1962 年北海公园琼岛小建筑修缮，1965 年八大处修缮等工程施工。1969 年以后他主要参加了卧佛寺大殿修缮，1973 年颐和园益寿堂修缮，1978 年颐和园长廊修缮等工程施工。1978 年 4 月退休。之后他在园林修建公司劳动服务公司返聘，任瓦作技术顾问。

1978 年潭柘寺大修时，他任瓦作技术顾问，从修缮方案的确定，到实际操作，如灰浆调制、砖料加工、砌墙抹灰、调脊瓦瓦等，发挥了积极作用，特别是在潭柘寺的牌楼修缮上发挥了关键性的作用（图 8-2）。潭柘寺牌楼为四柱三楼全木结构建筑，始建于康熙三十一年 (1692 年)。这是北京地区唯一保留下来的清早期牌楼，最大特点是二寸斗口，不用戗杆的木结构牌楼。历经 200 多年的风风雨雨，两边柱分别下沉 12 厘米和 18 厘米。他借鉴了北海公园某牌楼的修缮经验，在大木不落架，夹杆石不动的前提下，用现浇混凝土柱墩接方法解决了边柱下沉问题。

1979 年他还参加了戒台寺修缮，在他的指导下，将损坏严重的有着 800 年历史的辽代砖塔和 600 年的明代砖塔进行了彻底整修（图 8-3）。1983 年他参加了北海小西天修缮，任瓦作技术顾问（图 8-4）。公司修缮前成立普查小组，技术科王光荣挂帅，郭建桥、秦宝元、赵梦文、包卫宁、王瑞成等人参加了修缮普查。小西天修缮历时两年多，在瓦作技术上他发挥了重要的作用。

图 8-1　1958年颐和园长廊修缮（105间）
图 8-2　1978年潭柘寺修缮。右起：李松云、郑殿基、孙祖培
图 8-3　1979年戒台寺辽塔修缮（刘鹰提供）
图 8-4　1983年北海小西天修缮

"琉璃活"大师 崇俊福

男，1919年7月出生，北京海淀人。1931年在北京西直门杜厂学徒，瓦工，师从杜起龙。1953年11月经廖泉介绍来颐和园管理处工程班，瓦工。1954年参加佛香阁修缮工程，获三等奖（图9-1）。1957年1月合并到园林局修建工程处工作。1963年晋升为六级瓦工。1973年在修建工程处施工一队，瓦工三班工作。他擅长"琉璃活"和砍砖。收徒田宝生。

1957年以来他主要参加了北京动物园新建长颈鹿馆，1958年香山公园栖月山庄修缮，颐和园长廊（105间）修缮，1962年香山公园碧云寺大殿修缮，1963年北海公园阅古楼修缮、1965年五龙亭修缮（图9-2），新建十三陵饲养场等工程施工。1969年之后他主要参加了颐和园清华轩修缮，1970年香山公园芙蓉馆修缮，1975年香山公园昭庙修缮，1977年颐和园东宫门修缮、1978年长廊修缮，紫竹院公园新建水榭等工程施工。1979年7月退休。之后在园林修建公司劳动服务公司返聘，任瓦作技术顾问。1983年之后他参加了地坛公园拜台修缮，中央党校新建水榭、牌楼，1986年动物园大门区整修等工程施工，负责指导动物园大门区砖雕制作技术。1983年被评为北京市园林局先进个人。

图 9-1　1954 年佛香阁修缮
图 9-2　1965 年北海公园五龙亭修缮

瓦作老班长 刘琪伶

男，1920年2月出生，北京顺义人。中共党员。1936年在东北长春学徒，瓦工。1952年12月经刘祝伶介绍来公园管理委员会工程队。1958年晋升为六级瓦工。1973年在园林局修建工程处施工二队，任瓦工一班班长。他个子高大，能吃苦，干活不惜力，技术好。

1953年开始他主要参加了西郊公园（动物园）新建象房，1955年陶然亭公园慈悲庵修缮等工程。瓦作匠师孙墨林等也参加了慈悲庵修缮施工。1956年之后他又参加了陶然亭公园新建刨冰堂，1958年颐和园长廊（105间）修缮，紫竹院公园三角地挖湖，1962年北海公园湖岸整修，1963年花卉处温室建设，1965年中山公园新建兰花室等工程施工。1969年之后他主要参加了北京动物园新建羚羊馆，1970年北海公园山石整修、濠濮涧修缮等工程施工（图10-1）。1975年他任瓦工班长，带领全班人员参加陶然亭公园新建水榭，绿化处新建东单管理楼，1976年陶然亭公园云绘楼修缮等工程施工。

1978年他任瓦工一班班长，带领副班长吴建民、刘月堂，还有彭克庭、董凤祥、朱怀启、胡俊、强二祥、印树根、翟耕连、王润海、吴先龙、刘建斌、刘培东、刘文忠、王长峰、唐连香（女）、张景凤（女）、赵福兰（女）等参加陶然亭公园慈悲庵修缮（图10-2）、新建影院等工程施工。1980年2月退休。之后在园林修建公司劳动服务公司返聘，任瓦作技术顾问，参加了陶然亭公园名亭区建设，完成了杜甫草堂、姊妹亭、沧浪亭、烟雨亭、吹台等施工任务。

| 图 10-1 | 1970年北海公园山石整修、濠濮涧修缮 |
| 图 10-2 | 1978年陶然亭公园慈悲庵修缮 |

图 10-1

图 10-2

马增德 "黑活"大师

男，1930年10月出生，河北青县人。1950年在北京永茂建筑公司学徒，瓦工。1952年12月经李寿鹏介绍来公园管理委员会工程队，在瓦工一组工作，瓦工，1955年晋升为五级瓦工。1973年在修建工程处施工一队工作，1977年任瓦工一班班长。1983年晋升为七级瓦工。他个头不高，性格倔强，技术过硬，尤其擅长"黑活"。收徒苗建华。

1953年开始他主要参加了西郊公园（动物园）新建象房、黑白熊山（图11-1），1956年熊猫馆，1957年长颈鹿馆等工程施工。1958年以后他主要参加了颐和园长廊（105间）修缮，1962年香山公园碧云寺大殿修缮，1964年北海公园琼岛小建筑修缮，1968年香山碧云寺水库挖湖，1969年卧佛寺大殿修缮，1970年北京动物园新建羚羊馆、1971年象房扩建、鸟岛扩建，1973年紫竹院公园新建大桥，1974年颐和园西堤六桥整修（图11-2），1975年颐和园石舫修缮、写秋轩修缮等工程施工。

1977年之后他任瓦工班长，带领班组人员完成了北京动物园新建小兽舍、1978年新建非洲象房，1982年卧佛寺修缮，香山饭店庭院建设，1983年香山公园新建松林餐厅等工程施工。1987年11月退休。

图 11-1　1953年西郊公园（北京动物园）新建黑白熊山
图 11-2　1974年颐和园西堤六桥整修

李振麒 瓦作老技师

男，1936年11月出生，北京人。中共党员。1952年12月经李永傑介绍来公园管理委员会工程队学徒，瓦工，师从李庆银。1954年在工程队任瓦工三班班长。1973年在园林局修建工程处施工二队任瓦工班长；1985年在园林古建公司第二工程队任瓦工工长。他擅长新建和古建挑脊、瓦瓦、各种砖砌法。1993年考取八级瓦工，聘为古建瓦工技师。

1953年他主要参加了西郊公园（动物园）新建象房等工程。1954年之后他带着瓦工三班人员参加了天坛公园新建温室等工程施工。1958年之后他主要参加了颐和园长廊（105间）修缮，1968年陶然亭公园新建码头、廊子、湖岸整修，1970年北京动物园新建羚羊馆等工程施工。1974年参加了八达岭铁栏杆安装施工（图12-1），修建工程处的许多职工包括机关干部大都参加。王光荣负责设计，刘广峰带领大家施工。当时的施工条件非常艰苦，所有的施工材料，包括水泥、碎石、沙子等都靠职工一袋一袋地用肩背上山，下班还得往山下背施工的废料。1976年之后他参加陶然亭公园新建水榭工程，带着班组人员负责水榭东侧施工，西侧由一队施工。1976年之后他参加颐和园谐趣园修缮，1978年陶然亭公园慈悲庵修缮等工程施工。

1979年他参加了戒台寺修缮工程施工。工程负责人张继增，技术负责人田建国，时任第二工程队的副队长李树仁参与前期施工。工程开始瓦工一班副班长刘月堂带领董凤祥、胡俊、王长峰、吴先龙、强二祥、印树根、丁学津、李旺、郝家琪以及女工唐连香、张景凤、李建华、杨金英、庄兰英、汪莉英、王亿红等修缮大雄宝殿瓦面。之后三班班长陈忠起带领他和王万镒、黄藏言、周友喜、张贺岭、付金棋、金子全、李勇、朱国明等修缮天王殿、东西山门、朝房等。谢桂春和祝铁生负责食堂做饭。机工班长齐西波带领朱德亮、阎学军等和电工龙庆义等也参加了施工。后期工程施工以民工为主。当时施工条件比较艰苦，大家吃住在山上，戒台寺没有水源，每天安排一辆解放牌汽车，从山下的永定公社上岸大队往山上拉水，解决生活和施工用水（图12-2）。

1983年他参加了北海公园小西天工程施工，任瓦工工长。工程负责人包卫宁。二队瓦工班长吕胜利带领陈建刚、孟繁银、张春成、史德彬、付金棋、张争、王五才、王龙喜、薛恩平、李家寨等参加了小西天施工。1987年他参加了英国曼彻斯特中国城牌楼建设，吕胜利也参加了施工（图12-3）。1988年在第二工程队任质检员，负责全队的在施工程质量管理。他几乎天天盯在施工现场，对施工技术给予大力指导，有时还亲自上手操作示范。如1988年颐和园佛香阁修缮、苏州街复建，北海公园快雪堂修缮，1992年紫竹院公园友贤山馆扩建，1994年中央党校省部级干部研讨楼（西院，1995年东院）修缮，1995年北京西客站顶层平台古建景观等工程。1991年他还参加了日本北海道天华园建设。1996年11月退休。他退休后被公司返聘，任瓦作技术顾问，在质监科负责公司的在施工程瓦作质量管理。1998年他还参与了北京植物园大型展览温室工程的质量管理。

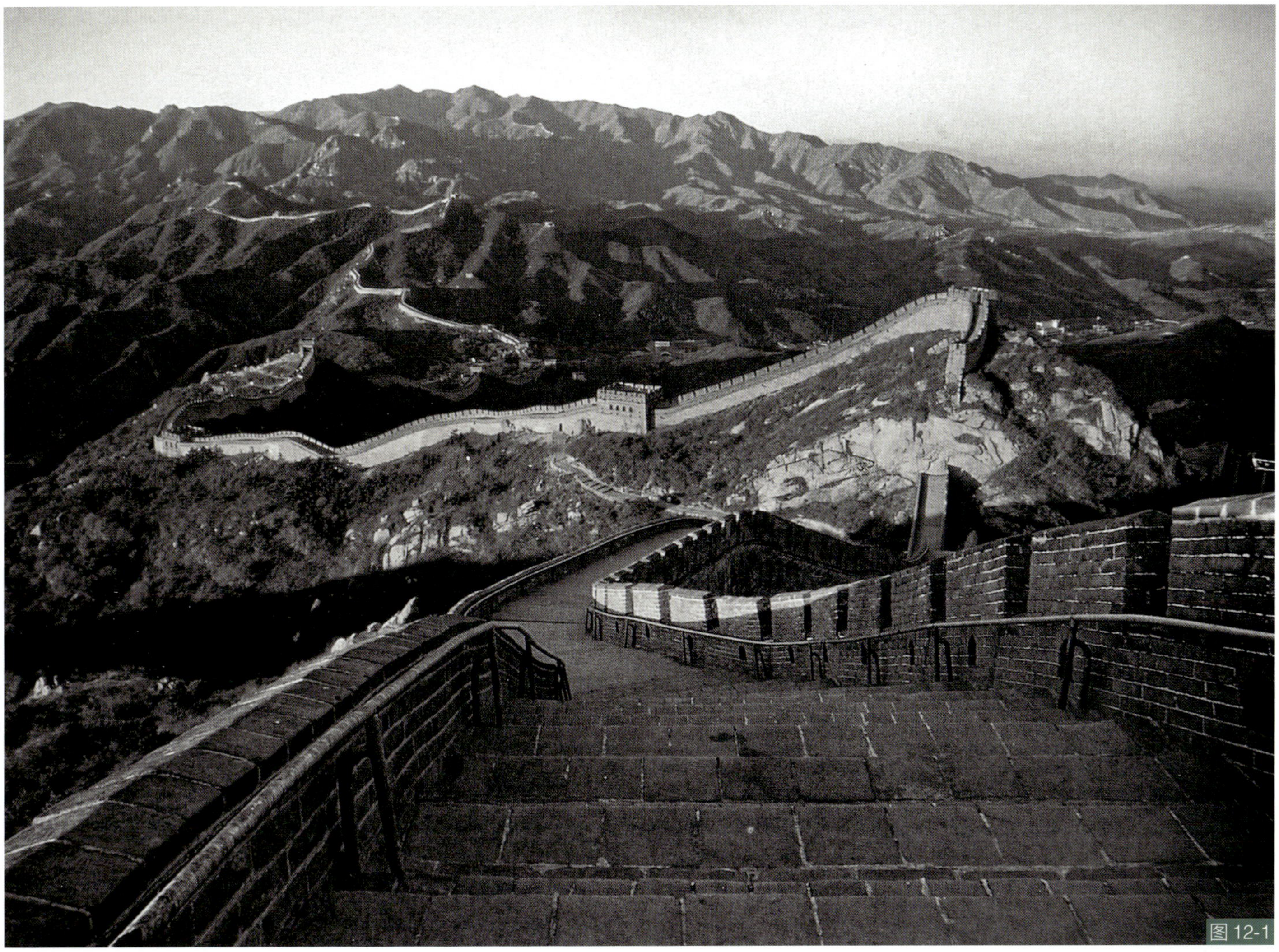

图 12-1

图 12-2

图 12-3

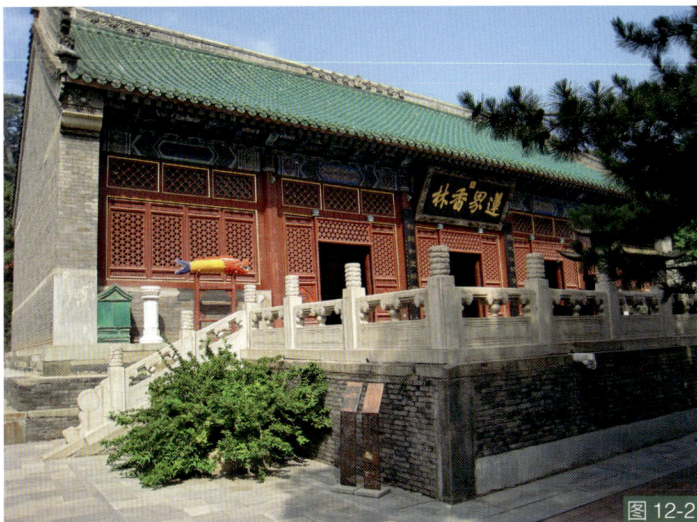

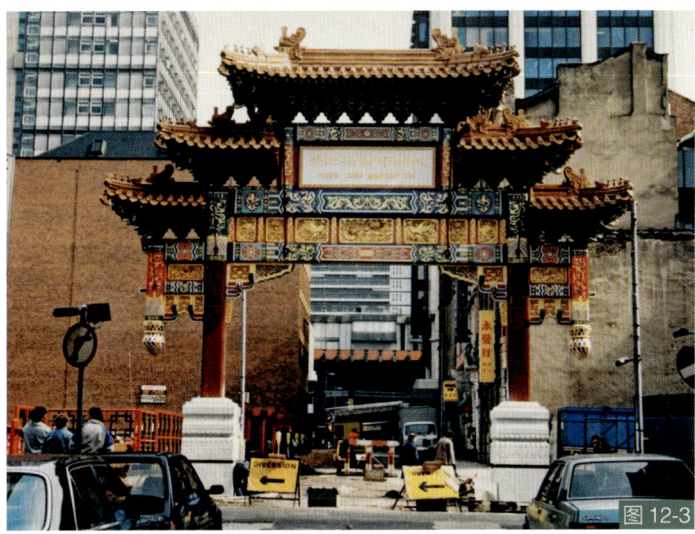

图 12-1 1974年八达岭铁栏杆安装

图 12-2 1979年戒台寺大雄宝殿修缮（张道顺提供）

图 12-3 1987年英国曼彻斯特中国城牌楼建设工程

瓦作老匠师 孟三林

男，1934年7月出生，河北容城人。1958年8月经童雄信介绍来园林局修建工程处学徒，瓦工。1959年获得修建工程处一等奖，1962年被评为先进生产者。1973年在修建工程处施工二队瓦工二班工作，瓦工。1979年晋升为五级瓦工。他个头不高，能干肯吃苦，技术过硬。

从1958年开始他主要参加了颐和园长廊（105间）修缮，1961年龙潭公园新建码头，1963年北海公园阅古楼修缮（图13-1），1965年八大处修缮，1970年北京动物园新建羚羊馆，北海公园游船码头整修，1975年陶然亭公园新建水榭，1976年陶然亭公园云绘楼修缮等工程施工。

1978年他参加陶然亭公园慈悲庵修缮工程后期施工。瓦工二班从天坛工地抽调回来，在刘梦臣班长，刘玉山、苑士勇副班长带领下，韩振明、史德斌、邵国华、卢兆儒、董金良、王金良、孙振强等参加施工。还从第一工程队抽调了瓦工五班班长李书元、副班长田宝生等人员支援屋面瓦瓦。1981年之后他主要参加了端门修缮，1983年北海公园小西天修缮，1988年颐和园佛香阁修缮（图13-2），1989年亚运村新建村长办公室，1993年日本长崎等工程施工。1984年被评为北京市园林局先进个人。1994年7月退休。

图 13-1　1963年北海公园阅古楼修缮
图 13-2　1988年颐和园佛香阁修缮

全国著名古建专家 刘大可

男，1948年3月出生，中共党员。大学学历，国家一级注册建造师，高级工程师，文物保护工程责任工程师，享受国务院特殊津贴专家。1968年12月在北京市西城区房管局工程队工作，瓦工。1983年在北京市第二房屋修缮工程公司古代建筑研究设计所工作，工程师。1993年在北京市文物局文物建筑质量监督站任工程师。1994年在北京市朝联古建筑机械工程总公司，任总工程师（图14-1）。2000年在北京市日盛达建筑集团任总工程师。2003年11月调入北京市园林古建工程公司，任总工程师。

他从业40余年，从事过古建筑、新建筑修缮的设计、施工、管理、教学、科研等工程技术方面的所有工作。他曾主持过多项重点工程施工或做技术指导，古建项目有：顺承郡王府整体搬迁工程（全国面积最大的文物建筑整体搬迁工程）、西藏布达拉宫修缮（该工程包括了全国多学科专家组成员）、万寿寺修缮、历代帝王庙修缮、醇亲王府修缮等工程。仿古建筑项目有：北京饭店贵宾楼室内装修、北京华侨大厦仿古屋面、北京天伦王朝饭店古建屋面、国家博物馆改造、西城四合院保护、重庆人民大礼堂大修等工程（图14-2、图14-3）。新建项目有：西单服装大厦、北营房住宅小区、将府花园高层住宅小区、慧忠北里住宅小区等工程。

他还参加过多项建筑设计和古建修缮设计项目，主要有：北京市华侨大厦仿古屋面（被评为北京新十大建筑）、承德清风市场仿古一条街、北京福佑寺（班禅驻京办事处）、顺承郡王府、万寿寺（北京艺术博物馆）、英国曼彻斯特羊城酒楼、北京顺义渔阳四合院群落等。

他是古建瓦石专业辟为独立分支学科的创始人和奠基人，被古建筑界领军人物罗哲文先生评价为"一代瓦石宗师"，被业内誉为古建瓦石"泰斗"。他主笔或参与编写出版学术著作18种，主要有：《中国古建筑瓦石营法》，该书是文物保护和古建筑设计、施工、监理等人员的案头必备工具书（图14-4、图14-5），还有《中国古建筑修缮技术》（被美国国家图书馆收藏）（图14-6）、《中国建筑艺术史》（国家八五重点科研项目）、《中国传统建筑》、《建筑施工质量技术安全管理手册》、《建筑施工手册》、《建筑施工质量通病防治手册》、《古建筑名词术语词典》、《古建筑修建工程施工工艺》、《古建瓦工》、《古建园林工程施工技术》、《园林绿化工程施工技术》、《古建筑施工工艺标准》、《园林工程问答实录》、《文物建筑工程施工工艺规程》、《古建营造技术导则》等。发表了《明清琉璃艺术概论》、《牌楼建筑艺术史论》、《明清两朝王府》、《北京汇通祠复原论证》、《古建筑屋面施工漏雨质量通病原因分析与对策》等论文50余篇。他主持或参与制定国家规范、定额等各种技术标准10种（全部为填补行业内空白的项目），如：《全国仿古园林工程预算定额》、《古建筑修建工程质量检验评定标准》、《古建筑修建工程施工与质量验收规范》、《建筑行业岗位鉴定规范·古建瓦工》、《北京市高级建筑装饰工程质量验收标准》、《北京市高级建筑装饰工程质量检验评定标准》、《北京市古建筑工程施工工艺规程》、《北京市古建筑施工定额》、《北京市古建筑预算定额》、《北京市文物修缮工程工艺规程》等。在古建筑新材料应用研究方面取得了多项成果，其中仿古青面砖已在全国仿古建筑工程中普及推广使用。他还完成多项科研项目并获省部级以上奖项15项，获国家专利2项。参加社会培训授课，培养园林古建各类人才上万人（图14-7）。

他也是全国促进传统文化发展工程工作委员会顾问，中国文物保护基金会古建专家委员会副主任，中国建筑学会建筑史学分会理事学术委员，中国民族建筑研究会专家委员会副主任，中国民协中国建筑与园林艺术委员会副主任，中国圆明园学会园林古建专业委员会顾问，建设部鲁班奖复查组园林及古建专家。为中国古建筑事业做出了积极的贡献，1999年获国务院政府特殊津贴，2000年被评为北京市劳动模范（图14-8、图14-9）。2008年3月退休。

图14-1　1998年刘大可（左一）与侯幼彬（中）、马炳坚（右一）在第一届中国建筑史学国际研讨会上合影
图14-2　2007年刘大可在重庆大礼堂大修工程工地

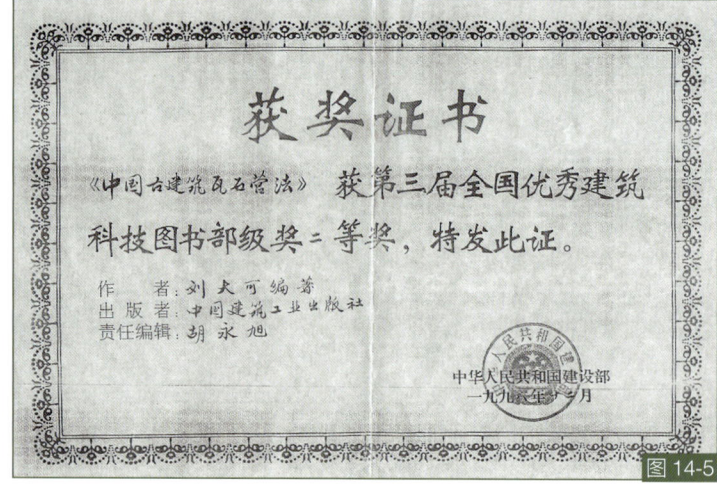

图 14-3　重庆大礼堂修缮工程
图 14-4　1996年刘大可编著《中国古建筑瓦石营法》
图 14-5　《中国古建筑瓦石营法》获奖证书
图 14-6　刘大可负责编写《中国古建筑修缮技术》瓦石作部分
图 14-7　2006年刘大可与北京市装饰协会总工程师彭纪俊在天坛祈年殿修缮工程探讨古建装饰课题
图 14-8　2000年刘大可北京市劳模登记表一
图 14-9　2000年刘大可北京市劳模登记表二

图 14-7

北京市劳动模范
北京市先进工作者
登记表

姓　名　刘大可

工作单位　北京市朝阳建筑机械工程技师

所属系统　朝阳区

填报时间　2000 年 3 月 23 日

图 14-8

基层推荐意见	经职工代表大会讨论通过 2000 年 3 月 23 日　盖章
区、县、局 （总公司） 审核意见	同意 2000 年 3 月 日　盖章
审批意见	经筹委会批准为北京市劳动模范 2000 年 4 月 日　盖章

填表说明：
1. 本表请使用钢笔或微机填写，字迹要工整清晰；
2. 姓名必须准确，工作单位填写全称，数字统一用阿拉伯数字，籍贯填写××省（区、市）、××市（县），政党是指共产党、民主党派、共青团；
3. 照片要用黑白平光纸；
4. 职务和职称要详细填写，职务如厂长、经理、车间主任、处长、科长、主任科员、初级工、中级工、高级工等。职称指技术职称，如经济师、会计师、高级工程师、教授、研究员等；
5. 简历从学徒或初中毕业填起；
6. 主要事迹力求简明，重点突出；
7. 此表上报一式四份。

图 14-9

张树义 砖雕匠师

男，1940年2月出生，河北定兴人。中共党员。1955~1957年在北京建筑公司学徒，瓦工。1958年10月在北京大红门木材厂工作。1961年8月入伍8384部队，战士、班长。1966年3月在北京市第五建筑公司五工区工作，瓦工。1976年6月调入园林局修建工程处第二工程队瓦工一班。1983年加入园林修建公司第一工程队，任瓦工班副班长。1993年考取八级瓦工。他聪明好学，擅长古建砖雕技术。

1966年开始他在北京市第五建筑公司工作期间，主要参加了1966年北京市房管局新建简易楼，1973年北京站邮局楼房，1974年外交公寓，1975年瑞典驻中国使馆，1976年中南海楼房等工程施工。1976年6月调入园林局修建工程处第二工程队之后，他主要参加了陶然亭公园云绘楼修缮，1977年陶然亭公园新建西湖码头、新建金鱼展室等工程施工。1978年他参加了陶然亭公园慈悲庵修缮工程，并参加砍砖和砖雕的加工制作，刘建斌一直跟着他干（图15-1）。1978年之后他又参加了陶然亭公园新建影院，1981年中山公园新建金鱼展园，1984年英国利物浦燕秀园建设，1988年十三陵昭陵祾恩殿复建等工程施工，具体负责祾恩殿复建砖雕制作和砍砖活。1988年之后他还参加了日本新潟天寿园建设（图15-2），1989年动物园新建熊猫馆、1991年新建金丝猴馆，1992年首钢新建东大门（图15-3），1994年德国路德维西堡中国酒店等工程施工，胡俊、王宝占等也参加了路德维西堡中国酒店工程施工。2000年2月退休。

图15-1　1978年陶然亭公园慈悲庵修缮（张道顺提供）

图15-2　1989年日本新潟天寿园——双环亭建设

图15-3　1992年首钢集团新建东大门（张道顺提供）

图 15-2

图 15-3

第一个"清包工"匠师 杜忠义

男，1946年1月出生，大专学历。1971年5月在北京市革制品厂工作，瓦工。先后任班长、大组长、基建科生产调度。1986年10月调到北京市园林古建工程公司第一工程队，任工长。1988年他师从古建专家马旭初老先生。1989年1月在公司第一工程队任副队长。1990年1月任第二工程队队长。他擅长古建筑设计与施工管理。

1980年他主持过革制品厂分厂8万平方米的建筑施工，参加过山西平定县冠山景区方案设计和娘子关城楼设计，还参加过宣武公园等古建设计。1984年为建工医院设计清式四角攒尖亭子，为宣武区绿化队设计清式六角攒尖双层亭子。1985年为柳荫公园西坝桥，琉璃厂清秘阁清式铺面院落，宣武区绿化队清式双层歇山阁楼设计，协助宣武区滨河公园工程指挥部负责滨河公园南园建设工程。1986年为龙潭湖公园设计双曲线结构的百龙亭和西大门，双曲线结构的百龙亭为全国唯一的双曲线古建筑设计结构，在业内影响较大。1986年负责动物园豳风堂餐厅改造施工。

1988年8月他主持十三陵昭陵复建工程的施工。昭陵位于明十三陵定陵西南，它的主体建筑有祾恩门、祾恩殿、明楼、宝城、两厢配殿及牌楼和地宫等。历经数百年自然侵蚀及战乱损毁，大部分建筑已荡然无存，祾恩殿只剩下一座台基，仅存的明楼也是残缺不全。昭陵的修复是新中国成立以来全面复建的最大古建筑群体，祾恩殿又是当时新中国成立以来复建的最大明式单体古建筑。瓦作工程以园林古建公司第一工程队为主完成的，三个瓦工班全体参战。一班班长王宝占带领付建国、苗建华、刘志龙、张贺岭等，二班班长于纯立带领祝铁生等，三班班长薛福海带领宋喜洪、谢立成、丁学津、李建国等参加施工。第二工程队的部分瓦作匠师也参加了祾恩殿屋面瓦瓦施工。计划三年的工程一年多就完成了祾恩殿、祾恩门、牌楼、明楼等中轴线上的所有复建工程（图16-1）。特别需要提到的是：他率先在公司实行人工费承包（包清工），以103万元人工费包死。在降低成本24万元的情况下，又上缴了收益分配中的10万元奖金，得到了公司上下高度赞扬。该工程被评为"北京市优质工程"。1989年他被评为北京市园林局先进个人，北京市爱国立功标兵。1990年任第二工程队队长期间，负责组织颐和园佛香阁修缮、苏州街复建（图16-2），亚运村新建村长办公室，158中学修复，北土城海棠花溪建设，龙潭湖公园大门改造等工程施工。1991年到公司质监站工作。1992年3月任公司质监站副站长，协助站长负责公司工程质量管理工作。他曾参与《中国古建筑名词术语词典》瓦作、木作部分条目的编写。2006年1月退休。

图 16-1　1988年杜忠义（右二）与师傅马旭初（右三）、胡新法（右四）在十三陵昭陵工地（杜忠义提供）

图 16-2　1988年苏州街复建工程（杨宝生提供）

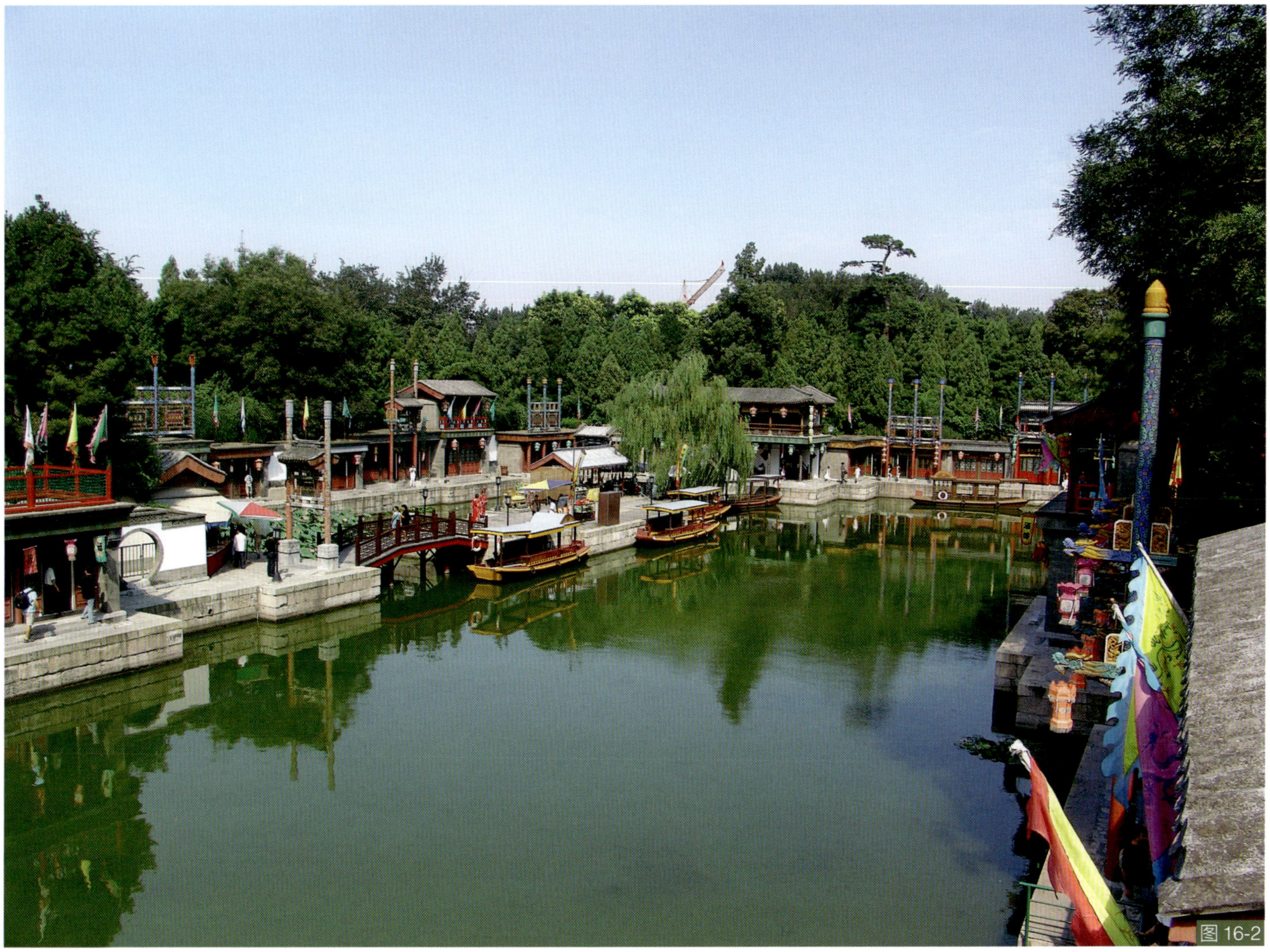

杨宝生 "三位一体"的实践者

男，1957年7月出生。大专学历，中共党员，古建瓦作技师，文物保护工程责任工程师。1976年3月在北京门头沟区潭柘寺乡插队，知青。1977年12月任潭柘寺公园基建科长。1983年10月任北京市园林局基建处副处长。1987年8月任香山公园副园长。1993年3月任北京园林房地产经营开发公司副总经理。2002年12月任北京市园林古建工程公司总经理。2014年6月至今任北京市园林绿化集团有限公司副总经理兼北京市园林古建工程有限公司总经理、党委副书记。社会兼职为中国风景园林协会古建分会副会长。

他从事园林古建事业近40年，在瓦作上的突出贡献是：（1）"打牮拨正"。戒台寺建筑群中损毁最严重的建筑是大雄宝殿。明代的大雄宝殿为五间四坡顶的庑殿式建筑，清代维修时改为硬山式建筑。因基础不实，南山墙下沉歪闪，带动木构件拔榫歪闪，造成坍塌漏雨，确定的修缮方案是落架大修，但他总觉得方案定得不妥，便用水平仪将柱顶石抄平，发现明间、次间和北梢间各柱顶石之间高差在2厘米以内，南梢间靠山墙的一排柱子下沉较重，最大的21厘米，最小的7厘米。后经请示北京市园林局领导，现场办公会研究决定，采用了他提出的南山墙拆砌，南梢间木构件"打牮拨正"的修缮方案，不但节约了投资，更使明代建筑主体保持了现状，特别是三座精美的藻井和彩画完整地保留下来。（2）石板铺装。1982年戒台寺大修临近尾声，塔院内铺装已做好灰土垫层，时任北京市园林局局长赵一恒向他提出要求：能否不用水泥砖，用旧砖、毛石铺出自然的甬路地面来。他插队在门头沟区潭柘寺乡鲁家滩村，村子的西南出产青色的阶条石，供全乡农民盖房使用，开采10厘米以下的片石废料堆积如山。于是他让鲁家滩村的手扶拖拉机手去拉阶条石的下脚料，石板是不要钱的，拉满一车只给手扶拖拉机手半个包天8块钱。他对石板的要求：一要表面平整；二要厚度不低于30毫米，以40～60毫米为宜；三是60毫米厚以上的，要选中间有水线的，可顺水线敲成两块使用。鲁家滩村的农民工熟悉本村石材，特请他们铺石板。当时的做法是：150毫米灰土垫层，停泥砖路牙，三七掺灰泥铺石板，1:2水泥砂浆勾凹缝，铺装效果极佳，得到赵一恒局长和李宝元处长及各方的好评。继而在陶然亭公园和北京植物园开始推广，然后应用于市属公园，最终普及北京市及外埠。他不但开创了北京青石板铺装的先河，也为插队的鲁家滩村开辟了一条长期致富的产业。他任香山公园副园长期间，1989年香山眼镜湖改造时，湖岸铺装改用妙峰山产的石板。石板为青褐色，石质古朴沉厚，与古老的香山静宜园更为协调。随后在翠微亭复建和知松园改造工程中使用，得到非常好的效果。（3）元塔扶正。潭柘寺的"妙严大师之塔"，是元世祖忽必烈的女儿的灵塔，因盗墓现状高11.2米元塔向北倾斜了80厘米，用1.5米宽石墙支戗着。他设计制定了元塔整体扶正和修缮方案，于1984年将700年的元代古塔整体扶正并进行了修缮。

他在瓦作上取得的成就得益于他的两位师傅。首位师傅王玉章，新中国成立前是天顺木场老瓦匠，新中国成立后就职于第二房屋修缮公司，文物监督站（原北京质量监督站第八分站）成立后首任瓦作顾问。他向王师傅主要学习瓦作理论，坚持每月到王师傅家，最少住上一宿。重点承传了青砖青瓦和琉璃瓦件的测量计划、加工订货、设计施工、制作技法、工艺流程等；第二位师傅孙祖培（图17-1），是北京市园林古建工程公司老瓦工，他向孙师傅主要学习古建筑修缮普查设计和实际操作，从潭柘寺到戒台寺，再到北海小西天大修，和孙师傅一起度过了八个春秋，在瓦作上得到真传，受益匪浅（图17-2）。

他于1987年8月任香山公园副园长，分管工程、绿化6年。张义臣、李铁生、杨晓俞、李作文都是香山公园绿化前辈，在他们的帮助下，从植物花卉的种植、养护、管理、树木移植、古树养护、黄栌复壮、病虫害防治等全方位地学习研究，和管理科、园艺队的同仁们一起，在绿化工作中的突出贡献是：（1）古树黄栌养护。香山公园古树4000余棵，占北京市城区的1/4。古树养护采取的措施有古树复壮，伐除影响古树生长的杂树，拆除影响古树生长的房屋和铺装，引入红脚蜂等生物防治等，效果很好。香山公园黄栌10万株，为保证观赏红叶采取措施有：间伐修剪、除虫打药。增植黄栌及彩叶植物，引进红枫。成立实验室，进行黄栌枯萎病防治等。（2）大树古树移植。他在香山公园移植大树上百株，无一死亡。尤其是椴树移植和古树移植。松林餐厅至眼镜湖道路两旁种植的椴树，胸径都在150～250毫米，枝杈相接，生长空间受限。为保证椴树生长，打破行道树规整格局，间移全冠椴树近20棵，全部成活。在翠微亭遗址的基础上长了一株侧柏，达到古树级别，树根将柱顶石裹住。为恢复香山二十八景之一的翠微亭，将这株侧柏连同柱顶石一起移植在翠微亭的北侧，至今生长旺盛。（3）恢复生态平衡。为防止黄栌白粉病等病虫害，采取"飞防"（飞机打药）十几年，使香山公园自然生态遭到严重破坏。1989年他提出停止"飞防"的想法，得到上级同行的认同。经过3年努力，停止了"飞防"，生态得以恢复。他分管绿化工作6年里，香山公园连续5年被评为全国绿化先进单位。

他在古建筑修缮与复建的方案设计方面也很有研究，主要设计项目有：1981年戒台寺餐厅，锅炉房等仿古建筑700平方米；1984年八大处二处金鱼池水榭；1985年紫竹院行宫院；1986年紫竹院"澄碧山房"；1988年香山公园眼镜湖改造；1989年翠微亭二十八景复建；1990年静翠湖改造；负责制定香山公园总体规划；2009年修改完善青海省西宁市"京韵清风"景区设计方案；2013年青海省西宁市人民公园西花房改造方案等。

他在潭柘寺和戒台寺大修中学习了古建专业知识，在北京市园林局基建处时业余进修了北京建筑大学建筑学，在香山公园学习了园林绿化专业知识。在园林古建公司任总经理期间，曾组织了颐和园耕织图，天坛祈年殿（图17-3），故宫太和门西庑、东庑（图17-4、图17-5），圆明园正觉寺（图17-6），承德普乐寺，青海玉树新寨嘉那嘛呢震后文物保护抢险（图17-7），武当山遇真宫等几十项世界文化遗产和全国重点文物保护工程的修缮与复建施工。他经过五年潜心研究，于2013年编写出版了《颐和园长廊苏式彩画》一书，该书填补了国内同领域研究的空白（图17-8）。他是古建筑、建筑学、园林学"三位一体"的实践者。

图 17-1　1978年孙祖培在潭柘寺
图 17-2　1979年戒台寺修缮（刘鹰提供）
图 17-3　2005年天坛祈年殿建筑群修缮工程（杨宝生提供）
图 17-4　2006年公司总经理杨宝生与北京建工建筑设计研究院院长、古建筑专家倪吉昌（右一）指导故宫太和门东庑体仁阁修缮（杨宝生提供）
图 17-5　公司总经理杨宝生与英国园艺设计师莱斯莉·布伦尼斯女士研讨2007年英国伦敦切尔西花卉博览会参赛的"中国花园"设计（杨宝生提供）

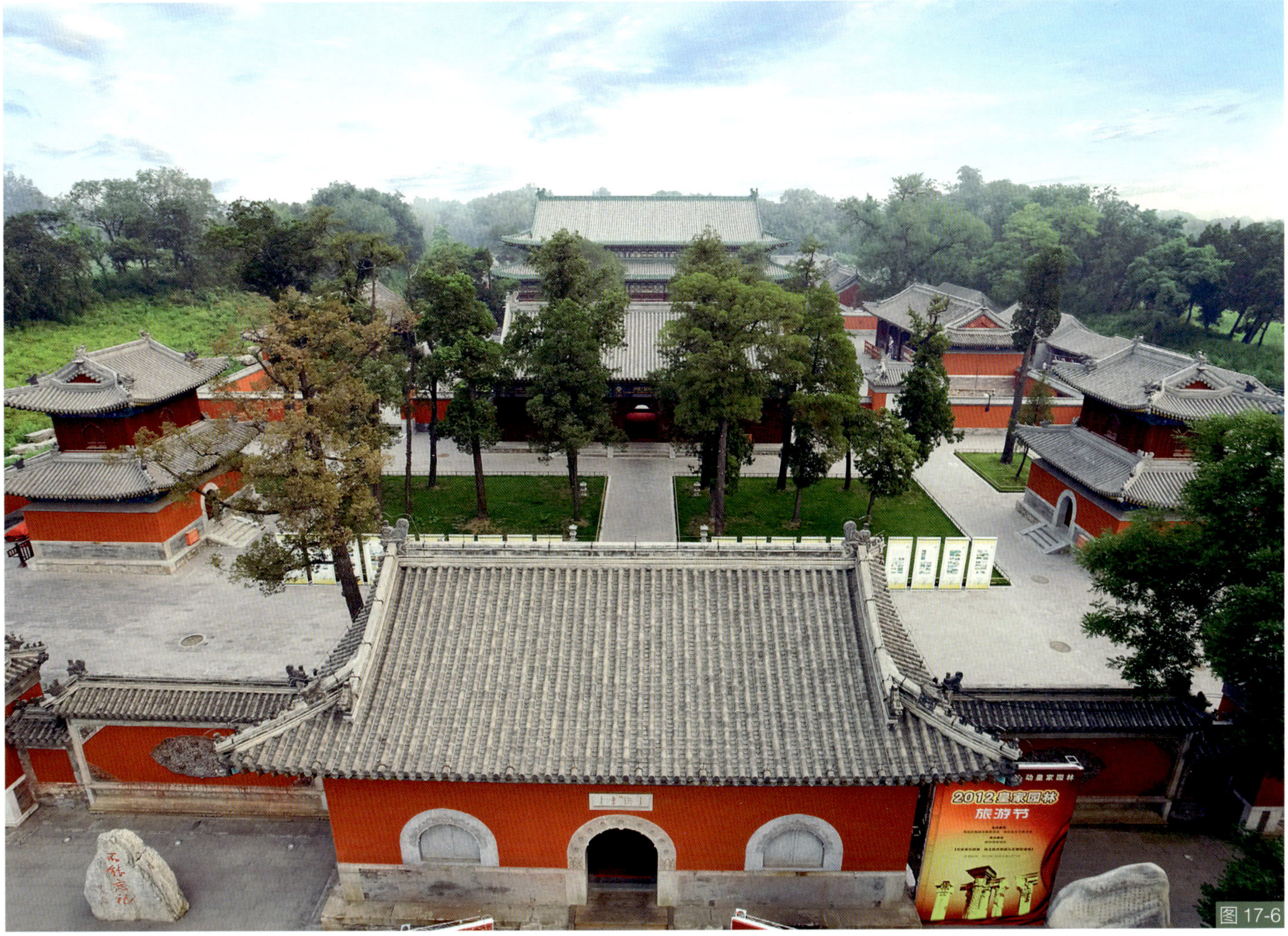

图 17-6　2009年圆明园正觉寺复建工程（周彦忠提供）
图 17-7　2011年青海玉树新寨嘉那嘛呢震后整体抢险修缮工程（第二标段）（杨宝生提供）
图 17-8　2013年公司总经理杨宝生编写出版了《颐和园长廊苏式彩画》一书

从瓦作到质监站长　刘新明

男，1953年1月出生。中共党员，古建瓦作技师，安全工程师。1970年6月在房修二公司古建工程处瓦工班学徒，瓦工，师从蒙福亮。后任瓦工班班长。他擅长古建瓦作实操，如砍砖、瓦瓦等。1973年、1976年他先后两次参加房修二公司青工砍砖、瓦瓦古建技艺大比武，分别获得瓦瓦第二名、砍砖第三名的优异成绩。1980年在房修二公司古建工程处材料组任材料员，后任副组长、组长。1988年任房修二公司中都建材公司副经理。1990年园林古建公司第二工程队材料员，1993年任公司质量监查站副站长，1999年任站长。2003年任公司质监科科长，2005年任公司安全生产部部长。

1973年6月10日他经启蒙师傅郁文全介绍，下班后在中山公园塘花坞（当时施工工人们休息睡觉的地方）拜师蒙福亮（图18-1）。蒙福亮是房修二公司瓦作技术的传承人之一。拜师现场由郁文全师傅主持，蒙福亮的大哥蒙福友在场作证。师傅蒙福亮坐在床铺中间，他跪在铺有草帘子的地上行拜师礼。先给师傅蒙福亮磕三个头，师傅随后送给他一个白色的包袱皮，装有铜线坠一个，黄色一米长的木折尺一把，双爪抹子一个和师傅使用过十年的小瓦刀一个。然后他又分别给师大爷蒙福友磕三头，给启蒙师傅郁文全磕三头，一共磕了九个头。

1970～1979年他在房修二公司期间，主要参加了天坛祈年殿修缮、圜丘台修缮，中山公园中山堂修缮、长廊复建，北海公园白塔修缮、五龙亭修缮，八大处二处及佛牙塔修缮，白塔寺白塔修缮，雍和宫修缮，广济寺修缮等工程。1990年他调入园林古建公司之后，1993年赴广东负责银海城宋街工程现场质量监督管理。

2011年他任公司昭庙工程部负责人，主持北京静宜园（香山）昭庙清净法智殿、琉璃塔修缮工程的施工。昭庙称"宗境大昭之庙"，建成于清乾隆四十五年(1780年)。建筑布局、空间形式严格遵照藏传佛教密宗教义，建筑结构、装饰手法为汉藏混合式。咸丰十年(1860年)与圆明园一同遭英法联军焚毁。现仅存琉璃牌楼、昭庙外墙、琉璃塔及部分建筑遗址，历史风貌损毁殆尽。昭庙建筑格局，按照功能、空间可划分为五部分，自下而上依次为月河、白台前广场、白台、红台、万寿琉璃塔。其中的清净法智殿，面阔三间，三交六椀槅扇贴金铜瓦庑殿顶。铜瓦采用3毫米厚紫铜板经手工打造而成，面层贴1.2微米厚"直拉金箔"。参加施工的主要人员有张福贵、赵蕊兰、贾斯乾等（图18-2）。

2012年他主持北京园博会中国园林博物馆室外展园工程——"塔影别苑"景区涵虚牌楼和琉璃影壁（图18-3）以及"染霞山房"工程施工。"染霞山房"建在半山坡上，建筑模仿了避暑山庄山近轩、梨花伴月以及颐和园赅春园等景观。1995年他被评为北京市园林局先进个人。2006年经北京市劳动和社会保障局、北京市文物局评审为古建瓦工技师资格。2008年参加天安门广场迎奥运摆花工程，被评为北京城建集团奥运工程优秀建设者。2013年1月退休。

图 18-1 1973年中山公园塘花坞
图 18-2 2011年香山静宜园昭庙清净法智殿、琉璃塔修缮工程（杨宝生提供）
图 18-3 2012年中国园林博物馆室外展区工程二标段“塔影别苑”景区——涵虚牌楼（张道顺提供）

图 18-1

图 18-2

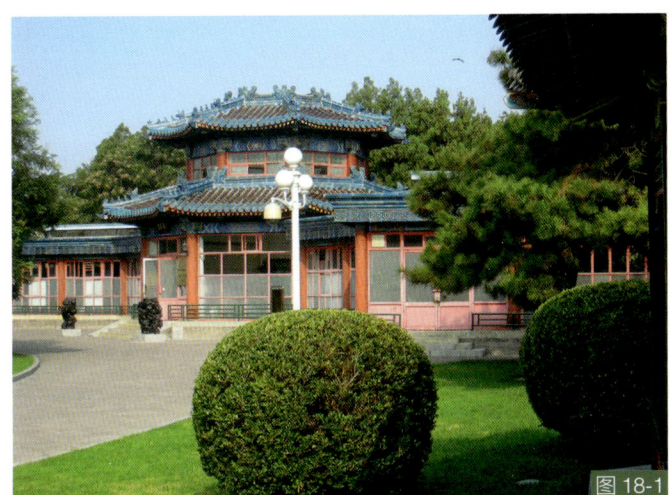

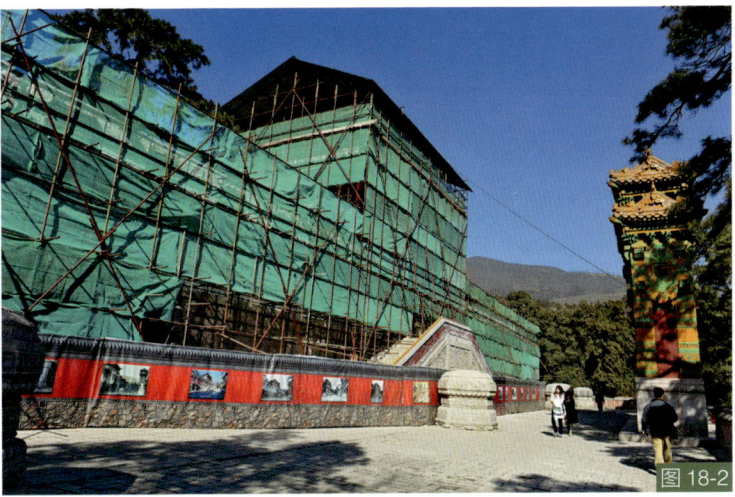

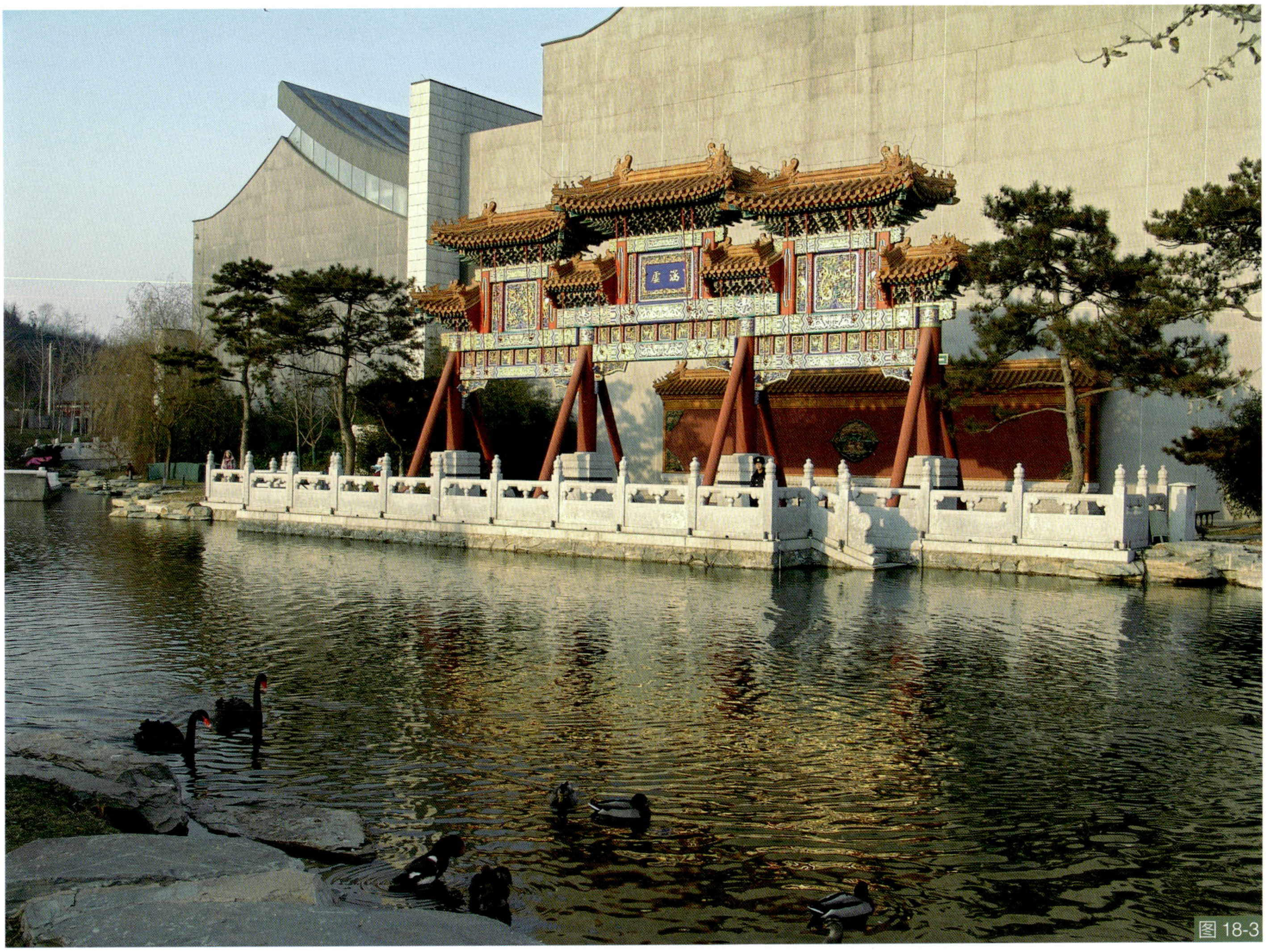
图 18-3

从瓦作到项目经理

孙源

男，1954年11月出生，中专学历。1971年12月园林局修建工程处学徒，瓦工。1973年在园林局修建处第一施工队工作，曾任瓦工班副班长。1979年之后任土建工长、项目经理。1979年参加北京市园林局预算培训班学习。1994年考取六级瓦工。1995年园林古建公司第一工程队，任副队长，主管技术。他擅长土建施工、预算，新建、古建瓦作操作技术。曾参与编写了公司《瓦作操作规程》。

1972年开始他主要参加了颐和园云松巢修缮、邵窝殿修缮、绿畦亭修缮，1973年北京动物园新建冷库、宰生车间、鱼廊，1974年颐和园听鹂馆修缮，1975年陶然亭公园新建水榭，颐和园写秋轩修缮，1976年谐趣园修缮（图19-1），1977年紫竹院公园新建办公楼，1978年颐和园霁清轩修缮，紫竹院公园新建水榭等工程施工。

1980年他负责玉渊潭公园新建留春园施工，这是他第一次独立主持工程施工。1982年他参加香山饭店庭院工程，任土建工长，协助施工。1983年他参加长城饭店屋顶花园工程施工。1984年参加英国利物浦燕秀园建设，在国内加工制作瓦活。1985年他主持西土城遗址公园复建（图19-2），颐和园新建石舫餐厅工程施工。1988年参加日本新潟天寿园建设，负责瓦作施工。瓦作匠师胡俊、谢立成、付建国等也参加了施工。1989年主持颐和园石丈亭修缮，参加动物园新建熊猫馆工程施工。1990年主持颐和园知春亭餐厅改造。1991年参加日本熊本孔子公园建设。1992年主持动物园新建犀牛馆、鸟馆工程。1997年参加德国柏林得月园建设（图19-3）。1996年中国风景园林学会授予"园林古建技术名师（瓦作）荣誉称号"。2009年11月退休。

图 19-1　1976年颐和园谐趣园修缮
图 19-2　1985年西土城遗址公园("蓟门烟树")复建工程
图 19-3　1997年德国柏林得月园建设工程

张铁栓　瓦作技师

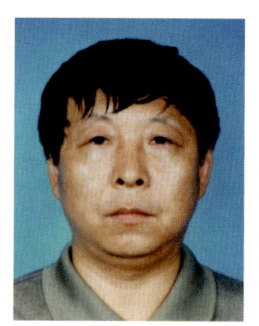

男，1957年8月出生，中专学历。中共党员。古建瓦作技师。1974年3月在北京门头沟区插队，知青。1976年12月在园林局修建工程处施工二队瓦工二班工作。他先干瓦工后当架子工，之后又干起了瓦工。1982年在园林修建公司第二工程队，任瓦工三班班长。1992年在园林古建公司第二工程队，先后任瓦工突击队队长、工长、项目经理。2005年在公司第五分部任项目经理。在工作中他不怕吃苦、肯干、技术好。

1978年开始他主要参加过陶然亭公园慈悲庵修缮，1980年北京动物园新建小兽舍，东风电视机厂新建装配厂房，1981年端门修缮，1983年陶然亭公园窑台修缮，1984年公主坟音乐喷泉，1985年丰台公园建设等工程施工。1986年之后他主要参加过天安门广场国庆摆花（大龙）制安（图20-1），北京市园林局园林技校建设，1988年十三陵昭陵棱恩殿复建，颐和园苏州街复建，北海快雪堂修缮，1990年西城少年宫修缮，1993年北京市园林局新建科研所等工程。

他从1995年开始任瓦工工长，负责中央党校省部级干部研讨楼工程（东院）修缮等工程施工。1996年他参加印度尼西亚驻中国大使馆新建屋顶工程，1997年天安门广场摆花宫灯制作，1998年北京植物园新建展览温室等工程。1999年他任项目经理，主持北京市政府花园庭院改造等工程施工。2003年参加哈尔滨新建文园牌楼，2004年故宫太和门东、西庑及周边建筑修缮等工程施工（图20-2）。2005年他主持北京凤凰城二期室外木构亭廊工程施工。2006年参加烟台毓璜顶公园改造。2007年主持香山公园见心斋保护修缮工程，荣获中国风景园林学会"优秀园林古建工程金奖"（图20-3）。2008年参加天安门广场摆花工程，负责山体花坛、灯箱标语、奥运徽标架子搭设，被评为北京城建集团奥运工程建设"三等功臣"、"北京市奥运立功标兵"。1982年、1983年、1984年、2001年、2002年被评为北京市园林局先进工作者。1996年中国风景园林学会授予"园林古建技术名师（瓦作）荣誉称号"。2004年被评为北京市"园林杯"先进工作者。2006年经北京市劳动和社会保障局、北京市文物局评审为古建瓦工技师资格。2012年8月退休。

图 20-1　1986年天安门广场国庆摆花（大龙）工程

图 20-2　2004年故宫太和门东、西庑及周边建筑修缮工程（刘鹰提供）

图 20-3　2007年香山见心斋修缮（张道顺提供）

王荣生　古建瓦作新秀

男，1954年1月出生。1970年6月在园林局修建工程处学徒，瓦工，师从李庆林。1976年在修建工程处第二工程队，任瓦工二班班长。1993年在园林古建公司第二工程队晋升为六级瓦工。他虚心好学，技术全面，干活麻利，不怕吃苦。

1970年开始他主要参加了动物园新建羚羊馆，1975年陶然亭公园新建水榭等工程施工。1976年他任班长，带领全班职工参加了陶然亭公园云绘楼修缮，1978年陶然亭公园慈悲庵修缮（图21-1）、新建影院等工程施工。1981年之后他主要参加了端门修缮，1983年北海公园新建文艺厅，1988年陶然亭公园名亭区三期建设，1989年亚运村新建村长办公室，1990年北土城海棠花溪建设，1991年日本熊本孔子公园建设（图21-2），1994年中央党校省部级干部研讨楼工程（西院，1995年东院）修缮等工程施工。

1995年他参加西客站顶层平台古建景观建设工程施工，当时杨勇任项目经理，时任第二工程队队长为张连杰。西客站南站房仿古建筑，东西长160余米，南北宽30余米，主楼最高达38米。园林古建公司配合铁道部建厂局施工的仿古建筑模板支顶和混凝土灌注施工，仅用120天就配合完成了4120平方米琉璃瓦屋面瓦瓦任务（图21-3）。1996年之后他还参加了北京市园林局新建老干部活动中心等工程施工。2009年1月退休。

图 21-1 1978年陶然亭公园慈悲庵修缮（杨宝生提供）
图 21-2 1991年日本熊本孔子公园建设——杞望亭
图 21-3 1995年北京西客站顶层平台古建景观建设工程

图 21-1

图 21-3

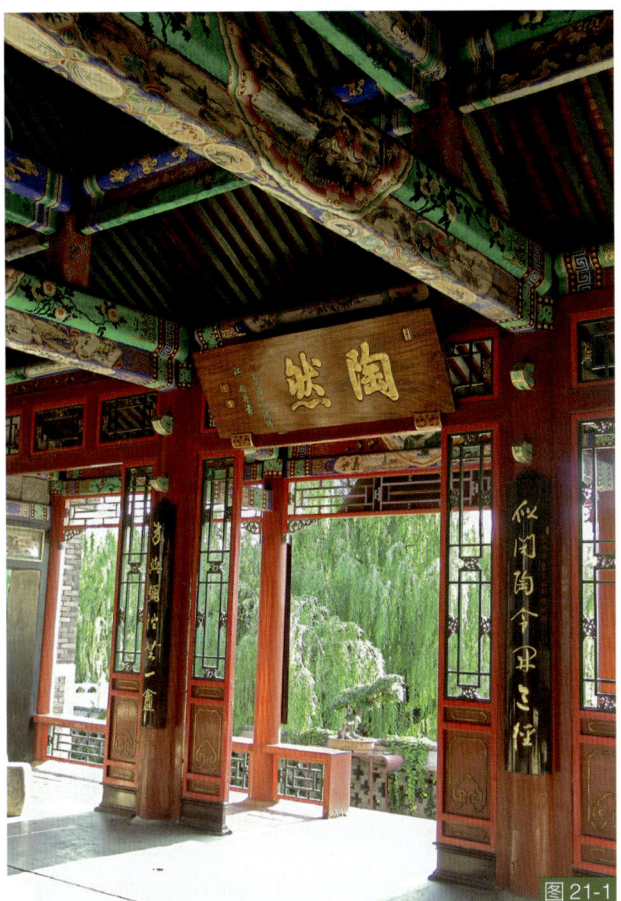

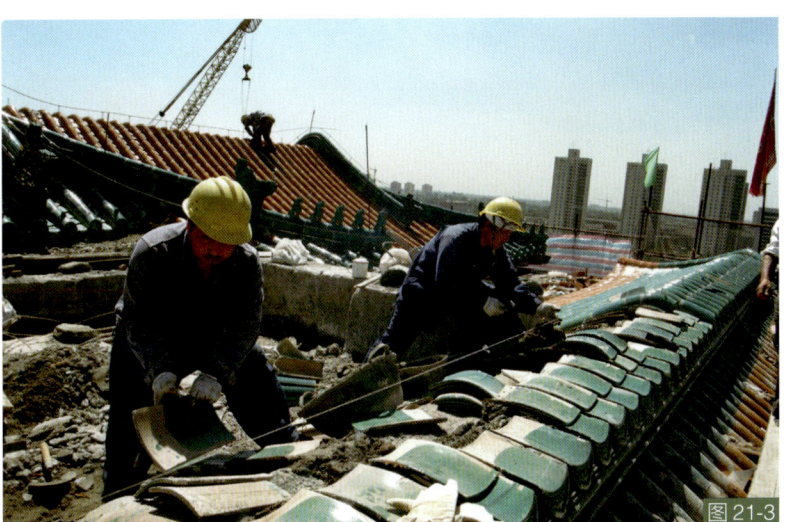

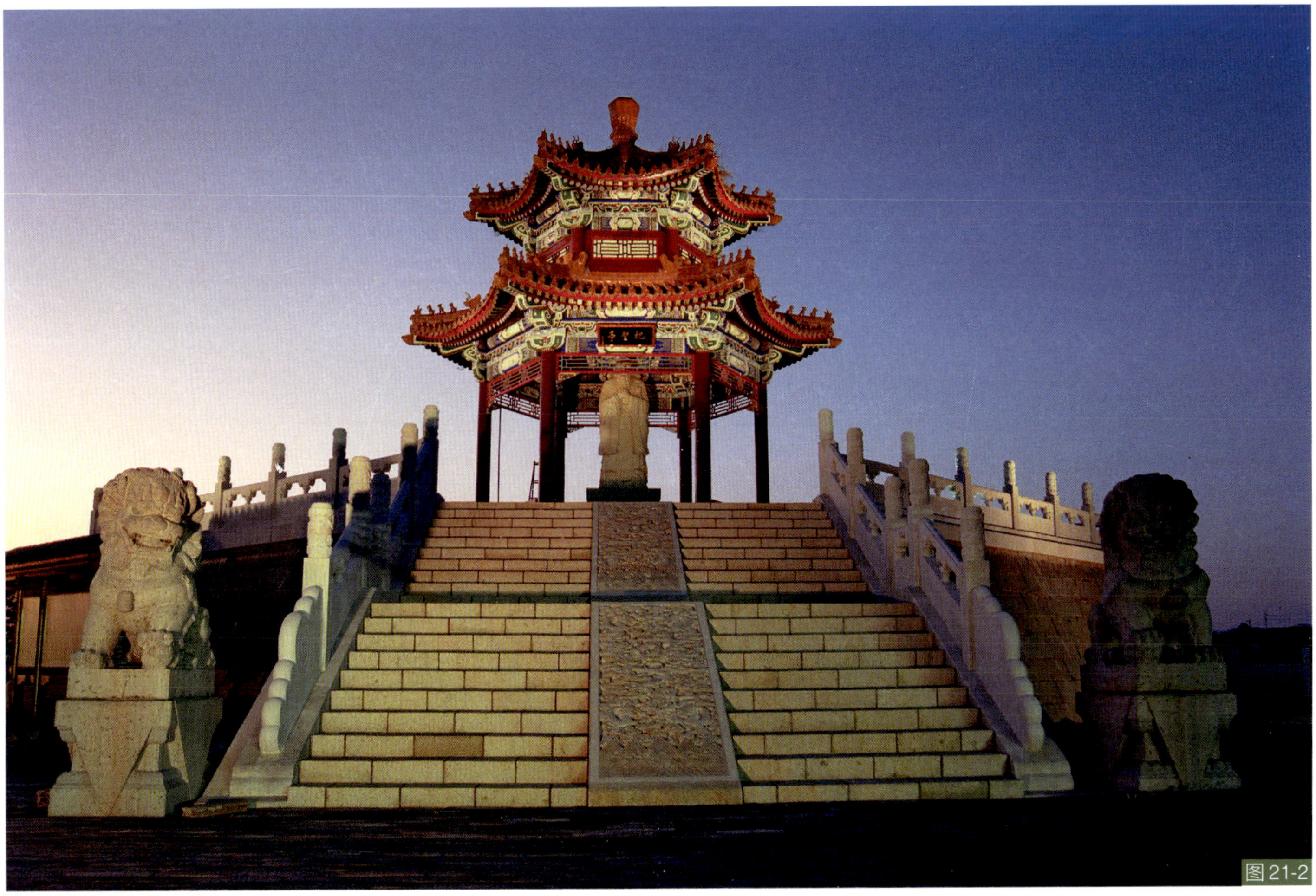
图 21-2

从瓦作到高级工程师

薛玉宝

男，1958年1月出生，大专学历。中共党员。高级工程师。1977年3月在北京顺义县天竺公社插队，知青。1978年12月在园林局修建处加工厂构件车间工作，先后任班长、土建工长。1986年在园林古建公司古建工程服务队任工长。1989年在第五工程队工作，之后任古建项目经理。1994年任第五工程队副队长。2003年任第五分部副经理。2014年1月调入北京国文琰园林古建筑工程有限公司工作。

1986年他主持北京动物园大门区整修工程，这是他第一次独立主持文物古建工程施工（图22-1）。动物园大门区，原为三贝子花园，清农事试验场改为正门，后为北京动物园大门。由大门、北楼、东西配楼、东西厢房和连廊组合成一个完整的庭院。动物园大门较为讲究，很有特色，与众不同。该大门后来被损毁，砖雕一块无存。公司设计人员王光荣、付文宝等，根据大门残留部分的尺寸，参照不同时期的照片进行设计，同时又绘制了1∶1砖雕立面详图。施工中，他采用多种技术措施和方法，如构造柱分层隔浇筑，调整配合比和坍落度，并对砖垛做支护，对券拱砖加工采用放大样和几何计算的方法进行控制，一个崭新复原的砖雕大门又呈现在世人面前。参加施工的人员还有惠志涛等。

1991年他主持国家安全部"8962"工程，针对两种工艺易造成质量的难点进行工艺综合改进，加强构造措施，得到设计认可。1998年之后他参加香山碧云寺罗汉堂修缮，2000年参加德国柏林得月园建设施工（图22-2）。2002年参加香山公园勤政殿复建工程，担任技术负责人，负责施工组织设计方案、技术措施和施工方案的制定和调整，以及施工技术管理工作。

2003年他主持颐和园耕织图景区整治工程施工。耕织图景区始建于清乾隆年间，为清漪园重要景观之一，是一项大型综合园林景观整治工程，占地57000平方米。主要有延赏斋景区和蚕神庙复建，水师内、外学堂修缮以及古建筑改扩建、道路、庭院、室内配电系统等工程。他依据古建传统施工工艺和建筑形式特点，运用项目管理知识，调整分项、分部工程，科学安排立体穿插作业施工，保质按期完工。参加施工的主要人员有禹相林、惠志涛、郭红磊、王鹤鸣等。该工程获得中国风景园林学会2005年度"优秀园林古建工程金奖"（图22-3）。2007年主持颐和园霁清轩修缮装修等工程施工。2004年被评为北京市"园林杯"先进工作者。他还在古建工长、项目经理培训班讲授古建技术工艺与施工管理。

图22-1

图22-2

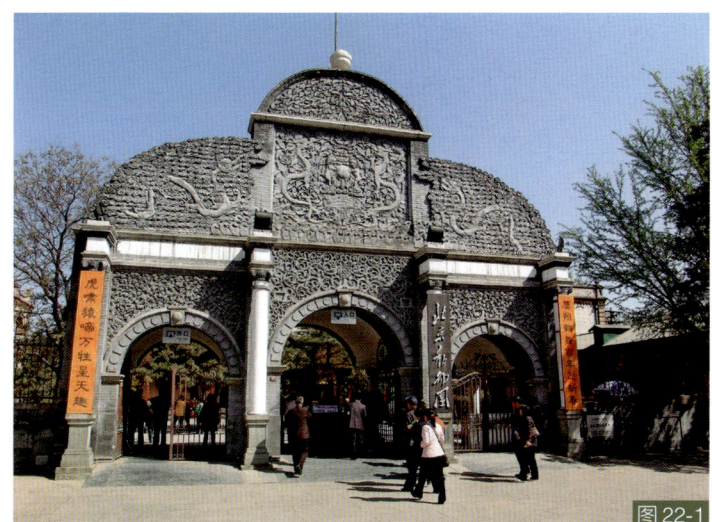

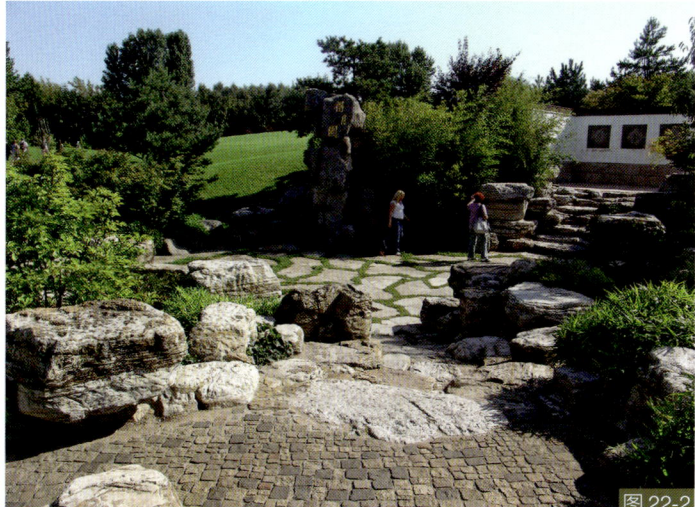

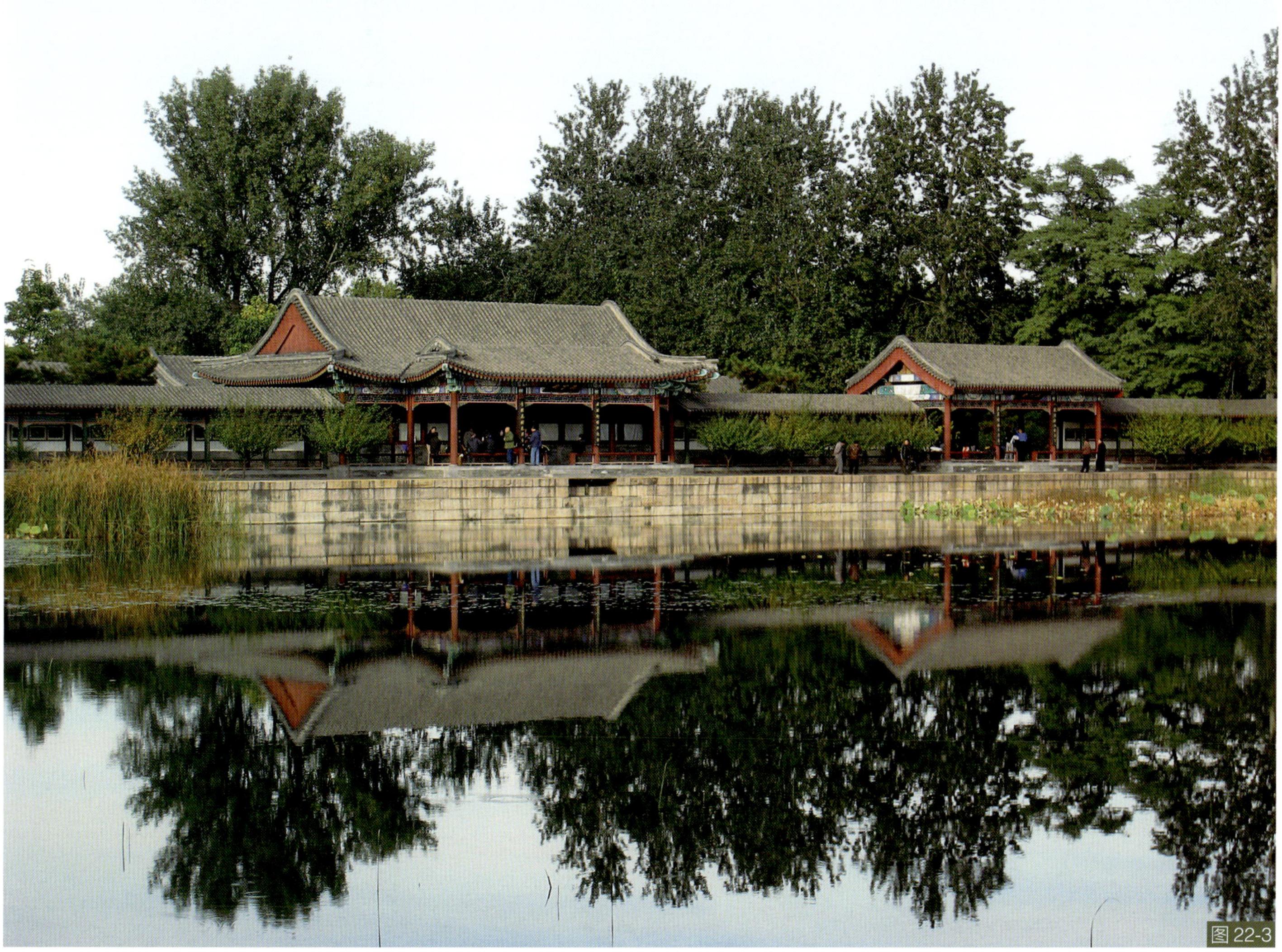
图22-3

图22-1 1986年动物园大门区整修工程

图22-2 2000年德国柏林得月园建设

图22-3 2003年颐和园耕织图景区复原工程（张道顺提供）

从瓦作到项目经理
田宝生

男，1956年11月出生，中专学历。中共党员。1974年4月在北京平谷插队，知青。1975年12月来园林局修建工程处施工一队三班学徒，瓦工，师从崇俊福。1981年在园林修建公司劳动服务公司工作，瓦工。1989年之后在第五工程队、第五分部工作，先后任工长、项目经理。他擅长琉璃活、砍砖（拌杂料、案子活）、砖雕等古建筑技术。

1976年开始他主要参加了颐和园谐趣园修缮、1977年画中游修缮等工程施工（图23-1）。在颐和园画中游施工中，他跟崇师傅学到了挑清水脊操作技术。清水脊是小式正脊做法中最复杂的一种，清水脊的正脊做法又分为"平草"、"跨草"、"落落草"等。清水脊操作过程中，特别要注意的技术弊病是：高坡垄和低坡垄的结合。挑清水脊时，要注意先挑低坡垄的小脊，后挑高坡垄的大脊，小脊的盖瓦高是大脊底瓦的高，掌握了这些要领，就能掌握清水脊的操作技术。在霁清轩施工中，从细墁地面的加工制作到实际操作，从中领悟到崇师傅心藏口述的操作要领。细墁地面与其他砖墁地不同，使用的工具也不同，要使用墩锤、木宝剑进行操作。操作时，按照找中、阁方冲趟、样趟、打号、揭趟、浇浆、挂油灰、上缝、铲尺缝、打点活、干磨、水磨、刷烟子、上桐油、擦活传统工艺进行施工。1978年之后他又参加了陶然亭公园慈悲庵修缮，1982年地坛公园拜台修缮，1985年陶然亭公园名亭区醉翁亭建设等工程施工。

1987年他参加北京动物园大门区整修工程，担任瓦工工长，带领并指导施工人员加工制作了全部砖雕。砖雕主题突出，线条流畅而不留刀痕，层次分明又繁而不乱。按传统施工工艺进行安装，按砖的编号对号入座，样活、背撒、栓揪子、灌浆、养护，最后打点成活。1991年他参加日本北海道天华园建设，负责扇面亭、四方亭及部分瓦屋面工程的施工。宋建志也参加了施工。1991年之后他又参加了东四清真寺修缮，首都图书馆抢险加固，1997年德国柏林得月园建设（图23-2）。他还主持了动物园畅春堂修缮，2002年香山公园香雾窟复建，2003年颐和园荷花池改造，2006年烟台毓璜顶公园改造等工程施工（图23-3）。2010年参加西宁市京韵青风景区建设。2011年11月退休。

图 23-1　1977年颐和园画中游维修（冯晓梅提供）
图 23-2　1997年田宝生(左一)和杨凤岐在德国得月园砌砖（〔德国〕杜尼·约克摄）
图 23-3　2006年烟台毓璜顶公园改造工程（杨宝生提供）

从瓦作到高管

张顺来

男，1957年1月出生，大本学历。中共党员。文物保护工程责任工程师。1976年3月在北京大兴县红星公社插队，知青。1978年12月来园林局修建处第二工程队刘清元瓦工六班学徒，瓦工。1985年在园林古建公司第二工程队任土建工长，1993年任第二工程队副队长。1994年任第四工程队副队长，1995年任队长。2002年任园林古建公司总经理助理。2003年兼任公司第四分部经理。2007年任园林古建公司副总经理兼第四分部经理。2014年至今兼任公司总承包二部经理。

1978年开始他主要参加了陶然亭公园慈悲庵修缮、新建影院等工程。1985年他任土建工长，主持北海公园西华艺楼建设、西门改造施工。1986年参加园林学校建设。1987年主持花木公司招待所建设工程施工。

1988年他主持颐和园苏州街二、三、四期复建工程施工，并与队里签订承包合同。工程主要包括亭、堂、轩、牌楼、牌坊等，有硬山、悬山、歇山等建筑形式，大部分为双层楼阁（图24-1）。1991年他主持颐和园景明楼复原工程，是一座复合式建筑，采用歇山建筑形式，琉璃挂檐，主楼四面抱厦，侧楼被山石环绕（图24-2）。1993年他又主持园林科研所搬迁工程施工。

1994年之后他任第四工程队副队长、队长，第四分部经理，总承包二部经理期间，负责组织了广济寺修缮，1995年公司新建宿舍楼，1997年绿化处新建花卉培植楼，2001年天坛神乐署修复等工程施工。2004年之后他负责组织天坛祈年殿院建筑群修缮（图24-3），2006年圜丘、皇穹宇院建筑群修缮、斋宫修缮二期，2007年丹陛桥舆路恢复等工程施工。2007年公司承接了天安门广场摆花工程西侧花坛中的"天坛祈年殿"、"遵义会址"、"南湖游船"三组硬质微缩模型、景观的制作安装。他负责"天坛祈年殿"制作安装，参加施工的人员有王廷江、顾春城、张微等。张福贵、隋增箎负责"遵义会址"、"南湖游船"制作安装。该工程被评为"北京市绿化精品工程"，2006年他负责组织厦门花博会北京园"同和园"建设施工。2008年负责组织奥运会和国庆天安门广场摆花"宫灯"制作安装，参加施工的人员有王廷江、顾春城、张微等。该工程被评为"北京市社会精品工程"。2010年之后他负责组织北海公园船坞修缮，西宁市京韵青风景区建设等工程施工。王瑞成、张微等也参加了京韵青风景区建设。2011年之后他负责组织天坛公园东侧坛墙及坛门修缮，2012年北海公园小西天万佛楼、阐福寺大佛殿建筑群修缮等工程施工，该工程获得"北京市建筑装饰优质工程奖"。2015年负责组织唐山世博会北京园建设，项目经理周建民，参加施工的主要人员有张骞、张微等。1990年、1992年、1997年、1998年被评为北京市园林局先进个人。2004年被评为北京市系统表彰奖励"园林杯"先进个人。

图 24-1　1988年颐和园苏州街复建工程（张道顺提供）
图 24-2　1991年颐和园景明楼复建
图 24-3　2005年天坛祈年殿院落建筑群修缮工程（周彦忠提供）

从司机到项目经理 胡国明

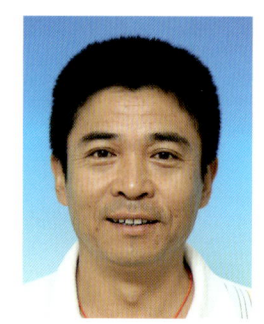

男，1964年11月出生。中共党员。古建瓦作技师。1981年1月到园林修建公司加工厂工作，司机。1984年在园林古建公司古建工程服务队工作，司机。1989年在第五工程队工作，司机，后学瓦工。1993年任瓦工工长，后任项目经理。2003年在第五分部任副经理，2004年8月在第四分部任副经理。2014年1月调入北京国文琰园林古建筑工程有限公司。

从1995年开始他主持钓鱼台国宾馆大楼复建（图25-1）、古堡修缮，1996年香山公园欢喜园复建工程。1997年参加德国柏林得月园工程施工。1998年之后他又主持了香山碧云寺罗汉堂修缮工程施工，参加修缮的主要人员还有王伟、姜葆华、惠志涛等。2002年主持香山公园勤政殿复建工程施工。勤政殿是静宜园（香山）二十八景之一，始建于清乾隆十年（1745年）。后被英法联军和八国联军所毁，仅存遗址，由勤政殿、南北配殿、月牙河等组成。参加施工的主要人员还有惠志涛、郭红磊、贾斯乾等。该工程获2003年度"北京市建筑长城杯金质奖"（图25-2）。

2005年他主持天坛祈年殿院建筑群修缮工程。祈年殿院建筑群，由祈年门、祈年殿、皇乾殿、东西配殿、东西砖门、南砖门、皇乾殿前琉璃三座门、三座门、台基和宇墙组成。所有殿座的屋面更换残损脊兽、瓦件，捉节夹垄。外檐旧油饰地仗全部铲除新做（依据历史记载将一麻五灰地仗恢复为两麻六灰地仗）。外檐彩画根据1935年前历史照片重新绘制。室内彩画除尘，残缺处修补。参加施工的主要人员还有王廷江、曹海利、德立忠、赵冰、赵蕊兰、杜雪梅、张骞、江宁宁、于秋生等。该工程获2005年度北京市安全文明工地，2006年度中国风景园林学会"优秀园林古建筑金质奖"，2007年度"全国建筑装饰工程奖"（图25-3）。2006年之后他参加天坛圜丘、皇穹宇院建筑群修缮工程。2007年主持天坛公园斋宫修缮二期施工。参加天安门广场国庆摆花工程，负责"天坛祈年殿"模型制作安装。2008年负责天安门广场国庆摆花宫灯制作安装。2008年之后他主持了天坛公园丹陛桥御路恢复工程等。

2010年他主持圆明园正觉寺复建工程施工。正觉寺占地14300平方米，是清帝御园圆明园附属的一座佛寺，位于绮春园西侧，于乾隆三十八年（1773年）建成。正觉寺复建建筑包括：三圣殿、天王殿、最上楼、六大金刚殿、钟鼓楼、东转角房、东路辅房、掖门、院门、值房等。由于三圣殿、天王殿的体量较大，部分木构件需要使用1.1米以上的大径级木料。原设计主体木构件选用木料为落叶松，但市场上没有这样大径级的，为了确保三圣殿、天王殿主体结构复建的质量，没有采用拼接、包镶等古建传统替代做法，坚持使用整根整料的木材进行制作，向建设方、设计方建议使用硬木非洲红。正觉寺主体完工后，由于木材含水率尚未达标，为了保证工程质量，采取了半年的自然风干措施，到2011年上半年才开始进行油饰彩绘，确保了建筑结构的耐久性。参加施工的人员有：时任公司第六分部经理刘朝辉，项目负责人路明、赵永军，以及赵宝山、兰建国、韩旭、何广斌、赵叶丹、褚玉军、孙建、赵文良等。该工程荣获"北京市建筑长城杯工程金质奖"以及"全国建设工程优秀项目管理成果一等奖"

（图25-4）。2011年他又主持了圆明园正觉寺周边环境整治工程施工。

2012年他主持北京园博会中国园林博物馆室外展园工程施工。主要包括"染霞山房"，北方平地园林代表"半亩一章"和北方水景园林代表"塔影别院"。"塔影别院"，利用湖水巧妙借景，将山顶上的永定塔倒映在碧水中。"半亩一章"，复原了清代私家园林半亩园，建筑外观的颜色采用了消失很久的香色。参加施工的人员还有时任公司第六分部经理刘朝辉，以及张福贵、王伟、王廷江、闫福荣、赵蕊兰、陈磊、张强、张伯阳、何鑫、张鑫等。该工程获得"园博馆室外园施工大奖"（图25-5）。2013年他又主持了吉林大学地质宫瓦屋面修缮工程施工（图25-6）。2006年经北京市劳动和社会保障局、北京市文物局评审为古建瓦工技师资格。他曾被评为北京市"园林杯"先进工作者、城建集团奥运工程优秀建设者。

图25-1　1995年钓鱼台国宾馆大楼复建

图25-2　2002年香山公园勤政殿复建工程

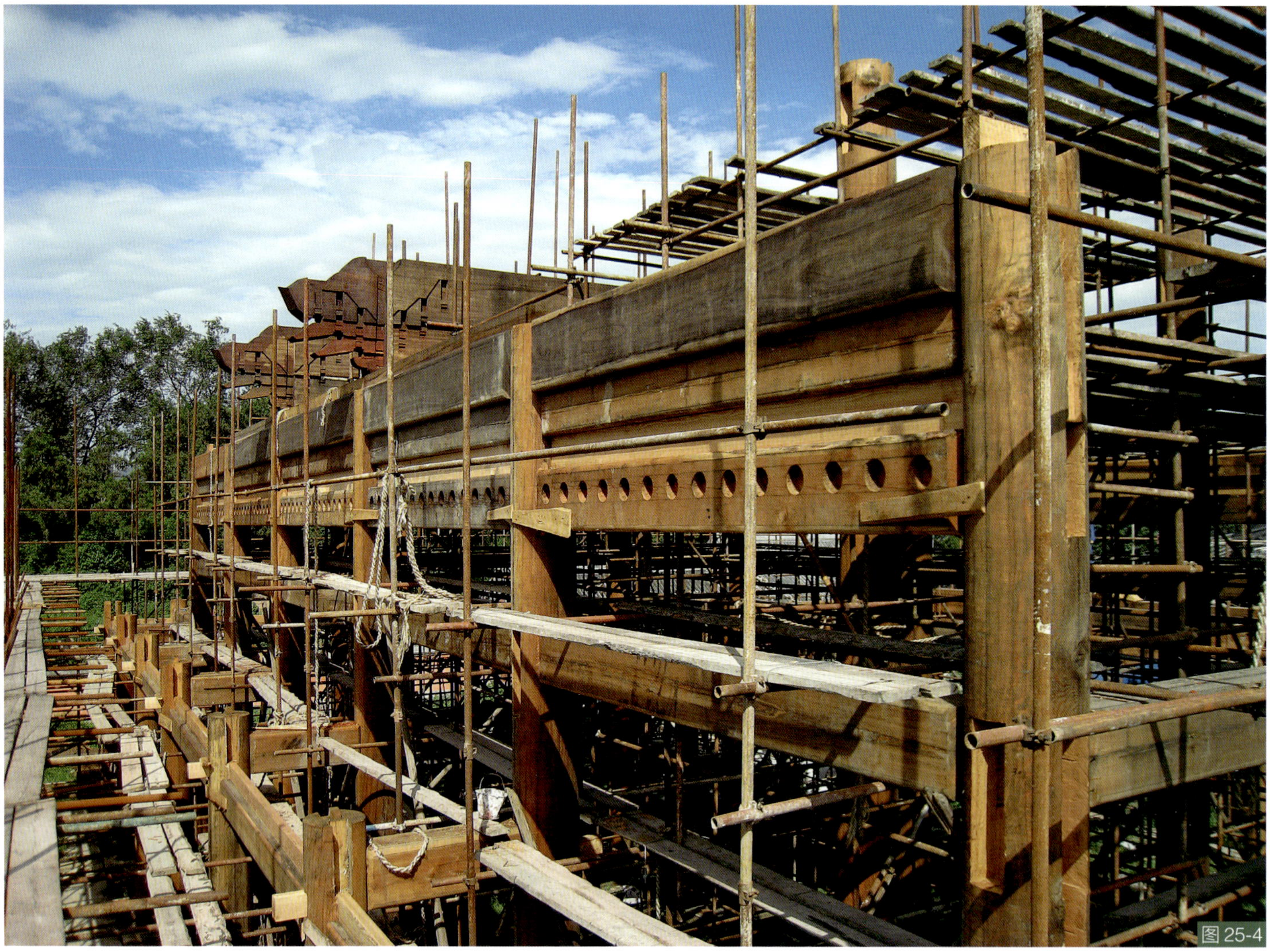

图25-3　2005天坛祈年殿院建筑群修缮工程——清洗祈年殿宝顶

图25-4　2010年圆明园正觉寺复建（张道顺提供）

图25-5　2012年中国园林博物馆室外展区工程二标段"塔影别苑"景区（周彦忠提供）

图25-6　2013年吉林大学鸣放宫文物修缮工程

128 / 129 瓦作匠师

图 25-5

图 25-6

薛福海 优秀瓦作工长

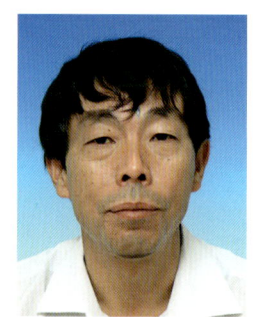

男，1957年3月出生。中共党员。1974年5月在北京北郊农场插队，知青。1978年12月来园林局修建处第一工程队学徒，瓦工，后任瓦工二班班长。1990年被评为北京市园林局先进个人，他带领的瓦工二班被评为北京市园林局先进班组。1994年在园林古建公司第一工程队任瓦工工长。2002年在公司第四工程队任瓦工工长。2003年在公司第四分部任瓦工工长。

1980年开始他主要参加了颐和园新建宿舍楼，1982年卧佛寺修缮（图26-1），香山饭店庭院建设，1983年长城饭店屋顶花园建设，1984年双秀公园建设，1987年北京动物园豳风堂餐厅改造，1988年十三陵昭陵祾恩殿复建，1989年颐和园长廊修缮，动物园新建熊猫馆，1991年加拿大枫华园建设，1994年北京市园林局新建办公楼，2000年埃及中埃青年友谊林建设等工程。2002年负责天坛公园神乐署修复（图26-2）、圜丘地面修复瓦作工程施工。

2005年在天坛祈年殿院建筑群修缮中，他任瓦工工长，负责瓦作施工。施工难度较大的是地面方砖细墁。祈谷坛金砖地面细墁形式为轮辐状十字缝，由于一趟砖中每块砖的尺寸均不相同，给砖加工增加了很大难度。他采用最原始的也是最有效的办法：放大样，逐块套取样板，再根据样板进行砖加工，从而确保了砖的尺寸准确和地面铺墁质量。旧地面挖补：对祈谷坛三层严重损坏和水泥砖补墁的砖逐一编号、拍照，在图纸上标注其准确位置，逐块剔除，确定准确尺寸后，再进行砖的加工和补墁。这种做法得到了世界文化遗产组织督查组、联合国教科文组织到工地检查、参观时的认可。

2006年他参加天坛皇穹宇院建筑群修缮，负责屋面瓦瓦施工。皇穹宇殿屋面为圆形，瓦件为异形，每一垄瓦中每块瓦的规格尺寸均不相同。为确保瓦件的规格尺寸准确，首先对屋面瓦件逐一编号、拍照，在图纸上标注其准确位置。然后点清整个屋面有多少垄，每垄有多少筒瓦、板瓦的数量以及需要添配的瓦件数量。再根据所需要添配的瓦件数量、规格尺寸进行加工烧制。瓦瓦时，在现场地面进行样活排活、编号，然后按照瓦的编号，从檐头勾头往上逐一瓦瓦。皇穹宇是圆形建筑，无法使用勾滴檐头线，只能靠有经验的瓦作老匠师在现场用眼睛"串活"，才能使勾滴出檐一致，从而保证了瓦瓦的质量（图26-3）。2007年负责厦门花博会"同和园"建设，2008年天坛公园丹陛桥御路恢复等工程瓦作施工。2012年3月退休。

图 26-1　1982年卧佛寺修缮（张道顺提供）
图 26-2　2002年天坛公园神乐署修复工程
图 26-3　2006年天坛皇穹宇院建筑群修缮

从电工到项目经理

燕树伟

男，1956年10月出生。古建瓦作技师，文物保护工程责任工程师。1976年3月在北京顺义插队，知青。1978年12月来园林局修建处加工厂，后又调到园林古建公司第二工程队、油漆彩画工程队工作，电工。他勤奋好学，由电工改学瓦作技术。1996年考取古建瓦工工长，1999年任项目经理。2003年在公司第三分部任项目经理。2006年经北京市劳动和社会保障局、北京市文物局评审为古建瓦工技师资格。2014年至今在公司总承包一部任项目经理。

他从1979年开始参加了颐和园长廊整修，陶然亭公园慈悲庵修缮，戒台寺维修工程，1983年长城饭店花园，北海公园小西天修缮，1987年哈尔滨文庙修缮，1988年颐和园佛香阁修缮，1992年天津清真寺修缮，1996年颐和园澹宁堂油饰彩画等工程施工。

1999年开始他任项目经理，主持了中山公园1、2号院翻建，2001年水榭修缮工程。他在水榭施工时，用16个千斤顶把屋面框架全部顶起，更换20根柱子，重新加固基础，既保护了文物原貌，又节省了费用，被评为北京市园林局经济技术创新标兵。之后他又参加那王府修缮工程，2002年主持中山公园来今雨轩饭庄修缮、2005年西门地区综合治理等工程施工（图27-1）。

2007年他主持中山公园长廊油饰彩画工程。长廊为271间廊子，总长度为697.27米。油饰和彩画全部重新做，内外檐均为金线苏画、贴库金。长廊彩画中，包袱与枋心共1673幅。其中枋心为558幅，内容为山水和线法、花卉；包袱为1077幅，分别为人物384幅，山水177幅，花卉174幅，翎毛走兽168幅，线法174幅。该工程获得"北京市建筑装饰优质工程"（图27-2）。2011年他参加天安门广场摆花大红灯笼制作安装。灯笼高13.5米（不含基座高1.5米），直径13.6米。灯笼整体外形为球形钢骨架，由型钢加工焊接。外壳为玻璃钢，镶贴玻璃钢"中国结"。

2013年他主持青岛世园会北京园建设。北京园的设计沿用了四合院规矩的布局形式，打造"一周四点五区"的展示格局，彰显北京园稳重大气、方正内敛的风格。参加施工的人员主要有夏云贵、何景龙、陈伟、王春月等。该工程荣获2014青岛世界园艺博览会"室外展园竞赛大奖"。2015年他主持了第十届武汉园博园北京园建设，参加施工的主要人员还有姚宝琪、陈伟、李志普等（图27-3）。2002年他被评为北京市园林局先进个人。

图27-1　2005年中山公园西门改造（张道顺提供）
图27-2　2007年中山公园长廊油饰彩画（张道顺提供）
图27-3　2015年武汉园博会北京园（张道顺提供）

从材料员到项目经理

鄂疆辉

男,1968年8月出生。大专学历。中共党员。文物保护工程责任工程师。1984年9月在园林古建公司古建工程服务队工作,司机。1989年在第五工程队工作,司机兼材料员。他通过多年的古建材料采购,对古建筑一些材料的名称、规格、尺寸有了基本的掌握。他不怕吃苦,聪明好学,由司机到材料员,由材料员又改学瓦作技术。1998年在公司第五工程队任瓦工工长,后任公司第五分部项目经理。2014年8月至今在公司总承包三部任副经理。

他是1996年开始接触工程施工的,第一个工程是国家安全部"8962"工程。他边施工、边学习瓦作技术,虚心向有经验的老师傅请教。1998年他参加香山碧云寺罗汉堂修缮工程,任质检员和材料员。因罗汉堂进行落架大修,必须对罗汉堂内供奉的五百罗汉、8尊佛像和四大天王共计512尊进行妥善的保护。他和席大朋负责罗汉的搬运工作。在施工中,他努力学习施工管理经验和瓦作技术(图28-1)。2000年他参加德国柏林得月园三期建设施工。

从2001年开始他任项目经理,主持了烟台毓璜顶修缮,香山公园平台牌楼修缮工程施工。2002年之后他参加香山公园香雾窟复建、勤政殿复建,2003年颐和园荷花池改造、耕织图景区整治等工程施工。2007年他主持香山公园碧云寺一、二期古建筑保护,2008年北京植物园十方普觉寺彩画保护,2009年香山碧云寺院内历史地面排水修复及遗址保护等工程施工。

2011年他负责静宜园(香山)昭庙清净法智殿、琉璃塔修缮工程施工。琉璃塔位于昭庙红台后山坡中轴线上,为八角七层,通高25米,形式与承德须弥福寿庙琉璃塔基本一致,平面呈八角形,正面东向,首层为方形平台,四面宁墙,中为青石八角须弥座塔基,围以青白石望柱栏杆。八角琉璃塔底部为条石砌筑,外接木结构附阶周匝围廊,原为馏金斗栱,黄琉璃绿剪边,六样瓦。上部为七层楼阁式琉璃塔,瓦面均为黄琉璃绿剪边,九样瓦(图28-2)。2014年他又主持香山(静宜园)永安寺修复工程施工。组织完成了山石整修、爬山廊、蒼卜香林阁等主要建筑的复建。参加施工的主要人员有时任公司副总经理兼总承包三部经理李辉坚,以及吉文合、王春胜、赵宝国、吴婧等(图28-3)。1988年他被评为北京市园林局先进个人。1995年被评为北京市园林局先进个人。2003年评为北京市园林局第四届园林十大杰出青年。

图 28-1 1998年香山碧云寺罗汉堂修缮。罗汉堂竣工后请回罗汉

图 28-2 2011年香山静宜园昭庙清净法智殿、琉璃塔修缮工程（杨宝生提供）

图 28-3 2014年他又主持香山（静宜园）永安寺修复工程（张道顺提供）

图 28-1

图 28-2

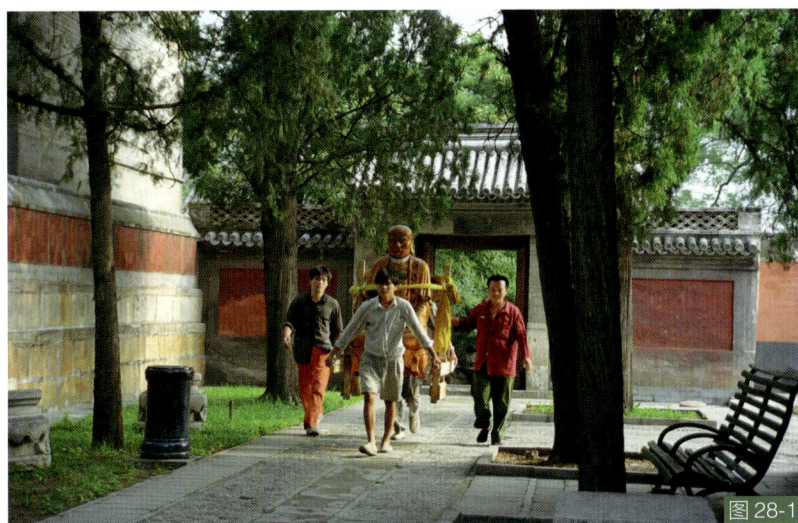

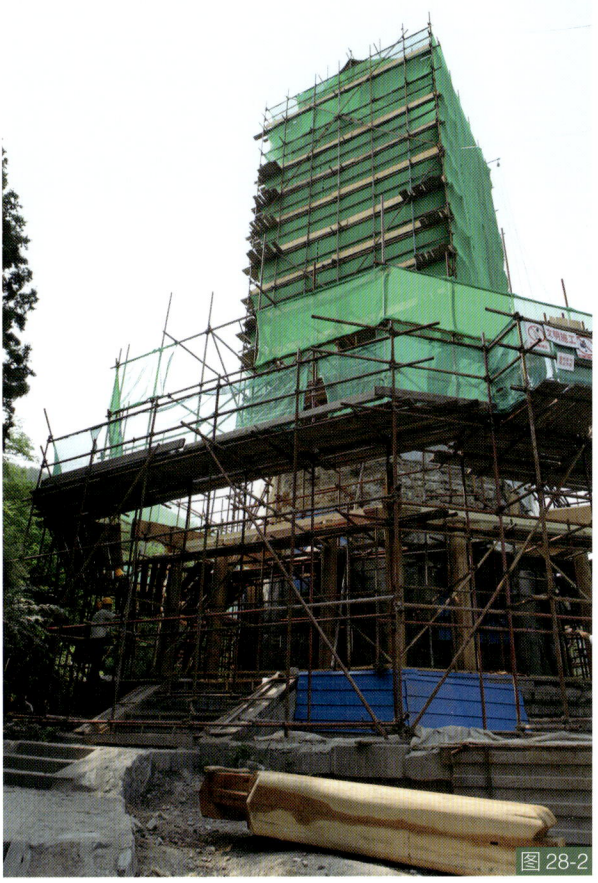

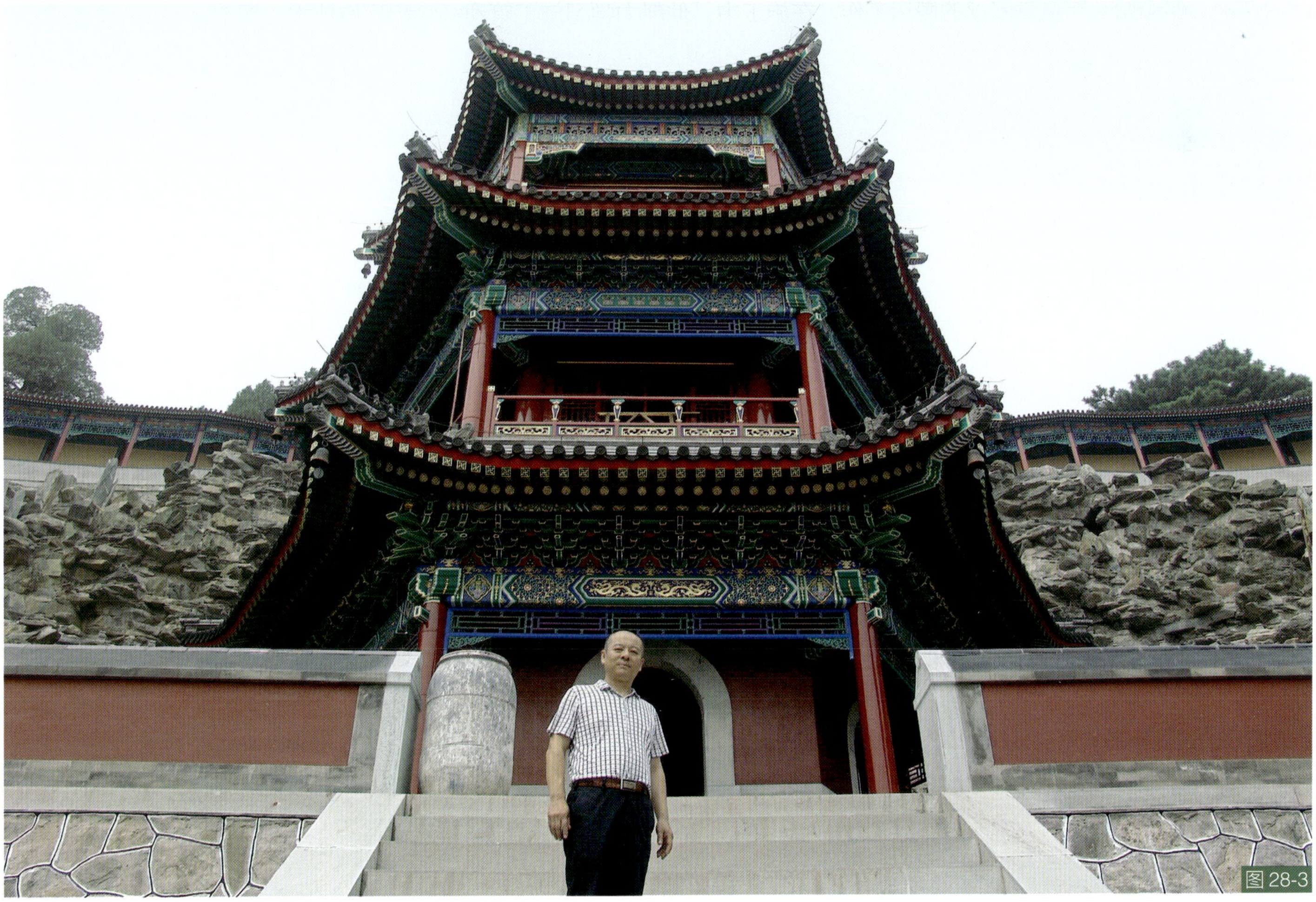

图 28-3

古建筑瓦作能手 卢立辉

男，1969年9月出生。大专学历。古建瓦作技师，文物保护工程责任工程师。1986年5月在北京市第二房屋修建工程公司第二古建分公司学徒，瓦工。1994年任瓦工工长，2000年任古建项目经理。2002年3月调入北京怀建集团辰辉建筑工程有限公司。2008年1月调入北京六建集团古建工程分公司。2012年调入北京擎屹古建筑有限公司。1989年获得房修二公司古建工程处瓦工比武第二名，1994年获得房修二公司瓦工比武第一名。1995年被评为"北京市青年岗位能手"称号。2004年师承故宫博物院瓦作专家朴学林先生，为兴隆门第十六代延字辈瓦作传人，是朴先生的第二个徒弟（图29-1）。2015年调入北京市园林古建工程有限公司总承包一部，任项目经理。

1986年5月他参加工作以来主要参加了圆明园、先农坛太岁殿、天坛、中南海紫光阁、钓鱼台养源斋、十三陵九龙宫、大观园、故宫西六宫等工程施工。1994年任瓦工工长之后，先后负责西客站主楼建设，历代帝王庙修缮，天安门城台翻建，亚斯利教堂修缮，北海先蚕坛修缮，汇通祠复建，西海望海楼复建，故宫文华殿修缮、东围房复建、南大库复建、院办翻建、礼堂翻建、东十三排修缮、东六宫修缮、三大殿地面修缮，紫檀博物馆等工程瓦作施工。

2004年之后他作为项目负责人先后主持了醇亲王府修缮，故宫后三宫修缮、神武门修缮、慈宁花园修缮（图29-2），北京印钞厂专家公寓修缮，鲁迅中学修缮，清华学堂修缮，前门四合院改造，山西晋城玉皇庙修缮，庆王府修缮等工程施工。

2012年8月他主持山西大同代王府复建二期工程施工，此工程主要有崇信门、存心殿、连廊、长春宫、东西配殿、东西厢房、东西暖阁等。为大型组合建筑群施工特点，他凭借着几十年古建技艺与施工管理经验，以原汁原味的操作工艺圆满完成了施工任务。

2015年他主持了青海西宁香水泉遗址保护恢复工程施工。香水泉位于青海省西宁市七一路，因为靠近北城墙石崖处有泉水从这里喷涌而出，泉水清洌甘甜，人们把这里称之为"香水泉"。此次保护恢复项目主要有正殿、东西配殿、东西厢房、庭院地面、踏道修缮及牌楼门、院墙等。施工中，原设计方案为各个建筑落架大修，经过深入勘察后采用整体支顶抽换"打牮拨正"的方式，避免了对构件的二次损伤，得到了当地政府及建设单位的认可。正殿山墙前墀头为停泥砖干摆细做，后面为停泥空斗墙，再往后为土坯墙。前墀头现状整体完好，但由于基础问题向外歪闪18厘米，原设计要求拆除重砌。经过勘察与研究后对其采用了"钢结构整体加固纠偏扶正方法"，既保留了原状，又达到了预期效果（图29-3、图29-4）。参加施工的还有：公司副总经理兼总承包一部经理刘鹰，总承包一部副经理姚宝琪，以及李燕肇、李英、燕树伟等。

2005～2007年他还参与了北京市文物局主编的《古建筑操作规程北方标准及北方古建筑预算定额》修改工作。他在社会培训班上讲授古建筑瓦作技艺。

图 29-1　2004年拜师合影。前排朴学林（右一），后排卢立辉（右一）
图 29-2　师徒在故宫。朴学林（右一）、卢立辉（中）
图 29-3　2015年青海西宁香水泉遗址保护恢复工程——正殿东山墙走闪
图 29-4　2015年青海西宁香水泉遗址保护恢复工程——正殿东山墙扶正纠偏后（杨宝生提供）

木作匠师

张忠和 古建筑木作"头牌"

男，1925年7月出生，河北衡水人。中共党员。1941年2月在天津广发祥木厂学徒，木工，师从陈宪章。以后又以兴隆木厂子木作大师杜国堂先生为师。他个子不高，人很聪明，干活手头麻利。1952年6月经王占元介绍来颐和园管理处工程班，1953年定为五级木工。1957年1月合并到园林局修建工程处，曾在第二工程队、油漆彩画队、古建工程服务队工作，木工。1980年晋升为七级木工。他对古建木作技术颇有研究，既能设计制图，又能操作施工，可谓古建筑木作"头牌"。收徒郑晓阳。

1957年开始他主要参加了北京动物园新建犀牛馆，1958年颐和园长廊（105间）修缮，景山公园亭子修缮，1962年香山公园碧云寺大殿修缮，1964年卧佛寺修缮，1965年北海公园五龙亭修缮，八大处修缮等工程施工。

1965年他和孙祖培、安德厚、王殿贵、刘玉明、范殿福、张天波（负责起重佛像）等参加了戒台寺千佛阁（楠木殿）的拆除工程。当时拆除以木工为主，为了保护古建筑，在拆除前他与修建工程处其他工程技术人员按照1∶150的比例手工测绘了戒台寺千佛阁平立面图、平面详图和正剖面图，为后人留下了非常宝贵的历史工程资料（图30-1～图30-3）。另外，在20世纪70年代初，地安门城楼翼角塌陷，北京市有关部门找到了他，让他帮助解决。他到现场仅量了一下柱、檩径的尺寸，就推算出翼角等木构件的尺寸，制定出详细的修缮方案，得到了古建同行们的夸奖。

1968年之后他又主要参加了陶然亭公园新建码头、廊子，1971年颐和园听鹂馆修缮，1975年陶然亭公园新建水榭、1977年新建西湖码头、金鱼展室，1978年慈悲庵修缮、新建影院、新建大桥等工程施工。大桥的桥孔采用"土模"的方法支搭混凝土模板，不但节省了大量模板木材，而且提高了工效。

1979年在戒台寺修缮工程中，他与班长陈维汉、副班长刘占山带领第二工程队杨福、甄爱国、杨长有、张铜山、赵宏利、焦存生、王瑞成、张道顺等十几名木工完成了大部分木作工程。在大雄宝殿的施工中，他将古建木作的核心技术传给了徒弟郑晓阳，使公司有了第二个会翼角放线的人。他和孙祖培两位老匠师为戒台寺大修立下了汗马功劳。戒台殿原定挑顶大修，在他的建议下，在四根里围金柱内侧附以抱柱，解决了井字梁的下沉，不但节约了投资，而且更好地保护了这座600年的明代建筑。大雄宝殿是寺中损坏最严重的建筑，檐头塌落，南山墙歪闪，排山柱下沉，在他和孙祖培的默契配合下，南次间落架，拆砌南山墙，利用冬季更换椽望，更好地保护了殿内三座彩绘斗八藻井和内檐彩画（图30-4）。

1981年之后他又参加了香山公园见心斋修缮，1982年八大处二处修缮，1983年地坛公园神库修缮等工程施工。1985年7月退休。退休后在园林古建公司古建工程服务队留用返聘，任木作技术顾问。1985年之后他还参加了陶然亭公园名亭区建设，参与设计了杜甫草堂、姊妹亭、沧浪亭、烟雨亭、吹台等仿古建筑（图30-5）。1986年他被评为北京市城建系统技协先进个人。

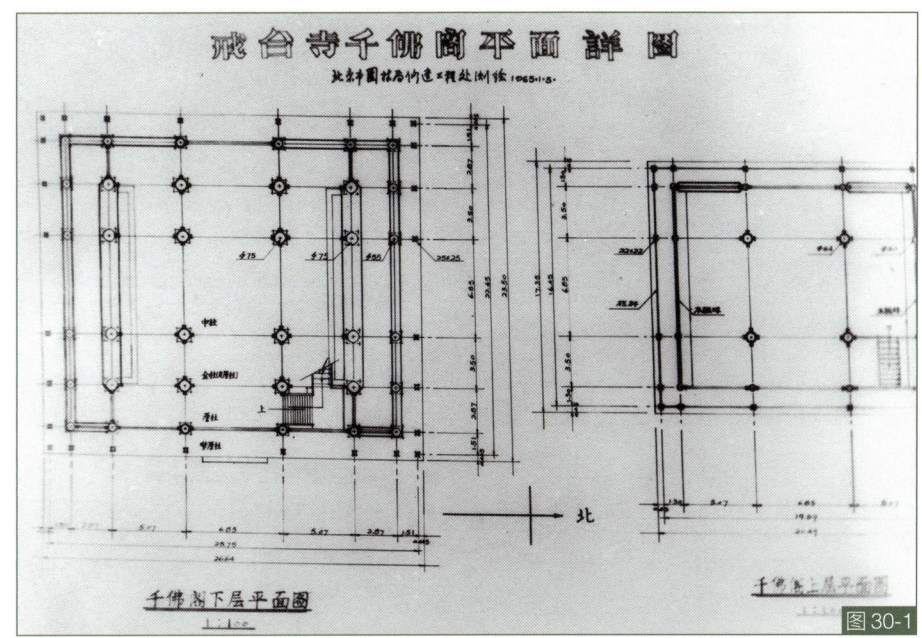

图 30-1　1965年绘制的戒台寺千佛阁平面详图
图 30-2　1965年绘制的戒台寺千佛阁平立面图
图 30-3　1965年绘制的戒台寺千佛阁正剖面图
图 30-4　1979年戒台寺大雄宝殿修缮（张道顺提供）
图 30-5　1985年海选名亭时合影。左起：谢玉明、陈宝森、杨宝生、张忠和、焦桂林、王静（杨宝生提供）

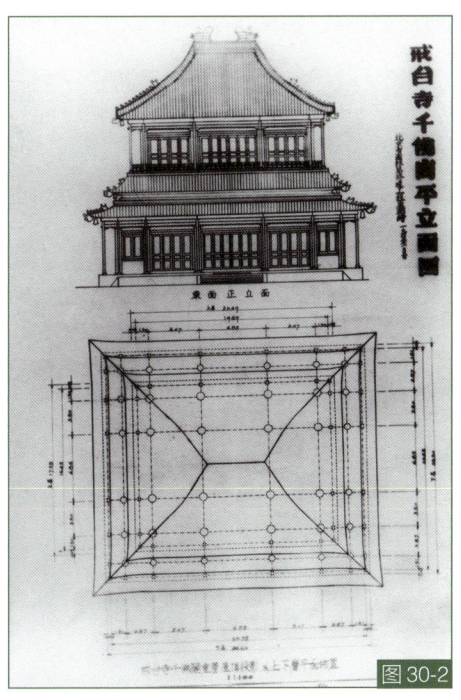

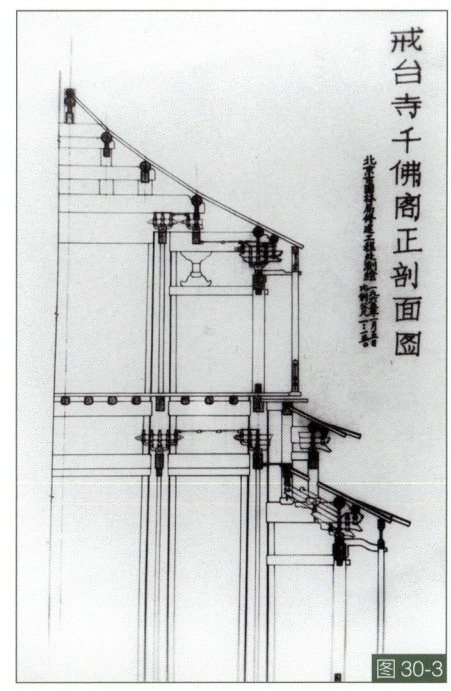

崔兴汉　新建、古建全能技师

男，1918年2月出生，黑龙江双城县人。中共党员，木作技师。1932年在吉林三岔河阚家木铺学徒，木工。1950年4月在哈尔滨市亚麻厂工作，木工，后任监工员、施工员。1953年3月调入中央纺织工业部基建局工程公司，七级木工，后提拔为技术干部，历任施工员、工长、施工队长。1958年合并到北京市第二建筑公司，任木工工长。1964年8月他来园林局修建工程处任木工工长。1976年在修建工程处加工厂构件车间任木工工长。

1950年开始他主要参加了哈尔滨市亚麻厂厂房建设。1953～1956年参加了北京国棉一、二、三厂生活区和宿舍建设，担任木工工长。1959年参加了北京焦化厂建设。1961年参加了大北窑一机床铸工车间建设。他以工地为家，跟工人同吃、同住、同劳动，重要部位亲自动手做示范，如屋面防水、挂瓦、调整屋架与檩条、屋面天沟、掩窗扇等，曾多次受公司行政奖励。

1964年他来到园林局修建工程处任木工工长。主要参加了香山公园碧云寺修缮（图31-1）、宏光寺修缮、香山寺修缮，1965年八大处修缮，十三陵新建饲养场，1968年碧云寺水库挖湖，1972年北海公园五龙亭修缮（图31-2），1975年中山公园新建温室等工程施工。1965年被评为北京市园林局一等奖。1980年晋升为木工技师。1981年2月退休。

图 31-1　1964年香山公园碧云寺修缮
图 31-2　1972年北海公园五龙亭修缮

古建筑设计大师 陈维汉

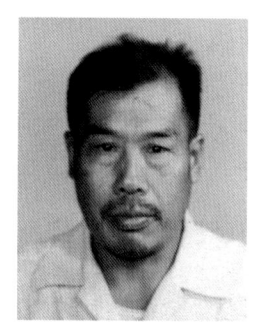

男，1933年6月出生，河北新城县人。中共党员。1952年12月经陈维民介绍来公园管理委员会工程队学徒，木工。1957年在园林局修建工程处加工厂木工班工作，木工。1975年在修建工程处施工二队任木工班班长，后任木工工长。1980年晋升为六级木工。1983年在园林修建公司第一工程队任木工工长，后到园林古建公司古建工程服务队任木工工长。1987年到公司设计室从事古建木作设计。他擅长古建梁架大木、装修设计与施工。收徒郑晓阳。

1953年开始他主要参加了西郊公园（动物园）新建象房，1956年陶然亭公园新建刨冰堂，1958年颐和园长廊（105间）修缮，1962年卧佛寺东配殿修缮，1965年北海公园长廊修缮、仿膳修缮，1972年颐和园西堤六桥修缮、1974年苏州街修缮等工程施工。

1978年他任木工班班长，负责陶然亭慈悲庵修缮工程木作施工。时任第二工程队副队长李树仁主抓此项工程。慈悲庵是创建于元代的古刹，距今已有700余年历史。慈悲庵山门向东，院内有四个小院，整个建筑布局严谨，瑰丽庄重。庵内西侧的三间敞轩就是人们常说的"陶然亭"。这次修缮是新中国成立后的第二次，瓦、木、油、画工程都是公司自有职工完成的，其中瓦、木作工程主要由第二工程队瓦工一班、二班和木工班完成的。在没有大木图纸，只有进深面宽尺寸平面图的情况下，他重新设计出大木构架图，翻小样，放实样。在他和刘占山副班长带领下，有潘金友、杨义樵、王忠福、王全福、赵银忠、杨福、邱凤鸣、蔡石奎、黄炳仁、高儒春、王少明、甄爱国、张铜山、赵宏利、杨长有、张树林、李念成等，以及王瑞成、刘文清、高智良、李润增、张道顺等30多名木作匠师和青年木工，顺利完成了木作施工任务（图32-1）。1979年经木工实操考试，从中挑选了9名合格的年轻人到木工班工作，他毫无保留地把木作技术传授给了他们。1979年他参加了戒台寺修缮（图32-2）。

1981年他参加了中山公园新建金鱼展园工程的大木构架、装修设计与施工。1982年在碧云寺禅堂翻修时，他提出不用整体落架，采用整体梁架枋加支撑的措施进行"托梁换柱"，只用5个人力和4个千斤顶就解决了整体不落架更换全部24根柱子。1982年之后他还参加了香山公园新建松林餐厅工程设计，1983年中国画院六方亭设计与施工，1984年长城饭店屋顶花园大木构架设计，1985年圆明园福海三岛东岛六方亭和西岛北殿、西配殿、走廊的设计与施工，西土城遗址公园复建大木构架设计（图32-3），还负责做木活预算、调配木料。1986年之后他又负责颐和园石舫餐厅，紫竹院公园福荫殿，惠中饭店走廊、垂花门、敞厅，隆福寺花店，1987年动物园豳风堂大木构架等设计工作。1985年他加入了北京市城建技协古建园林协会。1993年9月退休。

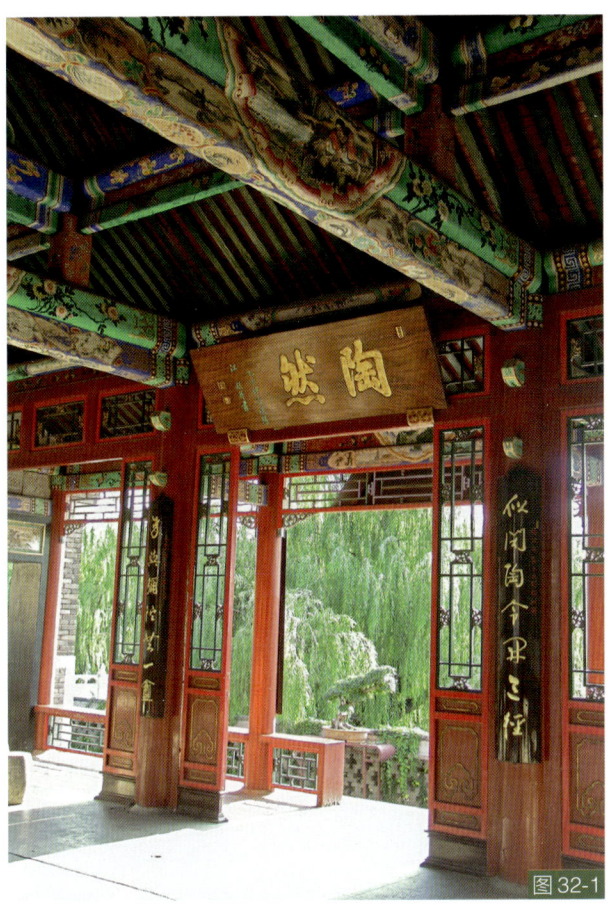

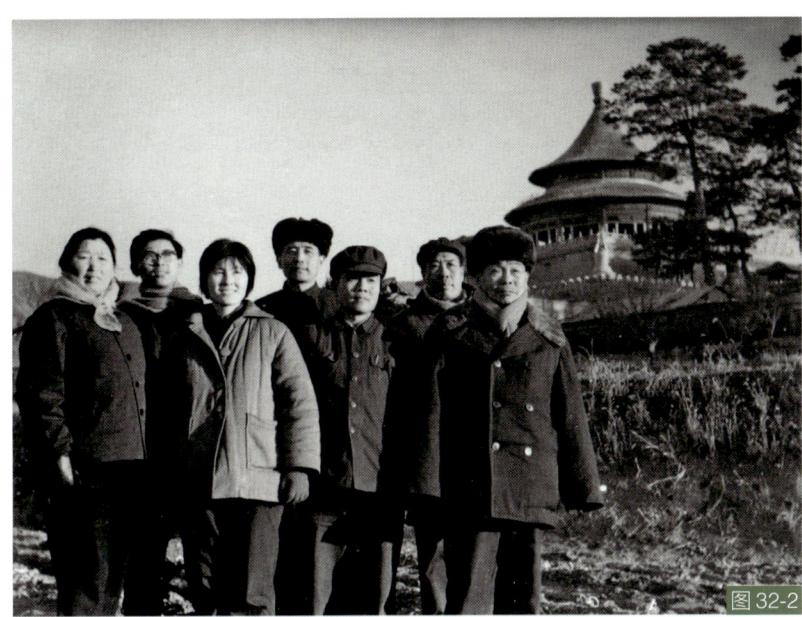

图 32-1 1978年陶然亭慈悲庵修缮工程（杨宝生提供）

图 32-2 1979年修戒台寺时考察承德外八庙合影。右起：孙祖培、陈维汉、张继增、李松云、杨宝生、李砚丽等人（杨宝生提供）

图 32-3 1985年西土城遗址公园（“蓟门烟树”）复建工程的大木构架设计

图 32-1

图 32-2

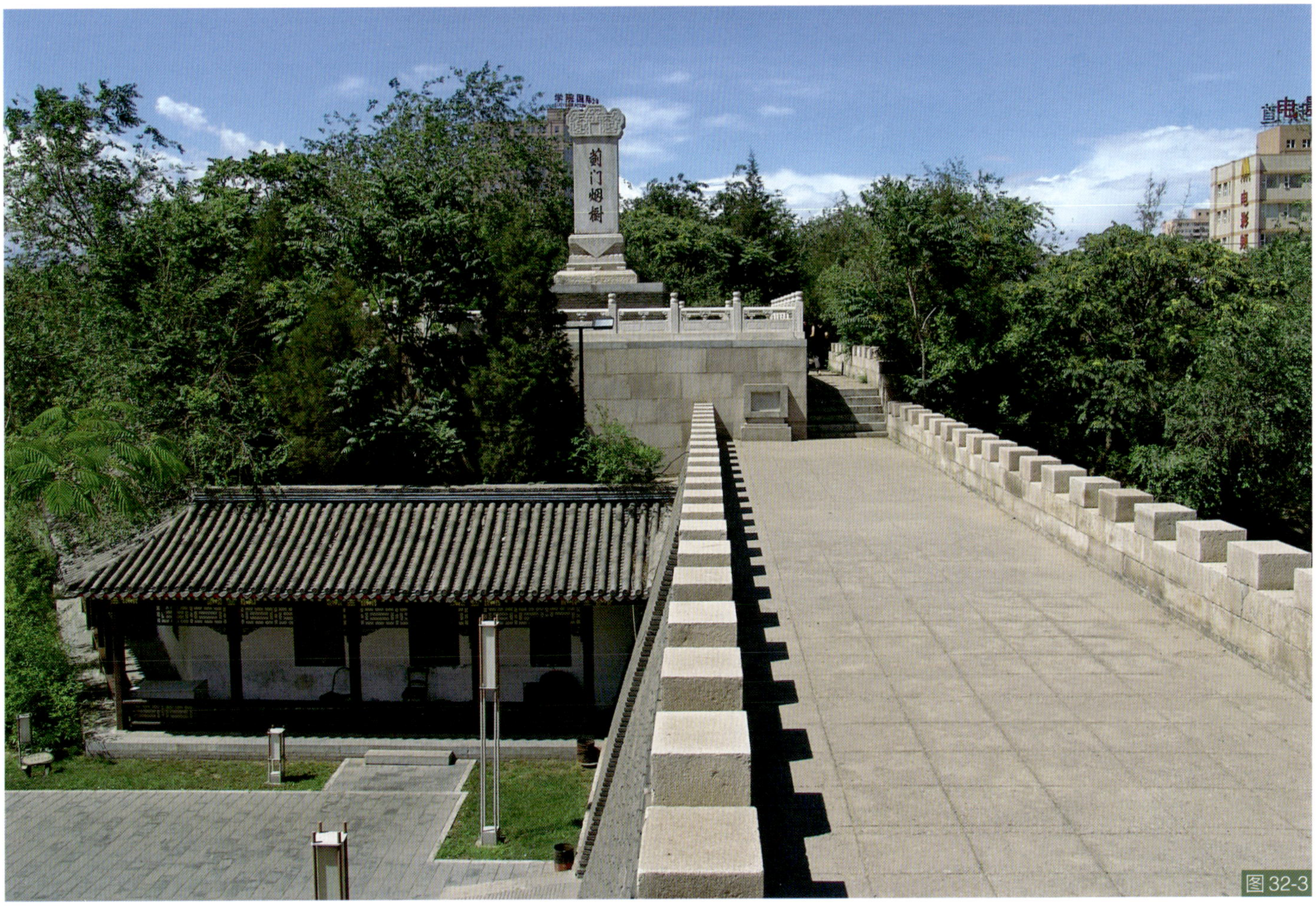

图 32-3

精通新建、古建匠师 王占武

男，1932年2月出生，河北深县人。中共党员。1946～1949年在北京近代营造厂学徒，木工。1952年12月经边体仁介绍来公园管理委员会工程队，木工。1954年在工程队木工班任副组长。1957年在园林局修建工程处加工厂木工班任组长。1964年任加工厂木工车间负责人，1980年任木工工长。1983年4月在园林修建公司任加工厂副厂长。1987年在园林古建公司古建工程服务队任副队长，1989年在公司第五工程队任副队长。收徒武光英。他还培养出了王永刚、潘海深、陈欣等古建木作匠师。

1953年开始他主要参加了西郊公园（动物园）新建鸣禽馆、1957年长颈鹿馆、1958年颐和园长廊（105间）修缮，紫竹院公园挖湖，1959年北海公园漪澜堂修缮，1965年和1967年八大处二到七处修缮，1971年北海公园长廊修缮等工程。1975年他参加了陶然亭公园新建水榭工程施工。水榭是三层框架结构，工期短、任务重，工地成立了以刘玉华为首的会战指挥小组，他是小组成员，集中了全处的木工，还外借了几十名木工，全部木活都由他负责组织施工。从开工至竣工他带领大家仅用了半年时间就完成了施工任务（图33-1）。1976年之后他还参加了陶然亭窑台修缮，紫竹院公园新建办公楼，德外药店修缮，月坛药店修缮，菜市口服装厂、东风服装厂、大栅栏袜厂等工程施工，按图纸放大样，制作安装木活，有的还要负责做预算。在古建筑修缮中，有的是按旧原样勘察、修配，有的是参考图纸，大部分是现场勘察、算料、配料、制作的。在施工过程中也遇到不少问题，甚至把他的师傅也请到现场来指挥。有些技术问题，就是靠他自己钻研，翻阅一些书籍，如《清式营造则例》，还虚心向老师傅学习请教。

1984年他参加了英国利物浦燕秀园建设，负责敞亭木活制作安装。在没有设计图纸情况下，按北海公园沁泉廊实样，提料、做预算、预制安装。他与班组长共同研究，查阅《清式营造则例》，几十天便完成了预制任务，与原沁泉廊实样尺寸规格完全一样，随后运至英国安装，获得金质奖（图33-2）。1984年之后他还主要参加了黑龙江五大连池重檐八角亭，紫竹院公园三角亭、六角亭，陶然亭公园四方亭、十二角亭，颐和园南湖牌楼等工程施工，负责木活制作。这些工程大部分是看实样，没有图纸，有的只给面宽、柱高。有的有图纸，也只是参考，就按古建程序、工艺施工的。五大连池八角亭就是仿照景山公园亭子式样，与韩会生、王兴燕共同研究确定的尺寸，做的预算。1984年他加入北京市城建技术协会并成为会员。1985年他被评为北京市园林局文明职工。1992年2月退休。

陶然亭新貌　　陶然亭旧状

图 33-1　1976年陶然亭公园新建水榭
图 33-2　1984年英国利物浦燕秀园建设

张瑞泽 雕刻技师

男，1936年3月出生，河北香河县人。中共党员。1952年12月经边体仁介绍来公园管理委员会工程队学徒，木工。1973年在园林局修建工程处施工一队先后任木工班长、木工工长。他心灵手巧，擅长花板、牌匾制作和雕刻等技术。1994年考取八级木工。1994年在园林古建公司第一工程队任质检员。1994年被公司聘为古建木工技师。

1953年以来他主要参加了西郊公园（动物园）新建象房、1954年羚羊馆，天坛公园新建苗圃温室，1956年陶然亭公园新建刨冰堂，动物园新建长颈鹿馆、犀牛馆，1958年颐和园长廊（105间）修缮，景山公园亭子修缮等工程。1959年他是修建工程处加工厂木工车间革新小组成员，与其他木作匠师们共同制造小电锯、手压刨、开榫机、打眼机等木工专用机械，提高了工效4～5倍。1961年之后他又参加龙潭公园新建码头，1962年香山公园碧云寺大殿修缮，1965年北海公园画廊修缮、仿膳修缮等工程施工。1969年之后他主要参加了北京动物园新建羚羊馆，1972年颐和园五方阁修缮（图34-1），1978年紫竹院公园新建水榭，1983年长城饭店屋顶花园等工程施工。

1989年他参加北京动物园新建大熊猫馆工程，任木作工长。张铜山为工程负责人，齐春生为第一工程队队长。大熊猫馆工程占地10000平方米，建筑面积1452平方米。主体是由环形拱架和随拱架落在承台梁上的壳体组成的钢筋混凝土结构。从鸟瞰图上看仿佛一根刚出土的弓形竹笋，那11对由小至大由低到高的环形拱架，像道道竹节。整个造型新颖独特、匠心独具。时任公司副经理的王玉龙、郭建桥，还有赵梦文、李树仁在现场蹲点，刘广峰、王涛、张金伟、韩泉等也参加了施工。1990年6月土建工程全部竣工。主体结构施工获亚运工程指挥部"大干100天成绩优异"荣誉奖。"模板支撑搭设技术"获北京市园林局1990年科技进步一等奖。该工程获"北京市优质工程奖"（图34-2）。1991年他参加日本熊本孔子公园建设施工。1996年5月退休。退休后公司返聘其在质监科负责木作工程质量管理工作。

图 34-1　1972年颐和园五方阁修缮
图 34-2　1989年北京动物园新建大熊猫馆

木作老匠师 许贵清

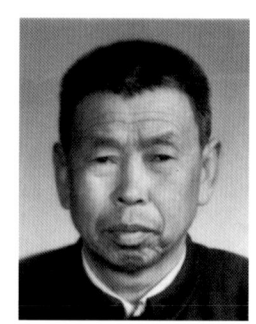

男，1933年1月出生，河北曲阳县人。1952年12月经赵金福介绍来公园管理委员会工程队，壮工，后学木工。他先后在园林局修建工程处施工二队、施工一队工作，木工。1963年晋升为四级木工。1980年在园林修建公司第一工程队任木工班班长。他聪明，好动脑筋，技术全面。收徒黄炳仁、马明龙。

1953年以来他主要参加了西郊公园（动物园）新建黑白熊山、象房，1956年陶然亭公园新建刨冰堂，1958年颐和园长廊（105间）修缮等工程施工。1958年园林局修建工程处临时组建了五个队进驻景山公园，负责老旧房屋的拆迁与维修，他任妇女队队长，带领120名妇女，分为12个组，前后干了多半年，圆满完成了施工任务。张天波、赵永生、周福生、高立根也分别担任其他四个队的队长，负责组织景山公园维修施工。1958年之后他又参加了紫竹院公园三角地挖湖，1962年香山公园碧云寺修缮，中山公园瑞珍厚修缮，1963年北海公园阅古楼修缮（图35-1），1965年十三陵新建十三陵饲养场，1968年陶然亭新建码头等工程施工。1970年之后他主要参加了北京动物园新建羚羊馆，1975年陶然亭公园新建水榭，1977年毛主席纪念堂绿化植树，1978年紫竹院公园新建水榭等工程施工。

1980年他任木工班长，负责颐和园新建宿舍楼施工。1981年之后他参加了北京动物园新建宿舍楼，1982年香山饭店庭院，1983年香山公园新建松林餐厅，陶然亭公园窑台修缮，负责长城饭店屋顶花园木作工程，1984年香山公园双清修缮，1985年负责圆明园福海三岛东岛新建六方亭、曲桥等工程施工。

1987年他参加了英国曼彻斯特中国城牌楼建设施工。这座新建的中国古典创新式两柱五楼牌楼，坐落在曼彻斯特唐人街上，高10.5米，宽11米，可以通过双层大客车。这是根据当地的实际环境，由公司高级工程师王光荣等主持设计的。主楼、次楼、边楼分别采用9踩、7踩、5踩斗拱做法，平板枋以上斗拱木构件由国内加工制作，现场安装。参加施工的人员还有王建清等（图35-2）。1988年他参加了十三陵昭陵棱恩殿复建工程施工，与杜忠义一起承包，并负责材料检质、"放大样"等日常管理工作（图35-3）。1993年2月退休。

图 35-1 1963年北海阅古楼修缮
图 35-2 1987年英国曼彻斯特中国城牌楼主楼安装。王光荣（左一）、许贵清（中）
图 35-3 1988年十三陵昭陵祾恩殿复建工程——斗拱安装（杜忠义提供）

图 35-1

图 35-2

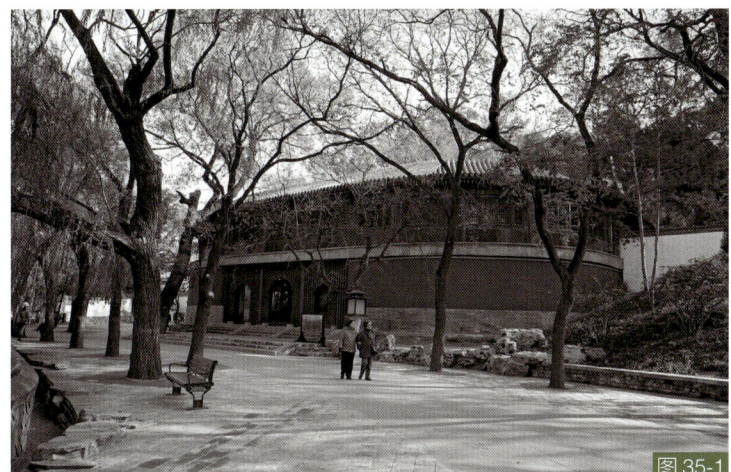

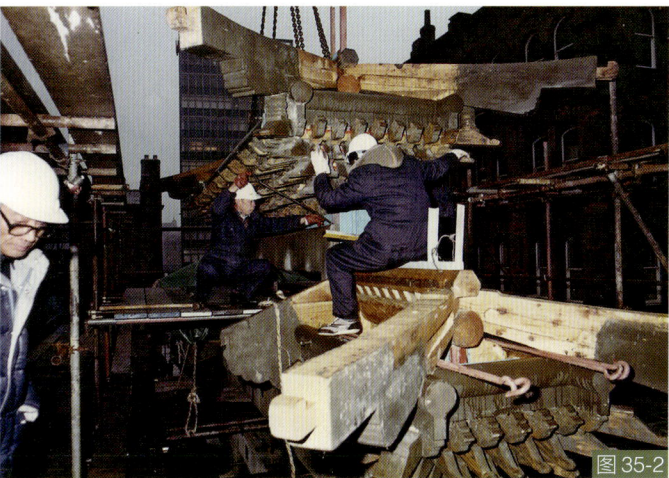

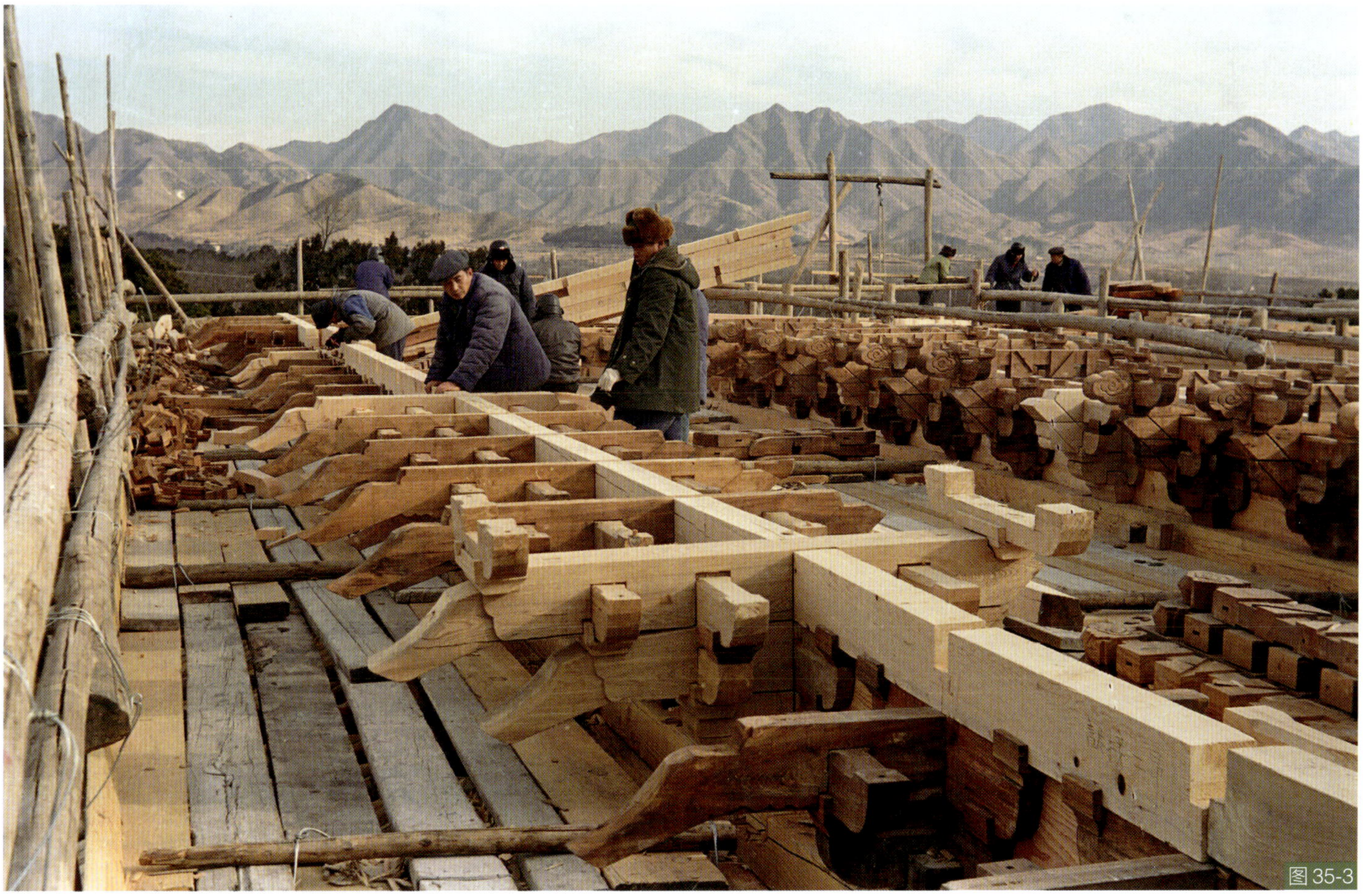
图 35-3

由木作到优秀管理者

赵金玉

男，1954年8月出生，大专学历。中共党员。1970年6月在园林局修建工程处孙树海瓦工班工作。1972年到加工厂学徒，木工，师从李金明。1984年5月在园林古建公司第二工程队任副队长，之后任公司办公室副主任、行政科副科长。1989年4月在公司古建工程服务队任副队长，2002年7月任第五工程队队长，之后任公司总经理助理兼第五分部经理。

1970年开始他主要参加了北海公园游船码头整修，1972年北海公园道宁斋、仿膳修缮，1974年八达岭铁栏杆安装，1976年陶然亭公园新建树皮亭、云绘楼修缮、1978年慈悲庵修缮（图36-1）、新建影院、大桥，1979年戒台寺修缮等工程施工。1990年之后他主要参加了王府井东来顺油饰彩画，1991年日本北海道天华园建设。天华园由北京市园林古建设计研究院设计。公司以第二工程队为主、第五工程队为辅派出工程技术人员202名，赴日施工九个月。公司成立了赴日本北海道施工领导小组，时任公司主任工程师杨开祥任组长，时任公司副经理田建国任副组长，成员有李树仁。木作匠师高儒春等也参加了施工。1992年之后又参加了双安商场屋顶仿古建筑，香山公园索道上站、中站建设，1995年北京植物园新建科普楼，钓鱼台大楼复建、古堡修缮，1996年香山公园欢喜园复建，1997年钓鱼台城关复建、18号楼修缮，德国柏林得月园建设，1998年香山公园碧云寺罗汉堂修缮、1999年玉华岫复建、2002年香雾窟复建等工程施工。

2002年他任第五工程队队长，之后他主要负责组织香山公园勤政殿复建（图36-2），2003年颐和园耕织图景区复原，2006年前门大街五洲大药房及都一处改造，烟台毓璜顶公园仿古园林，2007年香山公园碧云寺修缮等工程施工。2007年、2008年他负责组织天安门广场国庆和奥运会摆花工程花坛山体架子及两组大型标语灯箱架子的搭设。参加施工的人员有：张长禄、赵宝国、赵宝森、刘剑秋、杨凤岐、张铁占、张涛、王春胜、鲁阳、邢伟等。2008年之后他负责组织香山公园见心斋修缮，东岳庙东路古建修缮，南京江宁古墓维修及城墙修缮，2009年济南南郊宾馆七星湖改造，济南园博会北京园建设，2010年西安世园会北京园建设，2011年静宜园（香山）昭庙清净法智殿、琉璃塔修缮，十方普觉寺（卧佛寺）轴线建筑彩画，重庆园博会北京园建设，2012年北京园博会北京园建设等工程施工，被园博会组委会评为先进个人（图36-3）。2014年8月退休。

图 36-1　1978年陶然亭公园慈悲庵修缮（张道顺提供）
图 36-2　2002年香山公园勤政殿复建工程
图 36-3　2012年北京园博园北京园建设（张道顺提供）

施工、设计全才匠师 郑晓阳

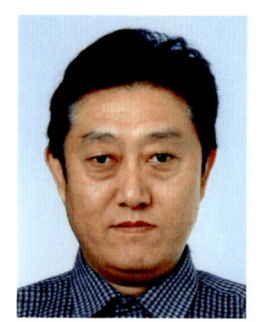

男，1955年10月出生，中专学历。中共党员。古建木作技师。文物保护工程责任工程师。1974年9月来园林局修建工程处施工二队学徒，木工，师从张忠和、陈维汉。以后又以戴季秋先生为师（故宫博物院古建木作名师，与张忠和是师兄弟，他们是皇家兴隆木厂子木作大师杜国堂的徒弟）。1986年他曾参加编写了《古建公司技术操作规程》，为木作部分主要执笔人。他曾任园林古建公司第一工程队木工工长、副队长，公司设计室副主任、设计所副所长。1996年中国风景园林学会授予他"园林古建技术名师（木作）"荣誉称号。他擅长木作设计、实际操作。2014年被评为公司古建技艺木作传承人。

1975年开始他主要参加了陶然亭公园新建水榭、1978年慈悲庵修缮、新建影院、1979年新建大桥，戒台寺修缮（图37-1），1980年中山公园神厨、神库修缮等工程施工。1981年他参加了中山公园新建金鱼展园工程施工，负责木作放线。1982年参加了香山公园碧云寺修缮工程施工。1983年参加了北海公园小西天模型制作，还参加了小西天普查和修缮方案的制定以及前期施工等。1985年他参与圆明园福海三岛东岛六方亭设计。1987年之后他主要参加了英国曼彻斯特中国城新建牌楼的设计与施工，1988年日本新潟天寿园建设，美国圣路易斯市京园饭店庭园，1991年加拿大枫华园建设等工程的深化设计与施工。1989年他任第一工程队木工工长，参加北京动物园大熊猫馆建设，他带领80多人进行双曲线壳型混凝土结构支模作业。1993年他参与了广东阳江银海城宋街工程设计。1994年之后他参加了北京市园林局新建办公楼，1997年德国柏林得月园建设等工程施工。

1996年他调入公司设计室，任副主任，开始从事古建专业包括木作设计工作。1999年之后他参与或主持了香山公园玉华岫复建、2002年香雾窟复建、勤政殿复建工程设计。参加勤政殿复建工程设计人员还有时任公司主任工程师兼华宇星设计所所长宋余生，王兴燕为项目主持人。2002年之后他参加了北海公园阐福寺修缮，2003年哈尔滨新建文园牌楼（图37-2），那王府修缮设计与施工。2006年参加了碧云寺修缮，卢沟桥橡胶坝配套工程，北海公园码头整修，延庆夏都公园建设，天坛医院后花园等工程设计。2007年他参加了重庆市人民大礼堂大修工程，任项目经理，公司副总经理毛国华现场指挥。王洪涛、张争、李健等也参加了施工。2008年他和公司设计所所长肖辉完成了天安门广场巨型中华宫灯设计，宫灯是依据中国传统宫灯制式设计制作的，为最具代表性的六方宫灯。2012他参加了北京园博会北京园工程的建筑设计（图37-3）。他还配合北京市建筑装饰协会编写了《中国古建筑修建施工工艺》，为木作主要执笔人；配合北京市质量技术监督局编写了北京市地方标准《文物建筑修缮工程操作规程》，为木作主要执笔人。2006年经北京市劳动和社会保障局、北京市文物局评审为古建木工技师资格。2015年10月退休。退休后在公司设计所返聘。

图37-1 1979年戒台寺修缮（刘鹰提供）

图37-2 2003年哈尔滨文园牌楼竣工典礼。右起：郑晓阳、杨宝生、刘满粒

图37-3 2012年第九届中国（北京）国际园林博览会北京园建设工程（张道顺提供）

图37-1

图37-3

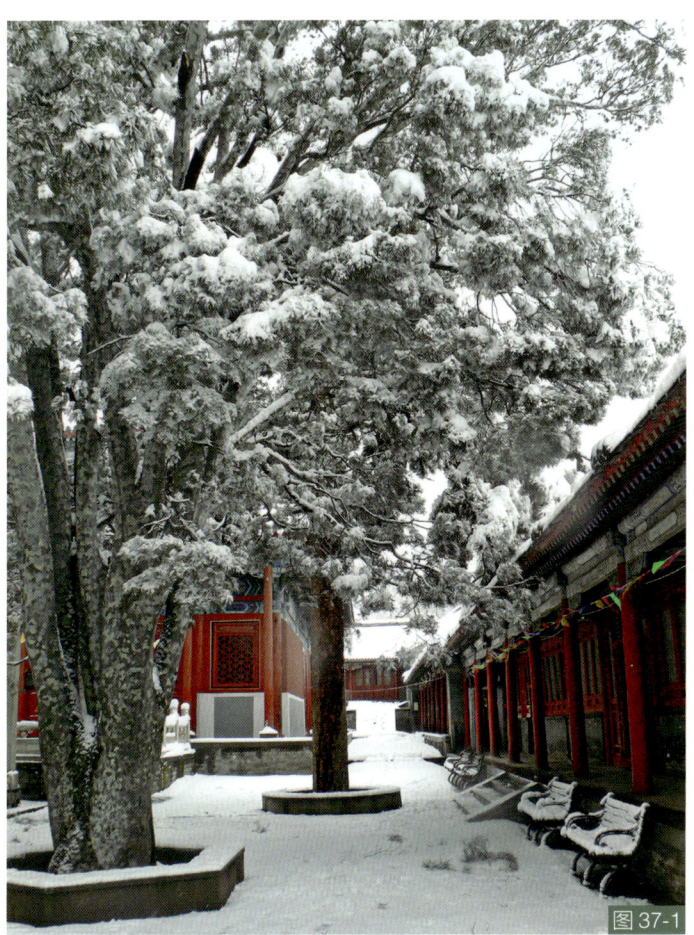

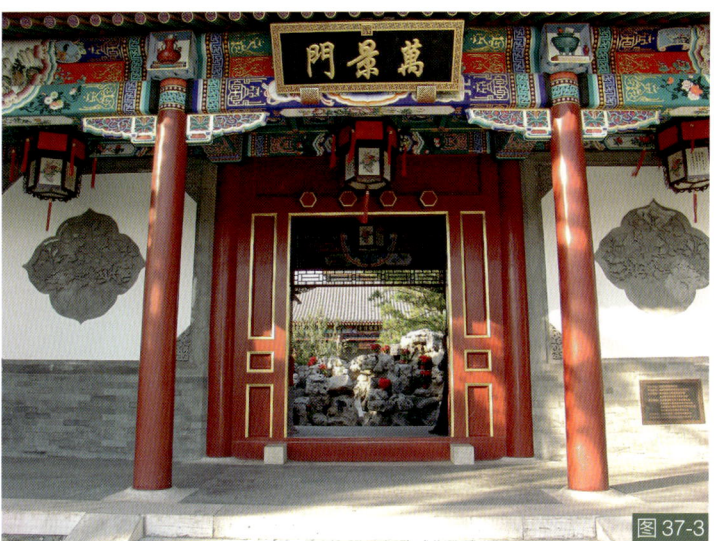

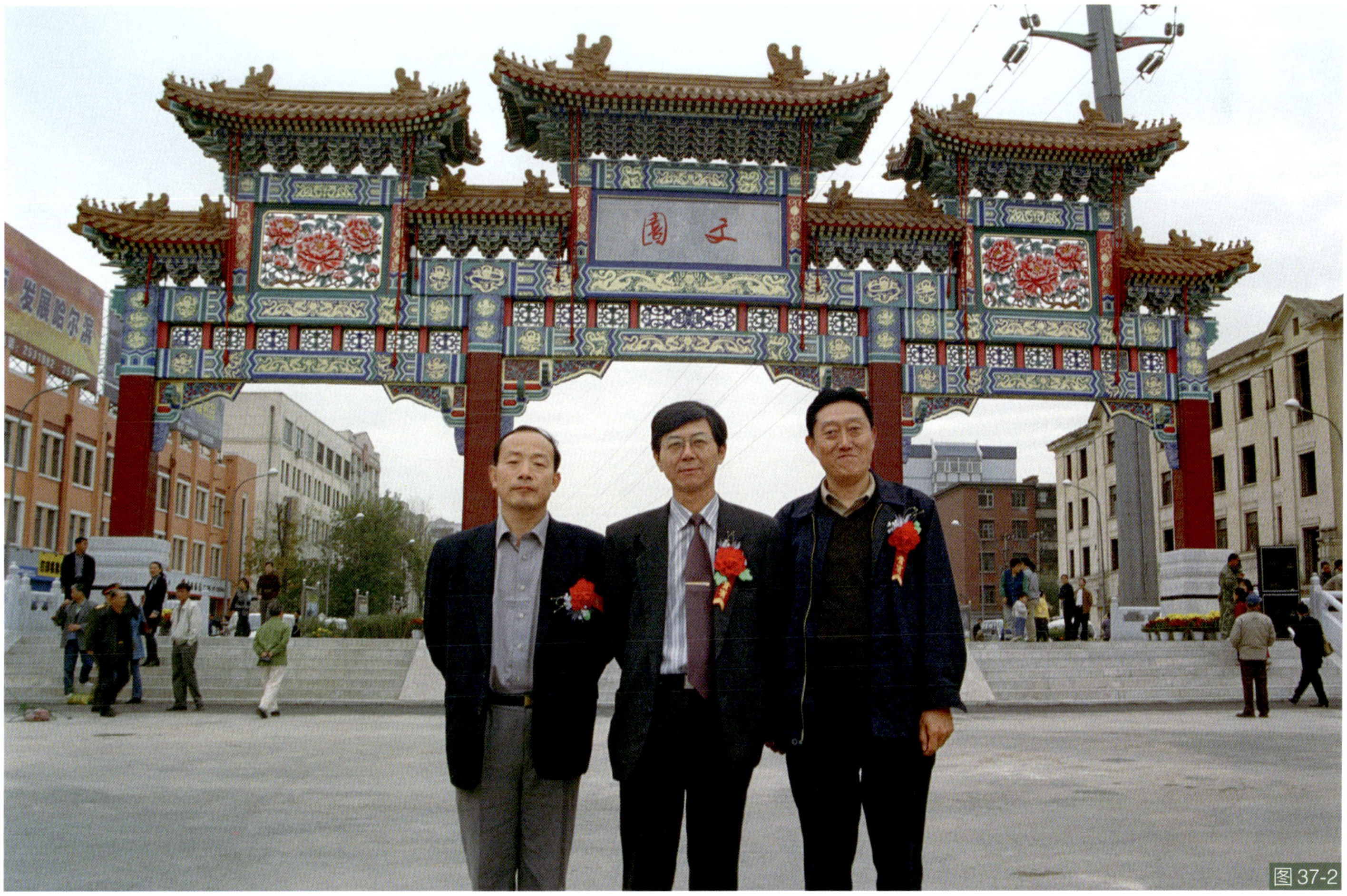

图37-2

优秀木作工长 王永刚

男，1954年8月出生。中共党员。1970年6月来园林局修建工程处加工厂学徒，木工，师从吕太存。1984年参加北京市园林局古建筑模型班学习，参与制作北海公园小西天模型。1986年在园林古建公司古建工程服务队任木工工长。1989年在公司第五工程队任木工工长，后任副队长。1994年晋升为六级木工。1996年被中国风景园林学会授予"园林古建技术名师（木作）"荣誉称号。2006年任公司第五分部任副经理。他工作踏实，技术过硬。擅长大木提料、制作与安装。

1970年开始他主要参加了香山公园芙蓉馆修缮，1972年八达岭接待室，1974年颐和园龙王庙修缮、八达岭铁栏杆安装，1975年陶然亭公园新建水榭，颐和园石坊修缮（屋面铺锡背），1977年月坛公园古建修缮，1978年颐和园长廊修缮等工程施工。1981年之后他主要参加了中山公园新建金鱼展园，1983年长城饭店屋顶花园建设，1985年陶然亭公园名亭区新建杜甫草堂、姊妹亭、沧浪亭、烟雨亭、兰亭（图38-1），1986年烟台毓璜顶修缮，北京动物园大门区东、西楼修缮，1991年香山公园眼镜湖十字亭修缮，首都图书馆辟雍修缮，1992年日本熊本孔子公园二期建设，双安商场屋顶仿古建筑，1995年钓鱼台大楼复建、古堡修缮等工程施工。

从1997年开始，他先后三次赴德国柏林得月园建设工程施工，负责敞厅、茶室、三角亭、六角亭、木塔等大木制作与安装。1998年他参加了香山公园碧云寺罗汉堂修缮工程施工，任木工工长，负责木结构修缮和技术指导，具体修缮项目为局部落架大修，更换中柱13根，檐柱8根，墩接柱子24根，更换桁檩93根，更换桃尖顺梁、单、双部梁、角梁8根，对糟朽的木构件进行挖补，添配椽子，望板全部更换，对578攒斗拱进行了拆安、整修、添配，木装修添配整修，支条天花全部进行拆安、整修、添配等。1999年之后他参加香山公园玉华岫复建、2002年香雾窟复建、勤政殿复建，植物园卧佛寺修缮等工程施工。2003年之后他主要参加了颐和园耕织图复建，2006年烟台毓璜顶公园仿古园林二期，2007年颐和园霁清轩修缮，香山公园碧云寺二期修缮，前门大街五洲大药房及都一处改造等工程施工。2008年他参加了奥运会和国庆期间天安门广场花坛的山体、标语灯箱和奥运徽标架子搭设，评为城建集团奥运工程优秀建设者（图38-2）。2009年之后他又参加济南南郊宾馆七星湖改造，济南园博会北京园建设，2010年西宁京韵青风景区万春亭建设等工程施工。他率队十余人历时40天完成了万春亭大木安装和屋面苫背工作。2011年12月退休。退休后在公司第五分部返聘，任木作技术顾问。2012年参加第九届中国（北京）国际园林博览会北京园建设工程施工（图38-3）。

图 38-1　1985年陶然亭公园名亭区建设——兰亭（张道顺提供）
图 38-2　2008年天安门广场摆花工程奥运徽标架子搭设（张道顺提供）
图 38-3　2012年北京园博会北京园建设工程（张顺来提供）

图 38-1

图 38-2

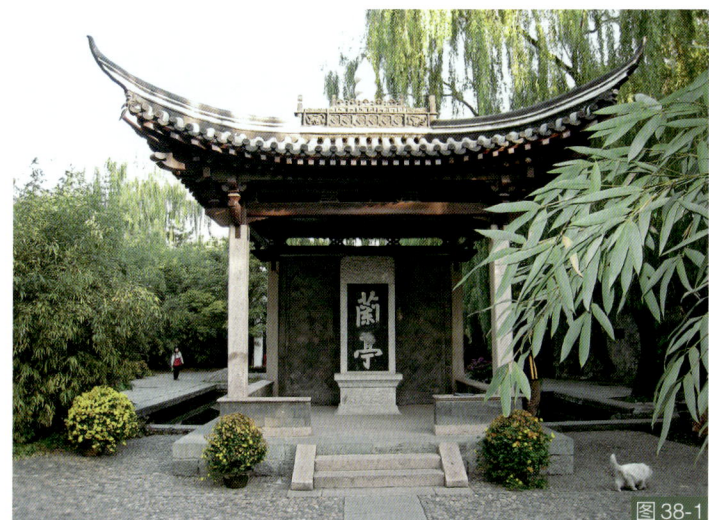

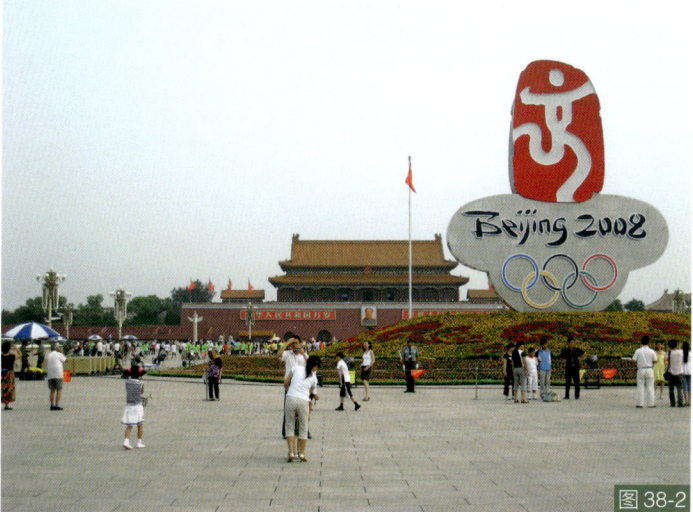

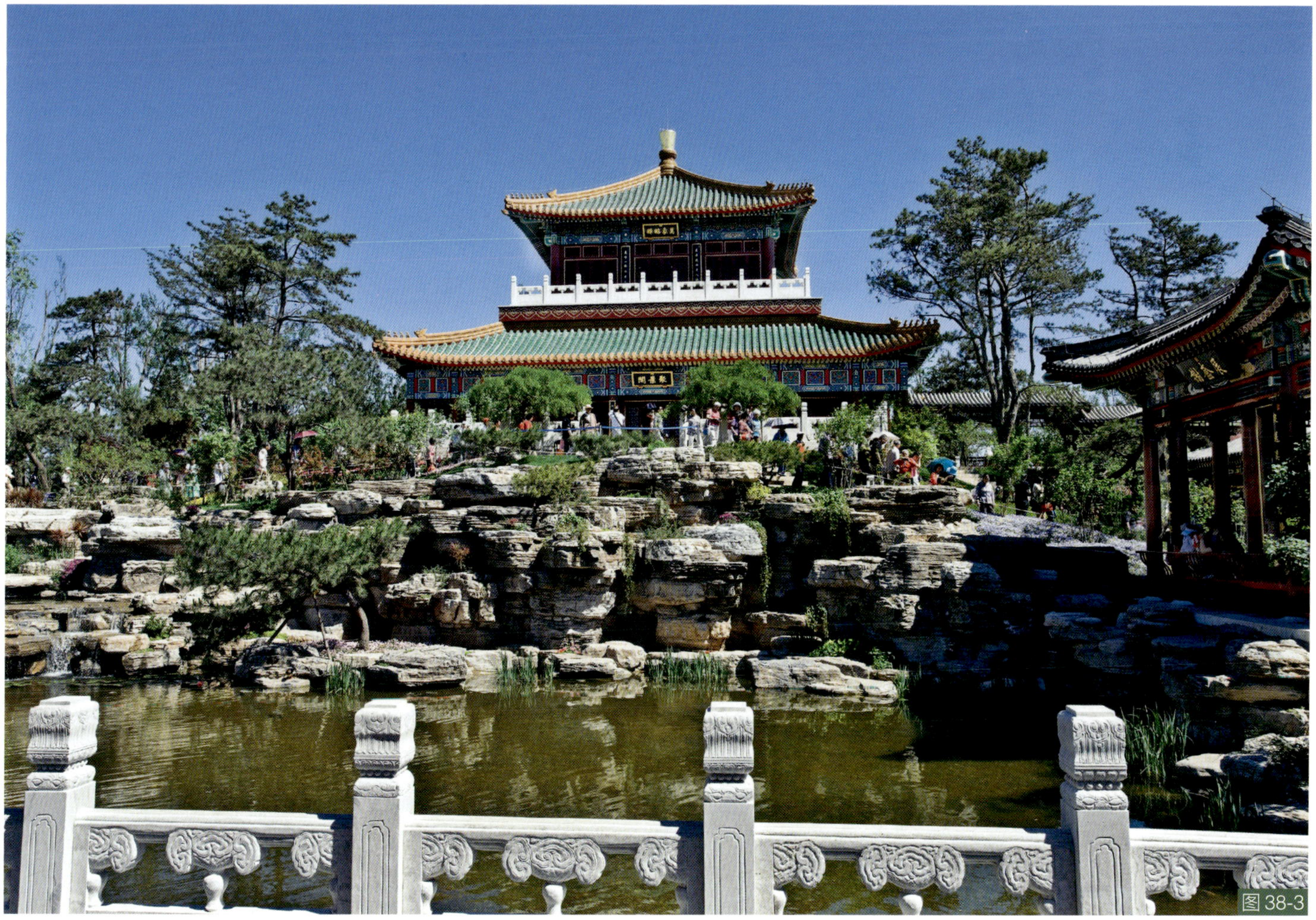
图 38-3

武光英 由木作到项目经理

男，1955年8月出生。中共党员。1971年12月来到园林局修建工程处加工厂木工车间做学徒，木工，师从王占武。在木工车间为新建、古建工程制作安装木活。1978年在园林局修建处第二施工队木工班工作，木工。1982年在园林修建公司第二工程队任木工工长，1986年任项目经理。1995年在园林古建公司第二工程队任副队长。1999年在公司园林工程部任副经理，2001年任公司园林工程部经理。他聪明好学，性格开朗，技术全面。

1978年开始他主要参加了陶然亭公园慈悲庵修缮、新建影院；1980年中山公园神厨、神库修缮，东风电视机厂新建装配厂房；1983年北海公园小西天修缮；1985年丰台公园建设等工程，同年负责房山云居寺修复木作工程技术指导工作。1986年他任土建工长（项目经理），主持陶然亭公园湖岸整修、名亭区二期建设，1988年北海公园快雪堂修缮（图39-1），1989年158中学修复等工程施工。1991年他赴日本北海道参加天华园工程建设，在施工领导小组中具体负责瓦、木工程部分施工和现场组织协调工作。1992年之后他又主持紫竹院公园友贤山馆建设等工程施工（图39-2）。

1993年他负责广东阳江银海城宋街工程现场施工。该工程位于广东省阳江市海陵岛中部的银海城内，由53栋建筑组成，为1～3层仿宋式建筑风格。全部采用钢筋混凝土框架结构，上架为木构架，屋顶分别为琉璃瓦顶或布瓦屋面。外墙面全部粘贴仿古面砖，所有建筑均饰以仿宋式油漆彩画。公司第二工程队和油漆彩画工程队共同承接了26栋建筑的施工。工程负责人张忠东、于文辉。时任公司副经理杨开祥亲临现场指挥，公司生产技术科科长李树仁现场指导生产。时任第二工程队队长张铜山，还有陈建刚、杨勇、毕燕生、刘建康等也参加了施工。该工程由公司华宇星园林古建设计所完成总体规划及方案与部分施工图设计，设计主持人所长宋余生，王兴燕。参加的设计人员有：刘志学、张立华、顾莉、刘鹰、赵蓉、毛国华、王云峰、朱少辉等。1993年之后他又负责北海公园永安寺中轴路修缮，1994年主持中央党校研讨楼（西院）、1995年（东院）修缮（图39-3）、1997年研讨中心（南院）修缮等工程施工。

1998年他负责昆明世园会万春园建设木作工程施工。于文辉为第二工程队副队长、工程负责人。张连杰为队长。世博会被誉为世界经济、文化、科学界的"奥林匹克"盛会。公司受北京市人民政府委托，承建北京室外展园——"万春园"。工程主要建筑是仿照北京故宫御花园中的万春亭（高14米）、天坛皇穹宇的琉璃门以及北海琼岛仙人承露台等皇家园林中具有代表性的建筑而建。得到了中央领导同志的表扬。他在1981年被共青团北京市委授予三等功。1981年、1993年、1994年、1995年被评为北京市园林局先进个人。1996年中国风景园林学会授予他"园林古建技术名师（木作）"荣誉称号。1999年他负责天安门广场摆花工程，被评为首都国庆筹委会表彰奖励先进个人。2005年9月退休。

图39-1　1988年北海快雪堂澄观堂修缮（杨宝生提供）
图39-2　1992年紫竹院公园友贤山馆建设（张道顺提供）
图39-3　1994年中央党校研讨楼（西院），1995年（东院）修缮

能打硬仗的项目经理 陈明常

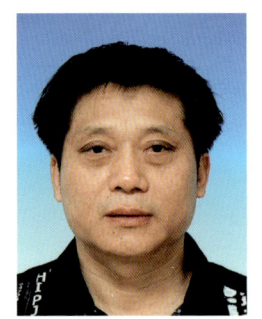

男，1956年6月出生，四川泸县人。大专学历，工程师。中共党员。1976年12月入伍北京市基建工程兵第七支队，学徒，木工。后拜李全庆为师（故宫博物院古建专家）。1981年晋升为五级木工。1983年7月随集体转业，在北京市第三城市建设工程公司第二工程处工作，木工，1986年任木工工长。1994年12月在北京城建亚泰公司任古建处副主任。2000年12月在北京城建新隆公司工作。2005年12月调入园林古建公司，2006年5月任公司第一分部经理。2014年至今任公司总承包一部项目经理。

1986年开始他任木工工长，主要参加了北京燕山水泥厂工程建设，公司给予记大功。1987年参加了地坛体育馆工程建设，获鲁班奖。1989年他参加了南三环二清场工程施工，并于1990年被评为城建集团QC成果一等奖。1992年参加了济青高速公路工程施工。1998年参加了北京新东安工程建设，被评为城建集团先进个人。2005年他主持了王府饭店屋面琉璃瓦维修工程（图40-1）。2006年负责组织东岳庙西路古建修缮，新东安大厦屋面琉璃瓦维修等工程施工。

2006年他主持重庆市涪陵区蔺市龙门桥搬迁工程，技术负责人姚宝琪。他一干就是三年，吃住在工地。龙门桥始建于清光绪元年（1875年），全长173.5米，桥面宽8.9米，高36米（到河床底），为三孔无铰实肩平桥；每孔跨径27.06米，矢高14.15米。龙门桥搬迁，选址为原址上游的约2公里处，与蔺市镇相连。该工程首先是人工挖凿扩孔桩，扩孔桩直径80厘米，夫妻二人配合共同挖凿，当地称"夫妻桩"。扩孔桩深为21.6米，共计人工挖凿扩孔桩65根。石料砌筑采用"搬运时按照编号顺序先砌的先吊运"的做法。为了防止施工中桥墩在拱圈推力下发生位移，砌筑拱圈时三跨要同时对称砌筑。在拱圈合龙金石安装完成后，利用拱架搭设采用钢管上部有顶托的特点，多人同时放松顶托的办法，很好地解决了拱圈卸载加荷的问题。龙门桥搬迁工程，填补了公司建石拱桥的业绩空白。经过2008年5.12汶川大地震的考验坚固无损。参加施工的主要人员有：祝铁生、李建国、张庆明、杨宝林、赵吉斌、唐树林、金亮、邓志友、谢鹏等（图40-2）。

2010年他主持西宁市京韵青风景区建设工程，历时两年，技术负责人姚宝琪。该工程位于青海省西宁市东区北山地质森林公园中段，景区面积15公顷，其中绿地面积11公顷。仿古建筑有：景区大门、万春亭、洗秋轩、友谊亭、四座四柱三楼冲天式牌楼、西山晴雪碑刻、华表柱等。园林景观工程有：园路及广场铺装7925平方米；3个人工湖，面积8500平方米，有跌水瀑布；码放人工湖置石496立方米；塑造假山894立方米；脸谱柱、昆仑文化墙、景区围墙等。公司将各工程项目分配给第三、四、五分部施工，按期保质完成（图40-3）。2012年之后他又主持了南长街景观改造，2014年西宁人民公园西花房改造，2015年广安门医院扩建门诊楼屋面装饰工程施工，参加施工的主要人员有安蔚然、李健、陈安成等。

图 40-1　2005年王府饭店屋面维修工程
图 40-2　2006年重庆市涪陵区蔺市龙门桥搬迁工程
　　　　——编号。右起：祝铁生、金亮
图 40-3　2010年西宁市京韵青风景区建设工程

木作后起之秀 李春洁

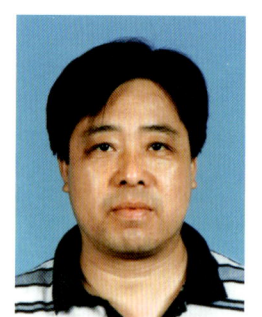

男，1957年2月出生。中共党员。1975年3月在北京门头沟妙峰山公社插队，知青。1977年1月来园林局修建工程处第二工程队学徒，木工。1980年在园林修建公司第一工程队工作，木工，后任木工班长。1990年在园林古建公司第一工程队任木工工长。2003年在公司第一分部任项目经理。之后在第二分部、第四分部任项目经理。他为人忠厚，虚心好学，不怕吃苦，技术全面。

1978年开始他主要参加了陶然亭公园慈悲庵修缮、新建影院，1979年戒台寺修缮，1980年中山公园神厨、神库修缮，1981年端门修缮，1983年长城饭店屋顶花园，1985年西土城复建遗址公园，1988年日本新潟天寿园建设等工程施工。

1988年他任第一工程队木工班长，带领20多名职工参加十三陵昭陵祾恩殿复建工程。祾恩殿是当时新中国成立以来复建的最大明式单体古建筑，其面阔五间，进深也是五间，故此檐柱20根，外金柱16根，后檐内柱4根。建筑形式为重檐庑殿式，建筑面积900多平方米，净用木材1738立方米。结构复杂，杆件重大，每品九架梁长16米多，重6.7吨，5米多长的溜金斗拱杆件更属罕见，许多构件的断面尺寸，在古建定额中均无此项。时任公司经理胡新法，第一工程队队长杨开祥，以及木作匠师王建清、郝凤岐、赵殿军、陈双进、张庆明、申艳明、马明龙、赵宝山、李兆双等参加了施工（图41-1）。

1989年之后他主要参加了北京动物园新建熊猫馆，1991年加拿大枫华园建设、日本北海道天华园建设，1992年日本熊本孔子公园二期，1994年德国路德维西堡中国酒店建设，1996年动物园新建象房，1997年新建科普馆等工程施工。2003年任项目经理，主持东岳庙西路修缮工程。2005年他负责纪念中国抗日战争胜利60周年天安门广场"九三"旗阵和摆花工程，2006年参加重庆市人民大礼堂大修等工程。

2007年他参加天安门广场国庆摆花工程，他和木作匠师王瑞成具体组织"祈年殿"模型制作安装。"祈年殿"模型是按照1∶5的比例制作的，总高9.14米，其中基座高1.5米，直径16米。"祈年殿"模型制作主要包括钢结构主体焊接搭设，木构件（斗拱、门窗、栏板等木装修）的制作与安装，油漆彩画三道工序。经过150多名木工工匠23天的奋战，制作祈年殿模型共有斗拱180攒，其中斗拱单件4660件；共有龙、凤、祥云等多种图案造型的寻仗栏板300套；三层月台的龙、鱼造型出水口每层100个，共计300个；门窗96扇，是最为复杂的"三交六椀"做法，门扇可随意开启；斗字匾、御路、三层须弥座及栏板均为手工雕刻，造型逼真。"祈年殿"彩画是等级极高的"双色龙凤和玺"彩画，40多名天坛祈年殿修缮工程原班油画匠师经过18天的努力，按照1∶5比例，传统的工艺、做法、材料，画出了形态逼真、栩栩如生的"龙凤和玺"彩画。"祈年殿"模型安装，于9月13日凌晨5时许（正逢天安门广场升国旗之前）全部吊装完毕。该工程被评为"北京市绿化精品工程"（图41-2）。2011年他负责北京静宜园（香山）昭庙清净法智殿、琉璃塔修缮工程。2012年2月退休。退休后参加北京园博会室外展园——涵虚牌楼、染霞山房建设，2014年静宜园（香山）永安寺修复等工程施工（图41-3），担任木工工长。2000 年他被评为北京市园林局先进个人。2003 年被评为北京市系统表彰奖励“园林杯”先进工作者。

图41-1 1988年十三陵昭陵安装斗拱。李春洁（右一）（杜忠义提供）
图41-2 2007年天安门广场国庆摆花工程（张道顺提供）
图41-3 2014年静宜园（香山）永安寺修复工程（鄂疆辉提供）

图41-1

图41-3

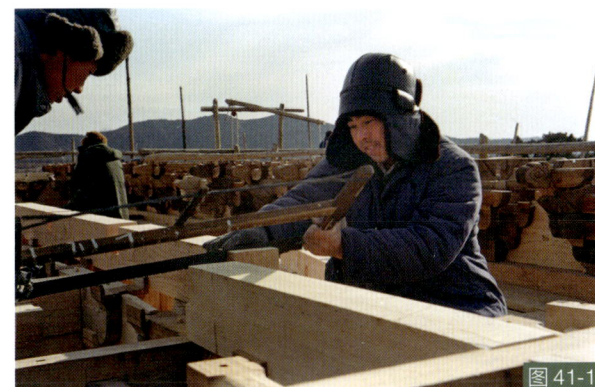

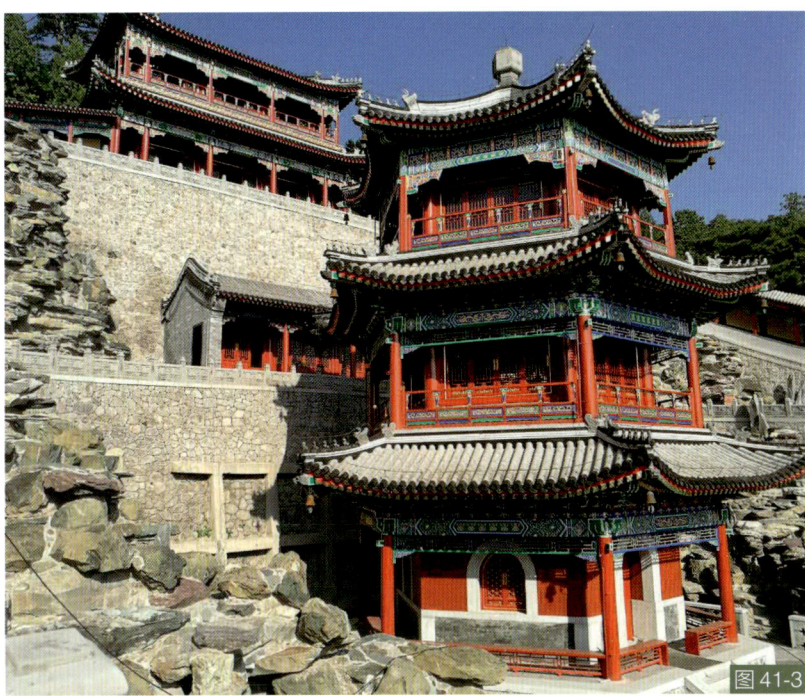

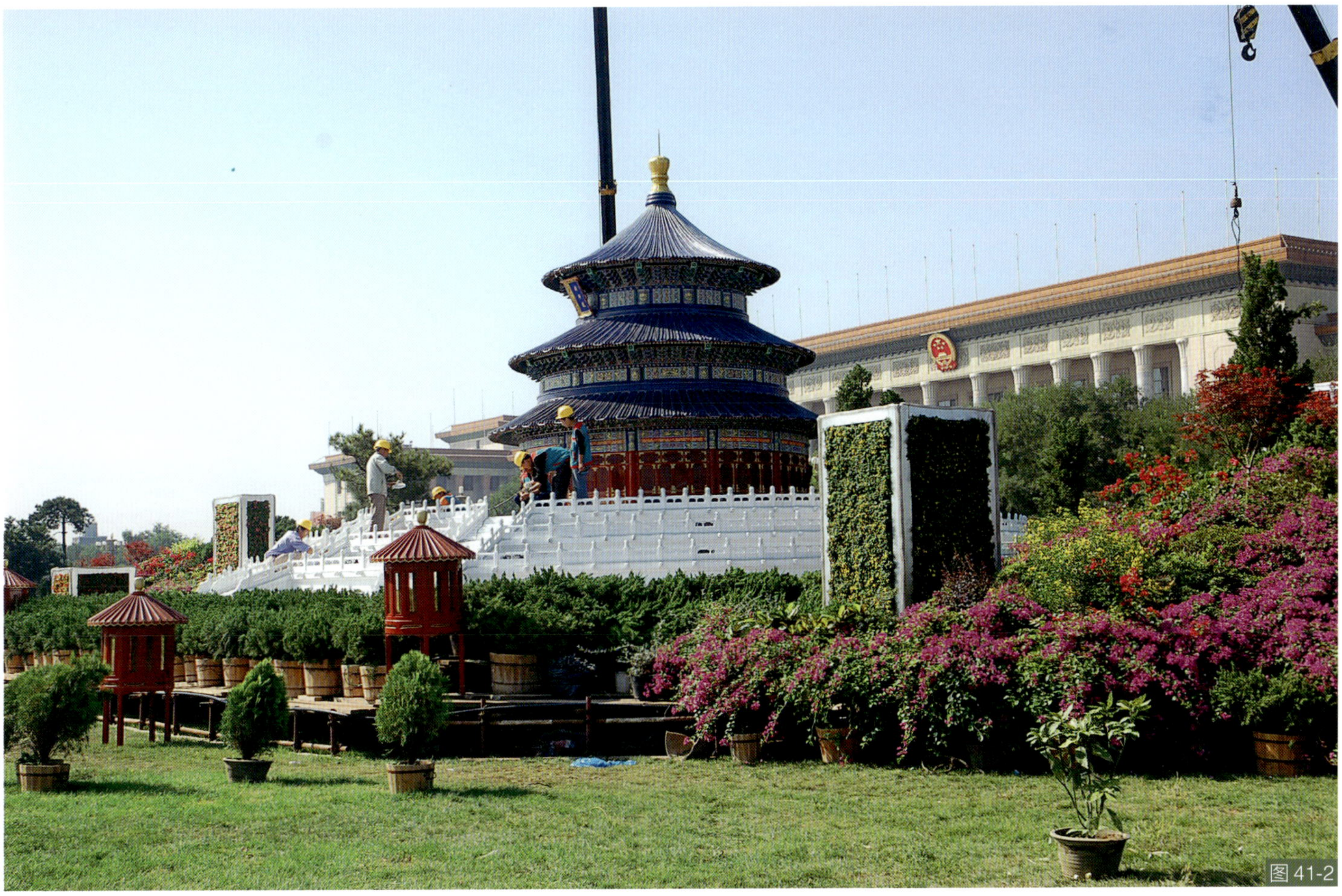
图41-2

陈宝林 木作技师

男，1953年1月出生。中共党员。古建木作技师。1974年4月在北京西山农场插队，知青，在机务队木工组学徒，木工。1978年12月来园林局修建处第一工程队闫秀松班工作。1996年在园林古建公司第一工程队任木工班长，后任木工工长。2003年之后在第六分部、第三分部任木工工长。他性格内向，干活踏实，技术过硬。

1978年开始他主要参加了颐和园长廊修缮，1980年玉渊潭公园新建码头，1984年颐和园大戏台修缮，1988年日本新潟天寿园建设等工程。1988年参加了十三陵昭陵祾恩殿复建工程，任木工工长，负责木作工程（图42-1）。1991年之后又参加了日本北海道天华园建设，1992年日本熊本孔子公园二期建设，1994年德国路德维西堡中国酒店建设等工程。1997年之后他负责了北京市建委老干部活动站装修、北京市园林设计院装修，1997年动物园新建鸟馆，天安门广场摆花宫灯制作等木作工程。2000年之后他又负责埃及中埃青年友谊林建设，2003年醇亲王府前庭院修缮等木作工程。

2005年他参加了景山公园万春亭五亭修缮施工，负责木作工程。修缮范围包括周赏、观妙、万春、辑芳及富览五亭。万春亭，位于景山最高点（高17.4米），是这次修缮工程的重点，也是北京中轴线上最高的标志性建筑。它为三重檐四角攒尖，黄琉璃绿剪边亭式建筑。上檐为七踩单翘重昂斗拱，中檐为五踩单翘重昂斗拱，下檐为五踩单翘单昂斗拱。参加施工的人员有：时任第六分部经理张鹏，以及冯志刚、苗建华、强二祥、张铮、姚双杰、赵恒波、赵叶丹等（图42-2）。

2008年他参加了哈萨克斯坦"北京大厦"商务中心古建工程，负责木作施工。"北京大厦"为三重檐八角攒尖建筑，外立面仿古屋檐高达125米，共24层，总建筑面积43100平方米，具有中国传统建筑特色。三、五、八层外檐制作安装木斗拱。广场前的四柱七楼牌楼，高9米，宽12米，采用七踩斗拱做法，平板枋以上斗拱木构件由国内加工制作，现场安装。参加施工的主要人员有冯志刚、李志普、赵恒波、赵金龙、杨杰等（图42-3）。2010年参加西宁市京韵青风景区建设，参加施工的主要人员有夏云贵等。2006年经北京市劳动和社会保障局、北京市文物局评审为古建木工技师资格。2013年1月退休。

图 42-1　1988年十三陵昭陵祾恩殿复建工程
图 42-2　2005年景山公园万春亭等五亭修缮
图 42-3　2007年哈萨克斯坦"北京大厦"仿古工程——牌楼建设（王洪提供）

孙长志 — 由木作到项目经理

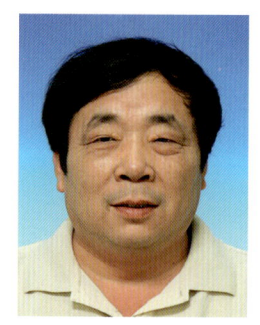

男，1958年1月出生。中共党员。1977年3月在北京大兴县魏善庄公社插队，知青。1978年12月来园林局修建处第二工程队刘梦臣瓦工二班工作。1979年7月在第二工程队木工班学徒，木工。1985年在园林古建公司第二工程队任施工工长。1993年在公司第四工程队任施工工长，1999年任项目经理。2003年在第四分部任项目经理。他身材魁梧，干活有力气，手头麻利，技术好。

1979年开始他主要参加了天坛公园西门园林局宿舍楼建设，陶然亭公园慈悲庵修缮、新建影院，戒台寺修缮，1980年东风电视机厂新建装配厂房，1981年中山公园新建金鱼展园，1983年北海公园小西天修缮，1986年陶然亭公园历史名亭区二期建设，英国曼彻斯特新建牌楼等工程施工。

1988年他主持颐和园佛香阁修缮工程，这是他第一次负责组织文物古建工程施工。田建国为第二工程队队长。佛香阁是颐和园的主体建筑，全园景物的核心。建筑面积1463.88平方米，高41米，为八角三层、两平座四重檐的全木结构建筑。四面环以围廊及南北门，建筑面积504.24平方米。在瓦工班长董金良带领下，刘玉山、彭啟明、史德彬、张长禄、付金棋、周友喜、王龙喜、赵德生等参加了施工。在木工班长刘占山带领下，李金虎、张树林、芦俊义、刘文清、庞革明、佟德龙、王金平、顾春城、邱广彪等也参加了施工（图43-1）。这是新中国成立后第二次对佛香阁进行大修。第一次佛香阁大修是在1953年，由颐和园负责施工。

1991年之后他又主持二里沟新建办公楼，1995年公司新建宿舍楼，1997年绿化处新建花卉培植楼，1999年北苑市政府会议中心绿化土建，2001年天坛公园神乐署修复等工程施工（图43-2）。天坛神乐署修复工程，荣获2004年度北京市"建筑长城杯金质奖"。2004年之后他主持天坛圜丘、2006年皇穹宇院建筑群修缮工程（图43-3）。修缮内容包括：皇穹宇院殿座及围墙、圜丘围墙的瓦面添配残损瓦件，捉节夹垄。外檐旧油饰地仗全部铲除新做。外檐彩画根据1935年前的历史照片重新绘制，室内彩画除尘、残缺处修补。参加施工的主要人员有：王廷江、杜雪梅、陈光明、赵蕊兰、张骞、江宁宁、于秋生等。2005年他参加天坛祈年殿院建筑群修缮工程。2007年主持厦门花博会"同和园"——北京园建设工程施工，参加施工的主要人员有顾春城等。他被花博会组委会评为"先进工作者"。2010年之后他又主持北海公园船坞修缮，2011年天坛公园东侧坛墙及坛门修缮等工程施工。2013年1月退休。

图 43-1　1988年颐和园佛香阁修缮工程（李松云提供）
图 43-2　2002年天坛神乐署修复工程
图 43-3　2004年天坛圜丘、2006年皇穹宇院建筑群修缮工程

张保忠 由木作到项目经理

男，1960年12月出生。本科学历。中共党员。文物保护工程责任工程师。1980年6来园林局修建处加工厂木工车间学徒，木工。1987年在园林古建公司古建工程服务队工作，木工。1989年在公司第五工程队任木工工长，1990年任项目经理。2003年在第五分部任副经理。2014年至今在公司总承包一部任项目经理。他勤奋好学，工作踏实，技术全面。

1986年他主要参加了陶然亭公园名亭区建设施工。从1991年开始他主持了首都图书馆国子监辟雍抢险加固，皇史宬修缮工程，这是他第一个独立主持完成的文物修缮工程。1993年之后他又主持了故宫珍宝馆地面，1995年北京植物园新建科普楼等工程施工。1997年他主持钓鱼台18号楼修缮工程，完全按照故宫皇家做法，采用泼灰瓦瓦施工工艺（图44-1）。1997年之后又主持中国第一档案馆修缮，1997参加德国柏林德月园建设工程施工。1999年之后又主持了香山公园玉华岫复建，2002年卧佛寺修缮，2005年故宫太和殿东芜及周边建筑修缮等工程施工。

2006年他主持重庆市涪陵区蔺市龙门桥搬迁工程，具体负责旧桥拆除。为满足三峡蓄水达175.5米水位，不影响长江航道通航，拆除工作必须抢在预计洪水来临的45天内完成。河岸施工场地为淤泥及人工填土，施工机械无法作业。施工中就地取材，采用分段打入原木抗滑桩及片石砂砾换填的方法进行地质处理。旧桥拆除前，首先搭设拱形脚手架，中间桥孔由于水深，请来潜水员下水加固拱架。安排专业人员对拱圈石、券脸石、侧墙石、栏杆等所有外露的石材进行编号，并绘制桥体石块组砌图以供复建桥时使用（图44-2）。2007年他主持前门大街五洲大药房及都一处改造工程施工，获得北京市"结构长城杯银奖"。2009年他主持的第七届中国（济南）园博会室外展园北京园建设工程，荣获综合奖大奖和建筑小品奖大奖，公司被评为"先进集体"称号。2010年负责西安世园会北京园建设工程施工，参加施工的人员还有：金亮、杨凤岐、李健。

2012年他主持第九届中国（北京）国际园林博览会北京园建设工程施工。北京园博园有128个各具特色的展园，北京园位于整个园博园东南，北邻永定河，东接锦绣谷。总体立意为"万景之园"。仿古建筑工程的设计，由公司华宇星设计所完成的。参加设计的人员有所长、项目主持人肖辉，副所长、古建木作专业郑晓阳，建筑专业赵蓉、李迪、易莹、邬博、柳怡、张喆，结构专业刘建忠、张桂梅，设备专业巴洪庚、侯文翰，电气专业赵敢闯、张立华，造价专业孙二敏。北京园设置了"万象昭辉"、"万籁清音"、"万树星光"等景观。按照皇家"负阴抱阳"传统做法，坐北朝南布局，由三进庭院组成，前院为宫廷园，后院为山水园，西院为山地园。全园占地面积1.3万平方米，其中建筑面积3000平方米。全园由聚景阁、展葵榭、澹泊居、静明轩、风篁斋、天香馆、万景门、涌春亭（园亭）、寻芳亭（四方亭）以及游廊组成。参加施工的主要人员还有：杨凤岐、张铁占、李健、赵宝森、董阳阳等。公司被评为园博会组委会"先进集体"；他被组委会评为先进个人（图44-3）。2014年他又主持清西陵行宫保护工程施工，时任公司副总经理兼总承包一部经理刘鹰，还有夏云贵、李健、安蔚然等也参加了施工。1996年被评为北京市园林局先进个人。

图 44-1　1997年钓鱼台18号楼修缮工程
图 44-2　2006年重庆市涪陵区蔺市龙门桥搬迁工程（杨宝生提供）
图 44-3　2012年第九届中国（北京）国际园林博览会北京园建设工程

蔺洪信　木作后起之秀

男，1957年1月出生。中共党员。1976年3月在北京大兴县魏善庄公社插队，知青。1978年12月来园林局修建处第二工程队刘梦臣瓦工二班工作。1979年7月在第二工程队木工班学徒，木工。1994年在园林古建公司第二工程队任木工工长兼木工班班长。2003年在公司第二分部任木工工长。他干活有力气，手头麻利，技术过硬。

1979年开始他主要参加了天坛公园西门园林局宿舍楼建设，陶然亭公园慈悲庵修缮、新建影院，戒台寺修缮（图45-1），1980年东风电视机厂新建装配厂房，1983年动物园新建小兽舍等工程。1983年他参加了北海公园小西天修缮工程。公司专门成立普查小组，由技术科王光荣挂帅，参加人员有郭建桥、秦宝元、赵梦文、包卫宁、王瑞成、孙长志。李树仁为第二工程队队长，负责组织施工。刘占山任木工工长。参加木作施工的匠师有：杨福、李金虎、甄爱国、张树林、芦俊义、刘文清、焦存生、庞革明、佟德龙、王金平、顾春城、邱广彪、金崇育、唐振东等。1988年之后他参加了颐和园佛香阁修缮（图45-2），1991年日本北海道天华园建设等工程施工。

1998年他参加北京植物园大型展览温室建设工程施工。当时，王玉龙任公司经理，张连杰为第二工程队队长、工程负责人，刘满粒为副队长、项目经理，王旭为项目经理，杨勇为施工负责人，刘光华为技术负责人，时任公司副经理张铜山现场主抓。北京植物园大温室是新中国成立50周年重点工程，是当时亚洲规模最大，世界上单体温室面积最大的展览温室。总占地面积5.5公顷，总建筑面积17000平方米，其中展览温室建筑面积9800平方米。整体结构形式为钢结构桁架形式，最大跨度55米，最高点20米（室内净高18米），所有屋面侧墙均采用点连接双层中空钢化玻璃。展览温室为地上、地下各一层，地上为全钢玻璃结构。公司精心组织施工，在开工后近100天的时间内，完成了结构17000立方米混凝土的浇筑。1999年5月完成了主体钢结构和玻璃幕墙。2000年1月1日该工程交付使用并对外开放。参加施工的人员还有：吕胜利、陈建刚、张长禄、董金良、刘文清、张树林、王金平、赵宝忠、邱广彪、果雪松、张争、赵蕊兰、王辉、金子全、佟明、田振洲、杜雪梅、杜长红、张洪宾、刘建康、魏志刚等。大型展览温室工程，被评为"九十年代北京市十大建筑"、"国家优质工程银质奖"和"詹天佑土木工程大奖"（图45-3）。2002年之后他又参加约旦安曼市侯赛因"中国园"建设、十里河庭院、2006年天安门广场摆花三峡大坝等工程施工，并负责木作工程。2012年1月退休。

图 45-1　1979年戒台寺修缮工程（张道顺提供）
图 45-2　1988年颐和园佛香阁修缮
图 45-3　1998年北京植物园大型展览温室建设工程

高俊亭　木雕新秀

男，1957年10月出生。1977年3月在北京大兴县大辛庄公社插队，知青。1978年12月到园林局修建处第二工程队瓦工五班工作。1979年7月在木工班学徒，木工。1996年在园林古建公司第二工程队任木工班班长，2000年任木工工长。2003年在公司第二分部任木工工长。他个子不高，聪明好学，技术全面，擅长木雕技术。

1979年开始他主要参加了陶然亭公园慈悲庵修缮、新建影院，戒台寺修缮，1980年中山公园神厨、神库修缮，东风电视机厂新建装配厂房，1981年中山公园新建金鱼展园，1983年动物园新建小兽舍，北海公园小西天修缮，1988年颐和园佛香阁修缮等工程。1989年他参加了第二工程队成立的木作雕刻班，班长王瑞成，组员曲大鹏等。先后参与制作了昭陵皇帝宝座，山西应县木塔、地动仪模型等。1991年之后他参加了日本北海道天华园建设，1996年园林学校改造装修，北京市园林局新建老干部活动站，1997年天安门广场摆花宫灯制作安装，1998年昆明世园会万春园建设，2000年天坛公园东门景区改造、道路修建等工程。昆明世园会万春园工程获得"室外单项创作世博会大奖"、"室外庭院施工世博会大奖"、"室外庭院设施设备（庭院照明）世博会银质奖"和"室外庭院单项创作（三座门）世博会银奖"。公司还荣获建设部在中国'99'昆明世界园艺博览会中作出突出贡献先进单位的荣誉。于文辉同志荣获先进个人。参加施工的人员还有：陈建刚、冯志刚、王辉、魏志刚等。

2002年他任木工工长，先后负责北京老上海餐厅装修改造，2003年天安门广场及东西长安街沿线摆花，哈尔滨新建文园牌楼，2004年景山前街大高玄殿牌楼复建等工程木作施工（图46-1）。2011年参加北京静宜园（香山）昭庙清净法智殿、琉璃塔修缮，负责木作工程（图46-2），主持陶然亭公园两座牌楼复建工程施工。2012年10月退休。退休后他参加中国园林博物馆室外展区工程二标段"塔影别苑"景区——涵虚牌楼、"染霞山房"建设，2014年静宜园（香山）永安寺修复等工程施工，负责木作工程（图46-3）。

图46-1　2004年景山前街大高玄殿牌楼复建工程
图46-2　2011年静宜园（香山）昭庙清净法智殿、琉璃塔修缮工程（张道顺提供）
图46-3　2014年静宜园（香山）永安寺修复工程（韩媛媛提供）

赵杰 优秀木作工长

男，1961年7月出生。1979年7月来园林局修建处加工厂木工车间学徒，木工。1987年在园林古建公司第一工程队工作，木工，1994年任木工工长，2002年任项目经理。2007年在公司第五分部任项目经理。2014年至今在公司总承包三部任项目经理。他是公司油漆作"泰斗"赵立德之子。他聪明好学，能干，不怕吃苦，技术全面。

1988年开始他主要参加了十三陵昭陵复建（图47-1），1991年加拿大枫华园建设，1992年日本熊本孔子公园二期建设，1994年北京动物园新建办公楼，园林局新建办公楼，1997年潭柘寺溶洞修缮等工程。1998年之后主持玉渊潭公园西大门、码头修建，1999年玉渊潭西门广场改造等工程施工。2002年在第一工程队任项目经理，主持陶然亭公园常青轩建设，北京动物园南门北楼修缮等工程。2003年之后他又主持了玉渊潭公园南大门建设等工程施工。2003年他带队主持德国不来梅新建六角亭工程施工。2006年之后他负责烟台毓璜顶公园改造，2009年济南南郊宾馆七星湖改造（图47-2），济南园博会北京园建设等工程木作施工。2010年他主持厦门大学群贤楼抢险修复，2011年重庆园博会北京园建设等工程施工。

2012年他任执行项目经理，负责第九届中国（北京）国际园林博览会北京园建设工程施工。北京园集亭、台、楼、阁、轩、榭、斋等多种皇家建筑类别，囊括了歇山、悬山、攒尖形式的屋顶，其结构、形制、工艺、做法是历届"北京园"最多最全。在施工质量上要求更加严格，工艺技术上要求更加全面。历经一年多的努力，圆满完成了北京园建设工程。该工程荣获园博会"室外展园大奖"、"展园施工大奖"、"植物配置大奖"和"建筑小品大奖"（图47-3）。2015年他任项目经理，主持了官园花鸟鱼虫改造仿古建筑工程施工，在施工中很好地处理了新建与古建的结合。参加施工的主要人员有刘剑秋等。

图47-1　1988年十三陵昭陵复建工程大木安装（杜忠义提供）
图47-2　2009年济南南郊宾馆七星湖改造
图47-3　2012年第九届中国（北京）国际园林博览会北京园建设工程（张道顺提供）

于永茂 六零后木作技师

男，1965年1月出生。中共党员。古建木作技师。1982年5月来园林修建公司古建工程服务队学徒，木工。1989年在园林古建公司第五工程队木工班工作，木工。1992年任木工班班长，2001年任木工工长。2003年在公司第五分部任木工工长。2014年至今在公司总承包三部任木工工长。他为人忠厚，干活踏实，能吃苦，技术好，擅长古建筑木作实操。

1982年开始他主要参加了地坛公园拜台修缮，1983年陶然亭公园窑台修缮，地坛公园神库修缮，1985年圆明园福海六角亭，陶然亭公园名亭区新建杜甫草堂、姊妹亭、沧浪亭、吹台，1986年地坛公园宰牲亭、方泽轩修缮，安全部宽街招待所装修，1989年友谊宾馆庭院连廊，1991年日本北海道天华园建设，1992年香山公园双清展室装修，1994年香山公园索道中站、下站建设，1996年香山欢喜园修复，1997年钓鱼台18号楼修缮等工程木作施工。从1997年开始他参加德国柏林得月园一、二期建设工程施工（图48-1）。2000年他负责德国柏林德月园三期工程木作施工。2002年之后他又参加香山公园香雾窟复建、勤政殿复建等工程施工。

2005年他参加了故宫太和门东、西庑及周边建筑修缮施工，任木工工长，负责组织完成了西庑西南崇楼桃尖梁抽换、部分柱子墩接等施工难度较大的木作工程施工。工程负责人为刘朝辉，项目经理为路明。参加施工的主要人员有：赵宝山、高儒春、王东光、关学宇、陈磊、何广斌、郭红磊、赵营等。故宫太和门西庑及周边建筑群修缮工程，被评为2007年度"北京市建筑装饰优质工程"（图48-2）。2008年负责香山公园见心斋修缮，东岳庙东路古建修缮木作工程施工。2012年参加第九届中国（北京）国际园林博览会北京园建设工程施工（图48-3）。2014年他参加静宜园（香山）栖月崖等景区修复工程施工，负责木作工程。赵营、张铁占先后任项目经理，姜宝华、杨凤岐、刘剑秋、吴婧等也参加施工。2001年被评为北京市经济技术创新标兵。2006年经北京市劳动和社会保障局、北京市文物局评审为古建木工技师资格。

图48-1　1998年德国得月园二期施工人员与德建委主任及驻德大使合影。右起：刘建斌（一）、杨开祥（三）、于永茂（四）、韩树松（五）、张贺岭（六）、赵洪晨（七）（赵洪晨提供）

图48-2　2005年故宫太和门东、西庑及周边建筑修缮工程（杨宝生提供）

图48-3　2012年第九届中国（北京）国际园林博览会北京园建设工程（张道顺提供）

油漆作 匠师

赵立德 油漆作"泰斗"

男，1918年3月出生，河北深县人。中共党员。1933～1937年在北京前外晓市大街益泰和油漆局学徒，油工。1952年11月来颐和园管理处工程班，任油工工长。1957年1月合并到园林局修建工程处，首任油画队队长。1954年他负责组织颐和园佛香阁修缮工程油饰施工，获特等奖55元。他积极传授古建油漆作施工工艺技术，先后收徒王清华、郭广成、李新计、安福忠、苑维新、赵家勇、赵延祥、张琪、李淑红、徐利亚等。王殿贵、刘玉明、褚怀圣也都得到了他的真传，并和郭广成为他的四大得意门生。他堪称古建界油漆作"泰斗"（图49-1）。

1958年他负责组织颐和园长廊修缮工程，与北京市文物、古建专家一同研究制定修缮方案。1958年之后他又主要负责组织北海公园白塔修缮（图49-2），景山公园亭子修缮，1962年香山公园碧云寺大殿修缮，1964年颐和园景福阁天花油画，卧佛寺修缮，1965年八大处修缮，1971年颐和园听鹂馆修缮，1976年日坛公园外宾餐厅及古建油饰，1977年颐和园画中游修缮、东宫门整修油饰，香山公园碧云寺中山堂油饰，月坛公园古建等工程油饰施工。

1978年他主持颐和园长廊整修油饰工程。还负责组织潭柘寺油饰工程。施工前，他和杨继民、郑殿基一起对中轴线建筑进行了普查，记录原做法和原工艺，后由郑殿基写出做法说明。参加施工的还有贾树鹏、管家栋等（图49-3）。1979年7月退休后，他谢绝了社会许多公司的高薪聘请，继续留下来为公司工作，聘为油漆作技术顾问。1979年以后他主要参加了陶然亭公园慈悲庵修缮，戒台寺修缮，1981年北海公园天王殿修缮，1982年烟台博物馆修缮，1983年小西天修缮，天津水上公园油画等工程油饰施工。

1984年他主持武汉黄鹤楼重修工程油饰彩画施工，负责黄鹤楼主楼建筑及牌楼、群房的油饰彩画。黄鹤楼主楼以清同治为蓝本，以钢筋混凝土代替了传统的大木结构，飞檐5层，攒尖楼顶，金色琉璃瓦屋面，通高51.4米。黄鹤楼的平面设计为四边套八边形，谓之"四面八方"。在油画地仗施工中，他和油作匠师王殿贵、刘玉明等人集思广益，认真总结砖灰、桐油、满等传统地仗材料的个性和配比度，结合钢筋混凝土结构基层酸碱吸收程度和化学反应情况，经过认真分析反复试验，最终研制出了新型材料地仗施工工艺。其工艺主材为107胶，再加微量的白坯满，加适量水泥等，不加砖灰和桐油（现在不加白坯满，加重霸胶，南京称为901胶）。此工艺既便于操作，又保证工程质量，开创了在钢筋混凝土基层上操作油画地仗的中国古建筑先河（图49-4）。1985年以后他又参加了兆龙饭店油饰，惠中饭店装修，1987年颐和园东宫门牌楼修缮，1988年颐和园佛香阁修缮等工程油饰施工。1990年4月他为了保存绝技，传诸后人，和赵梦文一起以公司的名义完成了《清代古建筑油漆作工艺》整理编写工作，于1996年8月印制，该书对于从事古建筑油漆作技术人员来讲具有较强的实用性（图49-5）。他于1954年、1955年、1957年、1984年被评为北京市劳动模范，1956年被评为全国劳动模范（图49-6）。

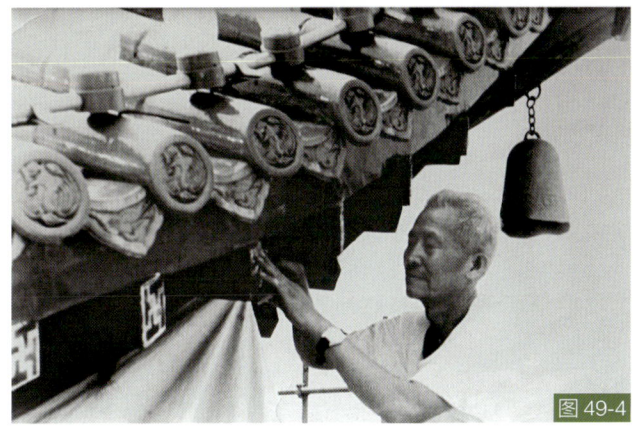

图 49-1　赵立德传授古建筑油作技艺（赵杰提供）
图 49-2　1958年赵立德（中）与仝文宝（右）在北海白塔修缮中（赵杰提供）
图 49-3　1978年潭柘寺大雄宝殿油饰彩画
图 49-4　1984年赵立德在黄鹤楼工程中贴金（赵杰提供）
图 49-5　1996年赵立德和赵梦文编著《清代古建筑油漆作工艺》（杨宝生提供）
图 49-6　赵立德劳模奖章（赵杰提供）

张官箴 会"僚活"的油漆作大师

男，1908年5月出生，河北深县人。中共党员。1924～1927年在北京前外晓市大街益泰和油漆局学徒，油工。1952年10月来颐和园管理处工程班，油工。他是赵立德的师兄，有文化，既有实践，又有理论，会"僚活"（能指挥全盘施工，相当于现在的项目经理）和估工算料。1954年颐和园第一次大修佛香阁时他参与预算编制，参加油漆彩画施工，获二等奖2次共60元。1955年获一等奖。1956年被评为红旗手。1957年1月合并到园林局修建工程处油画队，油工。他关心培养年轻人学油漆作技术。收徒郑婉君。

1957年修建工程处成立油工革新小组，他和赵立德、王殿贵、刘玉明等，还有清华大学建筑系的学生，共同研制一些油工操作工具，如：调灰机、磨灰机、砍活用的斧子、滚油器、竹轧子改为铁轧子等，革新发明达20余项，提高了工作效率。

1957年以来他主要参加了杏山梯云山油饰，1958年颐和园长廊（105间）修缮（图50-1），景山公园亭子修缮，1962年香山公园碧云寺大殿修缮，1964年颐和园湖山真意油饰、清晏舫修缮，1965年北海公园画廊修缮（图50-2），1969年卧佛寺大殿修缮，1971年颐和园听鹂馆修缮，1974年颐和园苏州街油饰、龙王庙修缮等工程油饰。1973年他和李福田等人口述的"着色工艺"，后经整理为《北京公园古建筑油漆彩画工艺手册》，作为园林局修建处新招职工的油工和画工教材（图50-3）。他还亲手用火柴棍、冰棍棍制作谐趣园古建模型，赠送给颐和园。他于1974年12月退休。退休后在园林修建公司劳务服务公司返聘，任油漆作技术顾问。1982年他还参加了地坛公园芳泽轩修缮，中央党校新建水榭、牌楼等工程油饰施工。

图50-1	1958年颐和园长廊修缮（105间）
图50-2	1965年北海公园画廊修缮时张官箴（前排左一）、王文江（左二）、蔺宝珩（左三）在北海公园合影
图50-3	1973年张官箴和李福田等人口述的"着色工艺"后经整理为《北京公园古建筑油漆彩画工艺手册》（杨宝生提供）

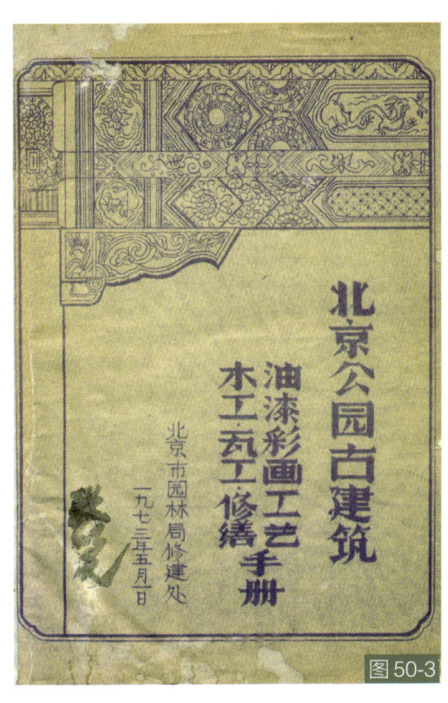

油画队老队长 王殿贵

男，1935年2月出生，河北三河县人。中共党员。1949～1953年在北京前门外杨梅竹斜街永宝斋油漆铺学徒，油工。1954年4月来颐和园管理处工程班，任油工组长，参加了颐和园佛香阁修缮工程。1957年1月合并到园林局修建工程处油画队，任油工组长。1962年任瓦工班班长。1963年晋升为六级油工。1973年修建工程处任施工二队队长。1976年任修建工程处劳资组安全员。1978年4月在油画队任副队长。1980年11月在园林修建公司任古建工程队筹备组组长。1982年2月任油漆彩画工程队队长。1984年参加北京城建技协。他精通油漆作和古建修缮技术。

在1958年颐和园长廊（105间）和景山公园五亭修缮施工中，他任油工组长。由于工程量大，技术工人缺少，工期要求又紧，他带领全组人员搞夜战义务劳动，晚上把"天花板"搬到宿舍里突击，提前完工。在颐和园长廊油饰中，他大胆革新，自创游廊下木枋子细灰工具"伸缩器"，提高工效1倍。小组还集体创造了"板皮"、"罗圈皮"新技术竹筒子工具，提高工效几倍。景山公园亭子油饰，他节省赤金折合人民币1000多元。1960年他主要参加了颐和园挖湖，中南海紫光阁、周总理办公院油饰彩画等工程。1961年他还带领小组人员参加紫竹院公园三角地挖湖，技工代替壮工。当时正值三年困难时期，粮食不够吃，大家有情绪，"油工定量做壮工活不合理"，他积极带头由一个月39斤减少到32斤，最后超额20%完成挖湖任务。

1962年之后他主要参加香山公园碧云寺大殿修缮，1964年北海公园琼岛小建筑修缮，1965年八大处修缮，1971年北海公园长廊油饰等工程油饰。1975年之后他负责组织陶然亭公园新建水榭，1978年慈悲庵修缮，1979年戒台寺修缮等工程油饰。

1980年之后他负责组织劳动人民文化宫太庙烫蜡（图51-1），1981年端门修缮，1983年天津水上公园等油饰彩画工程施工。1983年负责组织北海公园小西天修缮工程油饰彩画施工，参加施工的油漆作匠师有：马合义、王清华、孙炳堂、崇德山、曹立霞、孙文章、刘燕平、英淑君、王智、王斌、李文友、马元龙等。1984年之后他又组织颐和园大戏台修缮（图51-2），武汉黄鹤楼油饰彩画工程施工。参加黄鹤楼油饰彩画施工的还有：马合义、孙文章、黄俊杰、荣志成、李文友等。之后他又组织1984年英国利物浦燕秀园建设，1986年济南解放阁修缮等工程油饰彩画施工。

1987年他负责组织英国曼彻斯特中国城牌楼油饰彩画工程施工。在当地气候条件下，如用巴黎绿、佛青，按传统配置方法易造成颜色脱落，对工程质量造成极大影响，因此他采用了光油调色，操作中加热吹干，保持颜色的耐久性，起到了抗湿抗潮的作用。在彩画的箍头线、枋心线及龙草图案、雕刻花板等部位，贴金时采用棚内加热达12℃左右，贴金后用热风吹干潮气，然后罩软制光油的办法，保持了金的质感，并起到保护作用。崇德山也参加了施工。1987年之后他负责组织牡丹江上京遗址复建，上海大观园彩画，1988年颐和园佛香阁修缮（图51-3），日本新潟天寿园建设等工程油饰彩画施工。他于1984年、1985年、1986年被评为北京市园林局先进职工。1995年3月退休。

图51-1

图51-3

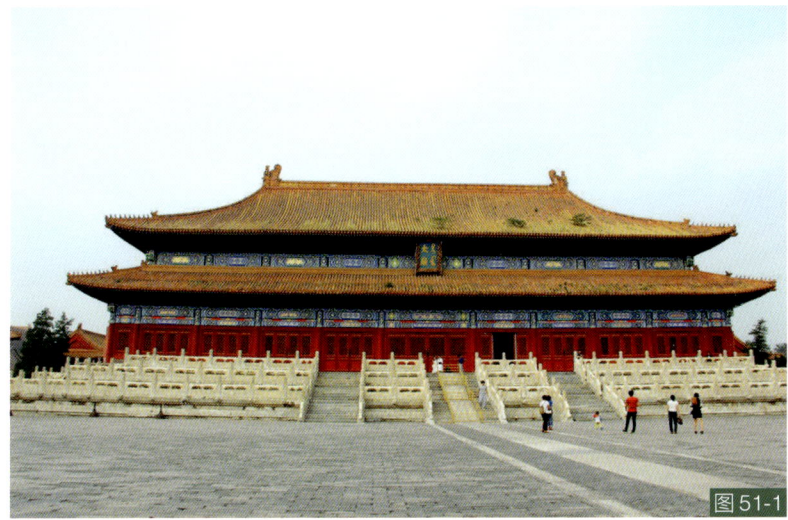

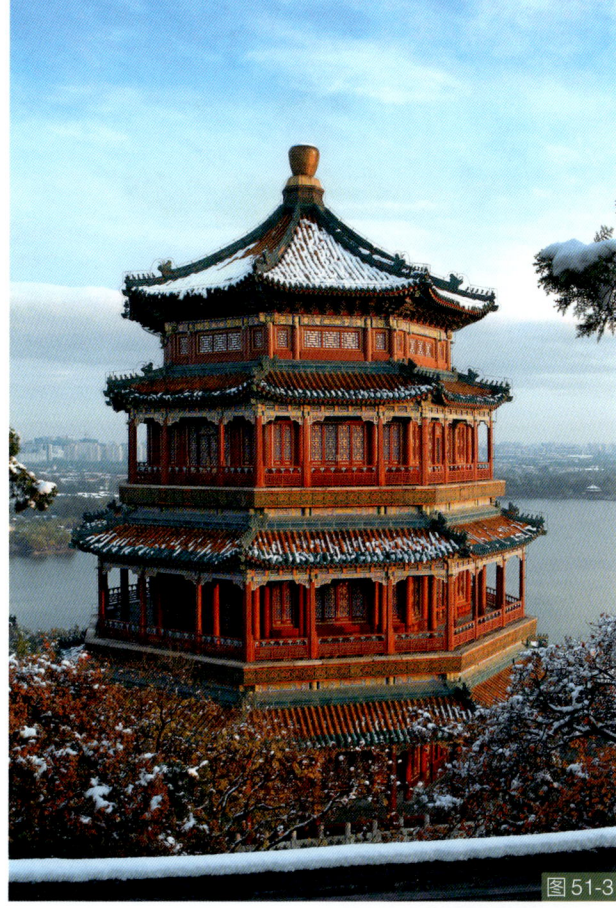

图51-1 1980年劳动人民文化宫太庙烫蜡
图51-2 1984年颐和园德和园（大戏台）修缮（杨宝生提供）
图51-3 1988年颐和园佛香阁修缮

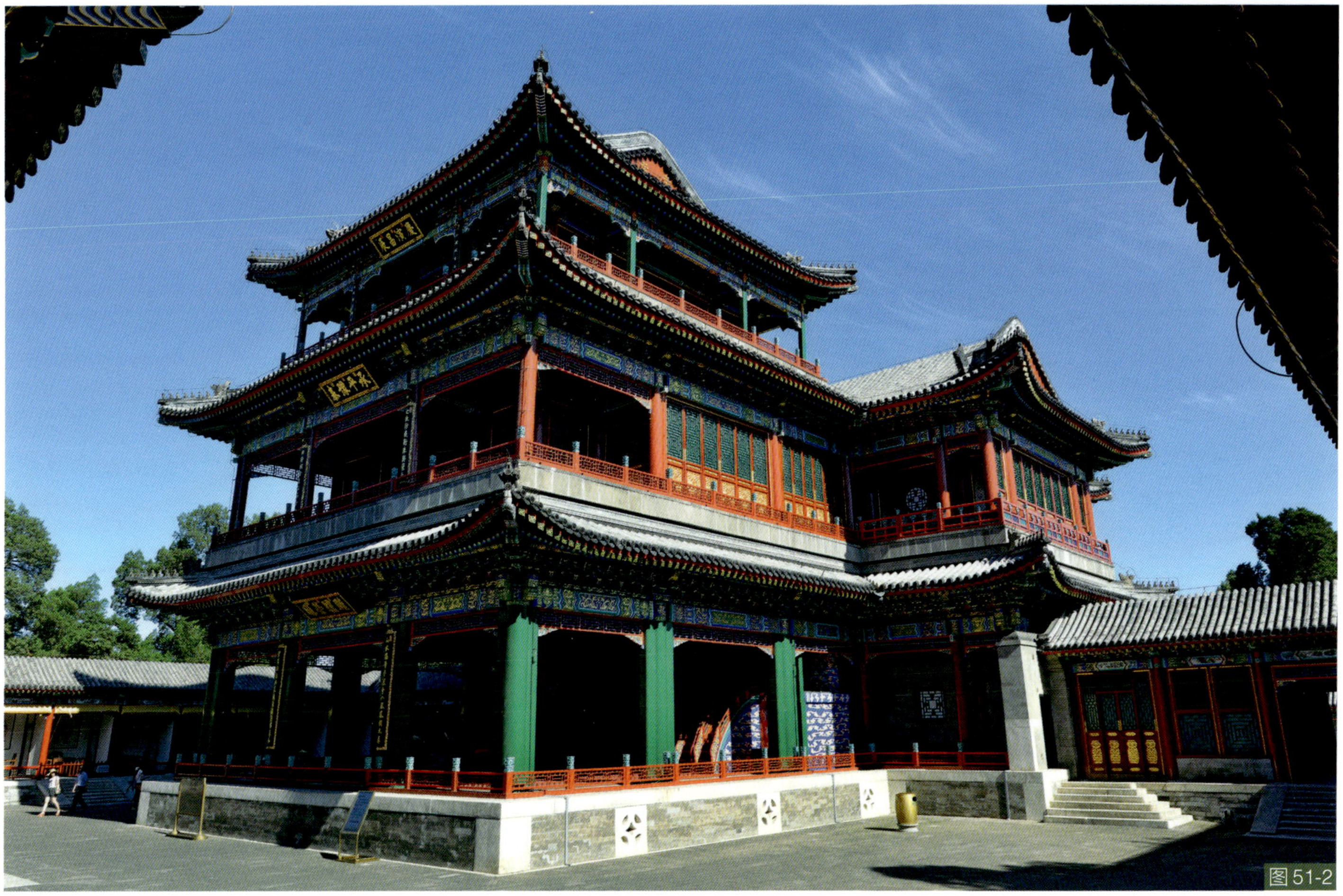
图51-2

刘玉明 佛像制作、修复大师

男，1935年8月出生，北京人。中共党员。1949～1952年在北京前门内绒线胡同源合油漆局学徒，油工，师从程德海。他擅长油工过板子、轧线、贴金、熬油（灰油、光油、金胶油、坯油）以及大漆工艺、佛像制作与修复，如金漆佛像、泥金拨金佛像（清中期佛像制作工艺）。1954年4月来颐和园管理处工程班，油工，参加颐和园佛香阁修缮工程。1957年1月合并到园林局修建工程处油画队，先后任油工小组长、班长、工长。1983年在园林修建公司任油画工程队副队长。收徒朱启珍、曹立霞、英淑君、李海先、郭维合。

1958年以来他主要参加了颐和园长廊（105间）修缮，1962年香山公园碧云寺大殿修缮，1963年北海公园阅古楼修缮，1964年颐和园景福阁天花油画，1965年八大处七处、八处修缮，香山公园昭庙修缮，1969年卧佛寺大殿修缮等工程油饰。

1969年他参加天安门重建施工，带领油工班支援第五建筑公司，负责天安门北面和西侧的油饰工程，亲自过板子、轧线、贴金。1970年4月完工，工程指挥部颁发奖状，"五一"庆祝活动，他被邀请为国营企业第三观礼台的代表，得到周恩来总理亲切接见（图52-1）。1971年之后他又参加了北海公园长廊油饰，1973年颐和园景福阁修缮、1977年画中游修缮、东宫门整修油饰等工程油饰。

1978年他第二次参加颐和园长廊整修油饰工程，任油工工长。长廊下架油饰有道工序叫"砍活"，他建议"砍活"要到达45%，这样才能保证质量（图52-2）。1978年之后又参加了潭柘寺油饰彩画，陶然亭公园慈悲庵修缮，1979年戒台寺修缮，1982年八大处修缮等工程油饰。1984年他协助赵立德主抓武汉黄鹤楼油饰彩画工程，他和油作匠师赵立德、王殿贵等人集思广益，共同研制出了在钢筋混凝土基层上操作油饰地仗新的施工工艺。

1985年他参加北海公园小西天修缮工程，主抓油漆施工，他严格按照古建施工工艺要求控制。古建做地仗时有道工艺叫作"一麻五灰"，清中期做法为"油满加血料"。"一麻五灰"具体又分为：捉缝灰、通灰、使麻、压麻灰、中灰、细灰（磨细钻生）。在施工中，为保证施工质量，他要求油工使完捉缝灰后，做衬灰时不能一次衬平，需多次灰衬平，灰的厚度为滚籽厚（一籽厚）。衬灰做完后，做通灰时要做到"平、圆、直、顺"。1987年之后他参加英国曼彻斯特中国城牌楼建设（图52-3），1988年明十三陵昭陵复建工程油漆施工。1989年负责颐和园苏州街复建工程油漆施工，在没有任何油漆彩画设计的情况下，他按照专家意见，使用了黑红镜、绿红镜、黑绿镜的方法处理（清晚期高等民宅建筑油饰风格一种，黑柱子红槛框叫黑红镜、绿柱子红槛框叫绿红镜、黑柱子绿槛框叫黑绿镜），达到很好效果。1991年参加日本北海道天华园建设油漆施工，为油工带队。参加施工的油漆作匠师有：刘燕平、英淑君、王智、王斌、李文友、范海洋、马元龙等。1993年2月退休。他退休后在社会上承接了一些佛像制作与修复项目，2002年主持雍和宫宗格巴泥金佛像修复（大佛高达19米）以及东、西配殿佛像修复，修复量占 2/3。2004 年主持智化寺的如来佛、三世佛泥金佛像以及金刚、梵王泥金拨金佛像修复，之后他还主持了大觉寺和承德普宁寺佛像修复项目等（图 52-4、图 52-5）。

图 52-1　1969年天安门城楼重建油饰彩画
图 52-2　1978年颐和园长廊整修油饰
图 52-3　1987年刘玉明在英国曼彻斯特中国城牌楼油饰中
图 52-4　2013年刘玉明以"银箔罩齐"工艺修复承德安远庙佛像（2）
图 52-5　2013年刘玉明（左一）与杨宝生在承德安远庙佛像修复现场（1）

图52-4

图52-5

油漆作老班长 郭广成

男，1930年1月出生，北京房山人。1946～1948年在北京前门外晓市大街前进油漆局学徒，油工。拜赵立德为师，是其得意弟子之一。1953年9月经赵立德介绍来颐和园管理处工程班，油工。1954年参加颐和园佛香阁修缮工程。1957年1月合并到园林局修建工程处油画队，油工，后任油工班长。他干活泼辣，技术熟练，能吃苦耐劳，关心青年人成长。

1957年开始他主要参加了十三陵修缮，1958年颐和园长廊（105间）修缮，1962年北海公园双虹榭修缮等工程油饰。1963年之后他带领全班人员参加北海公园阅古楼修缮，1964年颐和园湖山真意油饰，动物园牡丹亭挑顶油饰，北海公园琼岛小建筑修缮，1965年颐和园如意门修缮、宜芸馆修缮，中山公园新建兰花室等工程油饰。

1978年之后他又参加了颐和园长廊修缮，潭柘寺油饰彩画（图53-1），陶然亭公园慈悲庵修缮，1979年戒台寺修缮，1980年颐和园霁晴轩修缮等工程油饰。他于1981年1月退休。退休后在园林修建公司劳务服务公司返聘，任油漆作技术顾问。1983年他参加了北海公园小西天修缮，1991年日本北海道天华园建设等工程油饰施工（图53-2）。

图 53-1　1978年潭柘寺油饰彩画（王振成提供）

图 53-2　1991年日本北海道天华园建设长廊油饰中

擅长"熬油"的油漆作老匠师 褚怀圣

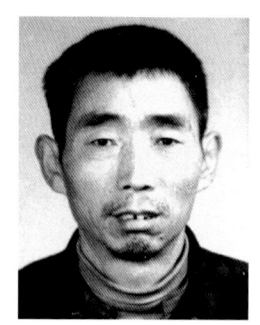

男，1933年2月出生，河北三河县人。中共党员。1950~1953年在北京前门外杨梅竹斜街126号法宗斋油漆局学徒，油工。1954年4月来颐和园管理处工程班，油工，参加颐和园佛香阁修缮工程。1957年1月合并到园林局修建工程处油画队，任油工组长。他为人忠厚，勤勤恳恳。擅长"熬油"技术以及油工算料、提料、调各种灰和各种油。1983年在园林修建公司油画工程队任副队长。

1957年以来他主要参加了十三陵修缮，1958年颐和园长廊（105间）修缮，景山公园亭子修缮，1962年香山公园碧云寺大殿修缮，1964年颐和园湖山真意油饰、景福阁天花油画，1969年八大处修缮，1972年颐和园五方阁修缮（图54-1）、1975年写秋轩修缮、1977年东宫门整修油饰等工程油饰。

1978年重修颐和园长廊时，他负责油工料房工作，自己主动设计油工拌料机，提高了工效。1978年之后他主要负责油工料房工作，为工地油工活算料、提料、管料、发料，并亲自"熬油"、调灰。他先后参与了潭柘寺油饰彩画，陶然亭公园慈悲庵修缮，1979年戒台寺修缮，1982年八大处六处香界寺修缮等工程油饰。

1983年他带队主持齐齐哈尔明月岛油饰施工，参与北海公园小西天修缮工程油饰施工。1984年负责颐和园大戏台修缮工程油饰施工，参加齐齐哈尔龙沙公园澄江阁油饰。1986年负责哈尔滨文庙修缮工程油饰施工（图54-2）。1988年参加日本新潟天寿园建设油饰施工。1991年4月退休。

图 54-1　1972年颐和园五方阁修缮
图 54-2　1986年哈尔滨文庙修缮工程（张绥军提供）

图 54-1

图 54-2

油漆作老匠师 范殿福

男，1934年2月出生，河北三河县人。1950～1953年在北京前门外杨梅竹斜街永兴斋学徒，油工。1954年6月来颐和园管理处工程班，油工，参加颐和园佛香阁修缮工程。1957年1月合并到园林局修建工程处油画队，油工。1984年在园林古建公司油画工程队工作，油工。

1958年以来他主要参加了颐和园长廊（105间）修缮，1962年香山公园碧云寺大殿修缮，1964年颐和园景福阁天花油画，1965年八大处修缮，1971年颐和园听鹂馆修缮，1972年北海公园五龙亭修缮，1973年颐和园景福阁修缮、1976年谐趣园油饰（图55-1）、1977年画中游修缮、东宫门整修油饰，1978年颐和园长廊修缮、潭柘寺油饰彩画、陶然亭公园慈悲庵修缮，1981年北海公园天王殿维修彩画，1983年北海公园小西天修缮，1984年颐和园大戏台修缮，1985年哈尔滨文庙修缮，1988年日本新潟天寿园建设，明十三陵昭陵复建等工程油饰施工（图55-2）。1990年6月退休。

图 55-1　1976年颐和园谐趣园油饰（杨宝生提供）
图 55-2　1988年明十三陵昭陵复建工程

油漆作老匠师 曹春义

男，1912年5月出生，河北故城县人。1927～1930年在北京前门外后池西街长顺油漆局学徒，油工。1953年10月来颐和园管理处工程班，定为六级油工。1954年参加颐和园佛香阁修缮工程，被评为二等奖40元。1957年1月合并到园林局修建工程处油画队，油工，曾任二班班长。他忠厚老实，技术全面。收徒冯丽珠。

1958年以来他主要参加了颐和园长廊（105间）修缮，景山公园亭子修缮，1962年北海公园双虹榭修缮，中山公园瑞珍厚修缮，1963年北海公园阅古楼修缮，香山公园碧云寺水泉院修缮，1964年北海公园琼岛小建筑修缮，颐和园清晏舫修缮，1965年颐和园宜芸馆修缮，北海公园五龙亭修缮、画廊修缮，八大处修缮，1970年香山公园芙蓉馆修缮，1971年颐和园听鹂馆修缮（图56-1）、1972年邵窝殿修缮、石坊院修缮、1973年益寿堂修缮、景福阁修缮等工程油饰施工。1974年12月退休。退休后在油画队返聘，任油漆作技术顾问。1979年他在戒台寺修缮时，不幸因病去世，享年67岁（图56-2）。

图 56-1　1971年颐和园听鹂馆修缮
图 56-2　1979年戒台寺大雄宝殿修缮（张道顺提供）

图 56-1

图 56-2

李新计 — 擅长"大漆活"油漆作技师

男，1937年6月出生，河北深县人。油工技师。1950～1952年在北京前门外前进油漆局学徒，油工，师从赵立德。1952年10月来颐和园管理处工程班，四级油工。1954年参加颐和园佛香阁修缮工程。1955年被评为三等奖一次。1957年1月合并到园林局修建工程处油画队，油工。1984年在园林古建公司油画工程队工作，油工。他聪明好学，擅长"大漆活"，贴金更是拿手。1956年、1957年被评为先进工作者。收徒纪淑兰。

1958年以来他主要参加了颐和园长廊（105间）修缮，景山公园绮望楼修缮（图57-1），1964年颐和园转轮藏修缮、玉兰堂油饰、排云殿修缮，1965年景山公园少年宫观德殿修缮，十三陵新建饲养场，1969年天安门重建等工程油饰。1971年之后他又参加了颐和园听鹂馆修缮等工程油饰。1978年之后他又参加了颐和园乐农轩修缮、长廊修缮，陶然亭公园慈悲庵修缮，1983年北海公园小西天修缮，1984年颐和园大戏台修缮，烟台蓬莱阁修缮等工程油饰施工。

1988年他参加了日本新潟天寿园建设油饰施工。天寿园的中心部位是湖面，沿岸有"福寿康宁"、"浮玉堂"、"玉泉观鱼"、"璎珞流觞"、"湖山真意"、"双环万寿"、"勺舫横渡"、"缎绮卧波"等8个景区40个景点。参加施工的人员还有马合义、孙文章等（图57-2）。1988年之后他负责颐和园佛香阁修缮、苏州街复建，1989年北海公园快雪堂修缮等工程油饰施工。1989年之后又参加颐和园石丈亭修缮、长廊修缮，1991年中国香港美食城匾额制作，1996年北海公园团城修缮等工程油饰。还为国家原冶金部制作大漆活——澄金案子等。1994年被聘为公司油工技师。1997年3月退休，退休后被公司返聘，在公司质监科负责油作工程质量管理。

图57-1　1958年景山公园绮望楼修缮
图57-2　1988年日本新潟天寿园建设。日本《新潟日报》报道天寿园开园

许福庆　出生古建油漆彩画世家

男，1936年3月出生，北京人。1952～1954年在北京前门区工会学徒，油工。他出生在古建油漆彩画世家，爷爷是彩画大师，父亲许殿魁是油漆彩画大师。他擅长油工过板子、轧线。1954年来颐和园管理处工程班，油工，参加了颐和园佛香阁修缮工程。1957年1月合并到园林局修建工程处油画队，油工。1978年在园林局修建处第二工程队任油工班班长。他技术全面，干活干净利索。

1958年以来他主要参加了颐和园长廊（105间）修缮，1964年颐和园景福阁天花油画，1965年景山公园少年宫修缮，1969年天安门重建，1973年颐和园益寿堂修缮，1976年陶然亭公园云绘楼修缮，1977年颐和园画中游修缮、东宫门整修油饰等工程油饰。

1978年以后他任第二工程队油工班班长，带领全班人员参加颐和园长廊修缮，陶然亭公园刨冰堂修缮、慈悲庵修缮（图58-1），1980年东风电视机厂新建装配厂房，1983年陶然亭公园窑台修缮，1984年公主坟新建音乐喷泉（图58-2），1989年亚运村新建村长办公室，1990年天坛公园神厨、神库修缮，北京158中学修缮，龙潭湖公园修缮，琉璃厂修缮等工程油饰。1991年他参加了日本北海道天华园建设油饰施工。1996年6月退休。

图58-1　1978年陶然亭公园慈悲庵修缮（张道顺提供）
图58-2　1984年公主坟新建音乐喷泉

油漆作老匠师 刘进考

男，1934年8月出生，河北武强县人。中共党员。1952～1953年在北京和平外铁老公庙25号学徒，油工，师从王熙贵，人称"老四"。他与康振江是师兄弟。1954年4月来颐和园管理处工程班，油工，参加颐和园佛香阁修缮工程。1957年1月合并到园林局修建工程处油画队，油工。1959年晋升五级油工。他曾在油画队任班长。他个头不高，干活心灵手巧，干净利索，不怕脏累。收徒高秋妹。

1958年以来他主要参加了颐和园长廊（105间）修缮，1960年中南海紫光阁、周总理办公院油漆彩画，1963年颐和园排云殿修缮、仁寿殿修缮，1969年天安门重建，1971年前门饭店油饰彩画，1973年颐和园益寿堂修缮、1976年眺远斋修缮等工程油饰。1977年之后他主要参加了颐和园画中游修缮，1978年颐和园长廊修缮，潭柘寺油饰彩画，宋庆龄、郭沫若故居匾额制作，1979年戒台寺修缮，1981年端门修缮，1982年烟台博物馆修缮，1983年中南海西华厅油饰彩画贴金，1984年武汉黄鹤楼油饰彩画，英国利物浦燕秀园建设，1985年哈尔滨文庙修缮，1987年上海大观园彩画（图59-1），1988颐和园佛香阁修缮、苏州街复建，1991日本北海道天华园建设，1992年天津清真寺修缮等工程油饰（图59-2）。1994年8月退休。

图 59-1　1987年上海大观园油饰彩画工程
图 59-2　1992年天津清真寺修缮

精通古建技术的油漆作匠师 赵洪晨

男，1943年1月出生，河北雄县人。大专学历。中共党员。1958年8月来园林局修建工程处油画队学徒，油工。1961年8月在北京空军3611部队入伍，曾任班长。1969年4月回园林局修建工程处，在加工厂铁工车间工作。1971年4月为修建工程处工会干事。1981年4月在园林修建公司劳务服务公司任副经理。1982年6月在北京市园林局建筑工程公司任古建工程一队队长。1983年在园林修建公司任古建工程服务队队长。1989年在园林古建公司任第五工程队队长。他聪明好学，自学成才，是精通古建技术的油漆作匠师。

1958年开始他主要参加了颐和园长廊（105间）修缮，1965年北海公园画廊维修、仿膳修缮，1980年烟台毓璜顶修缮等工程油饰。1981年之后他任劳务服务公司副经理、古建工程服务队队长期间，负责组织香山公园见心斋修缮，1982年地坛公园拜台修缮，八大处二处修缮，王府井东来顺油饰彩画，中央党校新建水榭、牌楼，1983年陶然亭公园窑台修缮，1984年恭王府修缮，1985年齐齐哈尔澄江阁油饰，圆明园福海彩画，陶然亭公园名亭区建设等工程施工。

1986年他负责组织北京动物园大门区整修工程。动物园大门区分为三期施工，历时三年。大门长13米，墙厚1.15米，高12.7米。下碱城砖干摆，墙身停泥丝缝。大门外侧四个墙垛外各设有四个小青石须弥座，须弥座上立有砖砌圆形抹灰刷白的罗马柱。三个半圆门洞为砖券脸，两侧门洞上方为忠孝仁义万年青砖雕。中间门洞上方为荷花蕃草砖雕，上下结合部为青石鸡嗉檐。大门上半部两端为半圆形浮云行龙砖雕，中间正方形为海水江涯，正方形上部又有一个半圆形荣华富贵砖雕，大门最高处设汉白玉宝顶。该大门由于被毁，砖雕一块无存。经过修缮后，一座外观立体感强，别具一格的大门展现在世人面前。

1986年以后他又负责组织北海公园仿膳油饰彩画，1989年广济寺修缮等工程。1990年之后他任园林古建公司第五工程队队长期间，负责组织1991年首都图书馆彝伦堂、辟雍修缮（图60-1），1992双安商场屋顶仿古建筑，1995钓鱼台大楼复建、古堡修缮，1996年香山公园欢喜园复建，1997年钓鱼台18号楼修缮等工程施工。

1997他主持德国柏林得月园建设施工。得月园占地3公顷左右，建筑面积约630平方米。从1997年开始分三期赴德国施工。得月园的整个建筑仿照我国南方的建筑风格，小巧玲珑、古朴典雅，马头墙、高翘角、青砖灰瓦、白粉墙，再配有贴金的匾额与石刻。主要建筑有门厅、敞厅、茶室、石舫、三角亭、六角亭、八角亭、游廊、假山、平桥、曲桥、木塔、砖雕影壁、花饰路面及石桌凳、石灯等园林小品。在欧洲有如此风格、规模、精致的园林建筑实属罕见。参加施工的主要人员有：陈建刚、苗建华、张贺岭、田振茹、王伟、赵营、姜葆华等（图60-2）。1998年之后他又负责组织香山公园碧云寺罗汉堂修缮、1999年玉华岫复建，2002香山公园香雾窟复建、勤政殿复建等工程施工。2003年3月退休。退休后返聘，2004 年之后他主持了故宫太和门西庑及周边建筑修缮，2007 年郑王府维修，2008 年北京首都机场高速公路收费站牌楼油漆彩画等工程施工（图 60-3）。1990 ～ 1995 年连续六年被评为北京市园林局先进工作者。1993 年被评为北京市总工会爱国立功标兵。

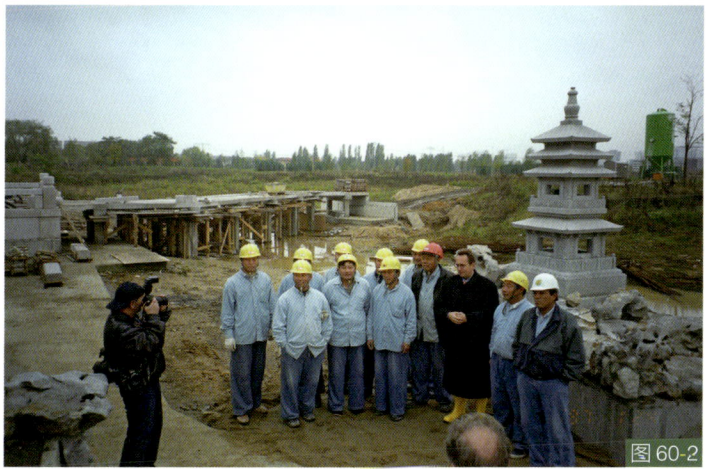

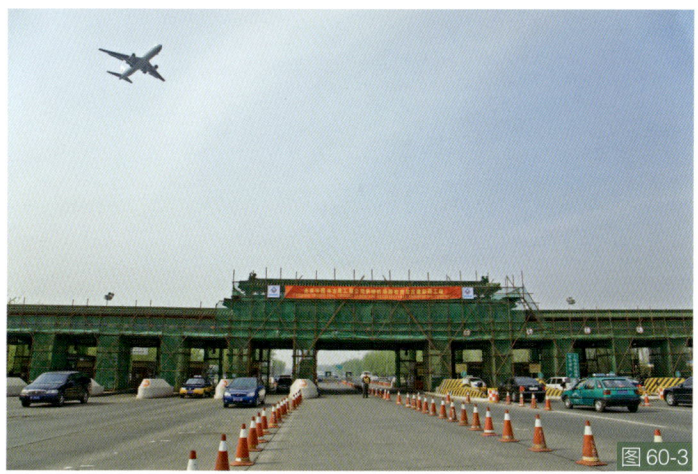

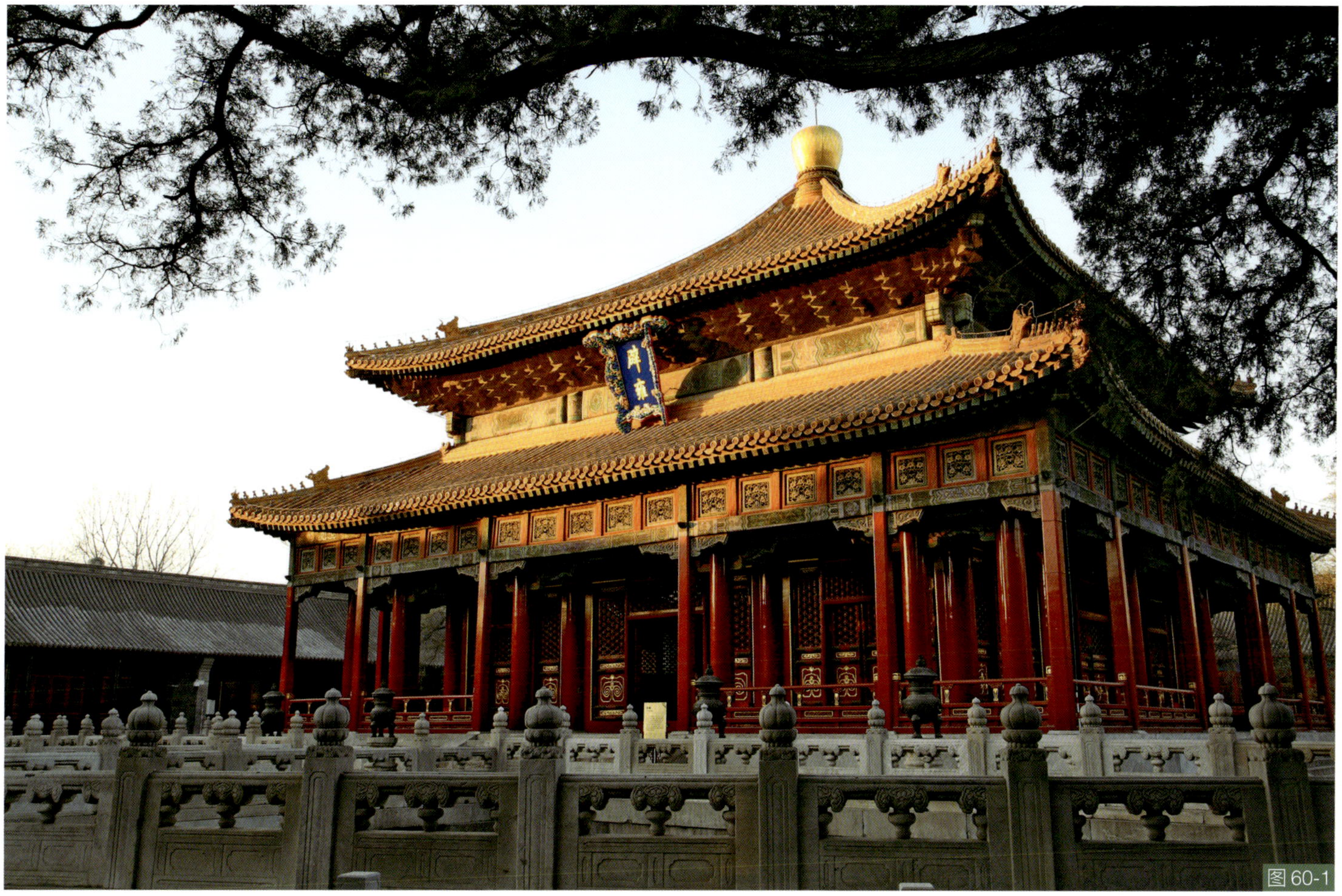
图 60-1

图 60-2

图 60-3

图 60-1　1991年首图彝伦堂、辟雍修缮工程

图 60-2　1997年德国柏林得月园建设。公司职工与德方人员在得月园二期开工典礼上合影。前排右起：韩树松（一）、张保忠（二）、赵洪晨（四）、王永刚（六）。后排左起：于永茂（一）（赵洪晨提供）

图 60-3　2008年北京首都机场高速公路收费站楼油漆彩画工程

宋金龙 五零后油漆作状元

男，1954年9月出生。中共党员。1971年12月来园林局修建工程处油画队学徒，油工，师从马合义。他曾任油工班长，1998年在园林古建公司油漆彩画工程队任油工工长，之后任质检员。2003年在公司第三分部任油工工长。他聪明好学，技术过硬。1995年参加了北京市园林局技术比赛，获得"古建油工状元"称号（图61-1）。1996年被中国风景园林学会授予"园林古建技术名师（油作）荣誉称号"。

1972年开始他主要参加了颐和园听鹂馆修缮、1978年长廊修缮，潭柘寺油饰彩画，陶然亭公园慈悲庵修缮，1979年戒台寺修缮，1982年烟台博物馆修缮，1983年北海公园小西天修缮，1984年武汉黄鹤楼油漆彩画，颐和园大戏台修缮，1985年惠中饭店装修烫蜡，哈尔滨文庙修缮，1988年颐和园佛香阁修缮、苏州街复建等工程油饰。

1988年之后他带领全班职工先后参加了北海公园快雪堂修缮，端门修缮下架油饰，恭王府油饰，1989年颐和园长廊修缮，中国香港沙田陵园油漆彩画等工程油饰。1991年参加了日本北海道天华园建设，1992年日本熊本孔子公园二期建设。1993年以后他参加了广东银海城宋街建设，1995年中央党校荟名园、北方园林景区油画，西客站顶层平台古建景观，1996年颐和园澹宁堂油饰彩画等工程油饰。

他爱动脑筋，钻研油饰技术，如有一次一个工程的门脸房外侧需要油饰，上面的字还要保留，如按传统做法，首先把透明纸拼接起来和字一样大小，然后把字拓下来（保存完好），上腻子打磨后刷油漆，三道漆后再用拓蓝纸把原来的字重新描上。此做法既费工费力，还费料，透明纸就得用上数百张，而且字还容易拓歪，很难确保字在原位上。他想了一个"招"，用"沥粉"方法先把字保存下来，然后刷三遍油漆，最后描字，确保了"原字原位"，效果比原来更有立体感。还有一次一个工地室内做木墙裙油饰，施工要求先满刮腻子，然后再上底色刷清漆三遍交活。这样做，如果腻子打磨得不干净墙裙会"花"，处理起来非常麻烦，还会"越描越花"。他研究了一个方法，先打磨刷底色、刷清漆，然后再根据木纹的颜色刮色腻子，打磨后再刷清漆。很好地解决了"花"的问题，木纹棕眼清晰，效果非常好。

1998年他担任油工工长，负责1999年颐和园长廊修缮、2000年文昌阁油饰（图61-2），中山公园2号院翻建，2002年约旦安曼市侯赛因"中国园"建设等工程油饰。1996年他研究创新的"一麻五灰地仗"中国古建筑油漆作新工艺，获得北京市科学技术进步奖三等奖（图61-3）。2009年9月退休。

图61-1　1995年北京市园林局技术比赛荣获"古建油工状元"称号（宋金龙提供）

图61-2　2000年颐和园文昌阁油饰彩画工程（杨宝生提供）

图61-3　1996年获奖证书（宋金龙提供）

冯丽珠 贴金女状元

女，1955年3月出生。1972年1月来园林局修建工程处油画队学徒，油工，师从曹春义。1984年在园林古建公司油画工程队工作，油工。她为人谦和，尊重师长。性格开朗，活泼伶俐，脑子灵、学得快，技术全面。擅长油漆作实操，贴金更是她的拿手"绝活"，比别人既快又省金，可谓"贴金女状元"。

1972年开始她主要参加了颐和园听鹂馆修缮、石坊院修缮、1973年益寿堂修缮、1976年谐趣园油饰、1977年东宫门整修油饰（图62-1）、1978年长廊修缮，潭柘寺油饰彩画，陶然亭公园慈悲庵修缮，1980年劳动人民文化宫太庙烫蜡，烟台毓璜顶修缮，1982年香山公园碧云寺修缮等工程油饰。1983年之后她又参加了中南海西华厅油饰彩画贴金，北海公园小西天修缮，1984年武汉黄鹤楼油饰彩画（图62-2），颐和园大戏台修缮、1988年苏州街复建，北海公园快雪堂修缮，端门修缮下架油饰，恭王府油饰，1989年颐和园长廊修缮等工程油饰。1991年之后她又参加了日本北海道天华园建设，1999年颐和园长廊修缮、2000年文昌阁油饰等工程油饰。2004年12月退休。退休后，2006年她和曹立霞、英淑君、王斌等参加了故宫太和门东、西庑及周边建筑修缮工程贴金施工（图62-3），得到了故宫博物院古建专家的好评。

图 62-1　1977年颐和园东宫门整修油饰
图 62-2　1984年武汉黄鹤楼油饰彩画工程（杨宝生提供）
图 62-3　2005年故宫太和门东、西庑及周边建筑修缮工程
　　　　（周彦忠提供）

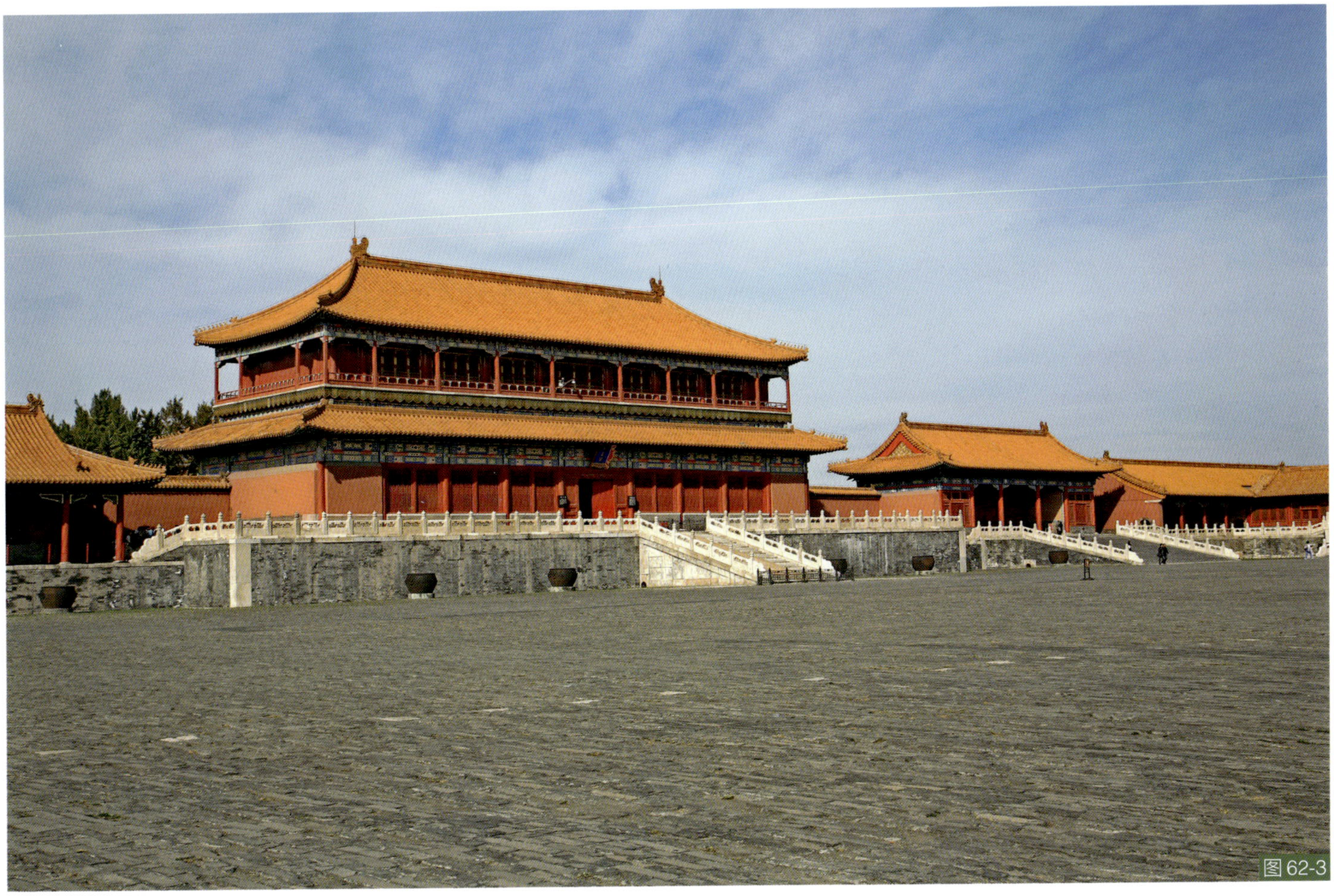

朱启珍 — 油漆作技术能手

女，1954年8月出生。1971年12月来园林局修建工程处油画队学徒，油工，师从刘玉明。1984年在园林古建公司油画工程队工作，油工。她性格泼辣，不怕吃苦，技术全面，干活麻利，擅长油漆作实操。

1972年开始她主要参加了颐和园听鹂馆修缮、1973年益寿堂修缮、1977年东宫门整修油饰、1978年长廊修缮，潭柘寺油饰彩画，陶然亭公园慈悲庵修缮，1979年戒台寺修缮，1982年香山公园碧云寺修缮，1983年北海公园小西天修缮（图63-1），1984年颐和园大戏台修缮、1988年佛香阁修缮、苏州街复建，北海公园快雪堂修缮，端门下架油饰，恭王府油饰，1989年颐和园长廊修缮等工程油饰。1991年之后她又参加了日本北海道天华园建设，1995年日本福冈酒店（图63-2）、1996年颐和园澹宁堂油饰彩画（图63-3），1997年景山公园亭子修缮，2000年颐和园文昌阁油饰等工程油饰。2004年8月退休。

图 63-1　1983年北海公园小西天修缮工程
图 63-2　1995年日本福冈海鹰酒店装修
图 63-3　1996年颐和园澹宁堂油饰彩画工程（杨宝生提供）

高秋妹 — 油漆作技术能手

女，1956年9月出生。中技学历。1976年4月来园林局修建工程处油画队刘进考油工班学徒，油工，师从刘进考。1984年在园林古建公司油画工程队工作，油工。她曾任油画工程队团支部书记，协助队领导积极开展团员青年工作，组织青工技术练兵。她性格外向活泼，干活不怕脏、不怕累，技术全面，擅长油漆作实操和贴金工艺技术。

1976年以来她主要参加了颐和园谐趣园油饰、1977年东宫门整修油饰等工程油饰。1978年她参加了颐和园长廊修缮油饰工程，虚心向老师傅学习，贴金技术有了较大提高，打金胶，打得齐整、不流不坠，贴金贴得饱满，还省金。1978年之后她又参加了潭柘寺油饰彩画（图64-1），陶然亭公园慈悲庵修缮，颐和园霁晴轩修缮，1979年戒台寺修缮，1980年劳动人民文化宫太庙烫蜡，烟台毓璜顶修缮，1981年北海公园天王殿维修彩画烫蜡，1983年北海公园小西天修缮，地坛公园神库修缮等工程油饰。

1983年她和师傅刘进考参加中南海西华厅古建油饰彩画贴金施工。1984年之后她又参加了颐和园大戏台修缮，1985年兆龙饭店油饰贴金，惠中饭店装修燕京八景烫蜡，1987年颐和园东宫门牌楼修缮、1988年佛香阁修缮、苏州街复建，北海公园快雪堂修缮，端门下架油饰，恭王府油饰，东城柏林寺修缮，1989年颐和园长廊修缮，1990年天坛公园神厨、神库修缮等工程油饰。1991年之后她又参加了日本北海道天华园建设，1999年颐和园长廊修缮等工程油饰。2003年她参加了香山公园勤政殿复建工程（图64-2），她和曹立霞、刘燕平、王斌、英淑君参加贴金施工。金贴得既快又省，按期保质完成了贴金施工任务，得到了甲方的肯定。2004年12月退休。退休后，2006年她还参加了故宫太和门东庑、西庑及周边建筑修缮工程贴金施工，并获得了好评（图64-3）。

图64-1 1978年潭柘寺油饰彩画（杨宝生提供）
图64-2 2003年香山公园勤政殿复建工程（张道顺提供）
图64-3 2005年故宫太和门东、西庑及周边建筑修缮工程（周彦忠提供）

掌握"熬油"技术的后起之秀 郭维合

男，1959年6月出生。中共党员。1981年1月来园林修建公司油画队学徒，油工，师从刘玉明。他父亲郭广成是赵立德的徒弟。他虚心向师傅学习，干活不怕脏、不怕累。他擅长油漆作实操和"熬油"、刻牌匾等技术。曾任油工班长，1996年在园林古建公司油漆彩画工程队任油工工长。2003年在公司第三分部任油工工长。

1981年开始他主要参加了香山公园见心斋修缮，1983年北海公园小西天修缮，1985年哈尔滨文庙修缮，1988颐和园佛香阁修缮、苏州街复建，北海公园快雪堂修缮，1989年颐和园长廊修缮，中国香港沙田陵园油饰彩画，1991日本北海道天华园建设，中国香港美食城匾额制作，1992年日本熊本孔子公园二期建设等工程油饰。1996年之后他主要负责颐和园澹宁堂油饰彩画，1999年颐和园太和号游船油饰彩画等工程油饰施工（图65-1）。

1999年他负责颐和园长廊下架油饰施工。按照甲方"采用传统工艺和传统材料施工"的要求，时任油漆彩画工程队队长秦书林决定自己熬制光油。他自己在二龙闸材料组进行光油熬制。光油熬制时火候非常关键，什么时候武火（大火），什么时候文火（小火）要严格控制，还要做好详细记录。在下架油饰中，他对每道工序要求严格，特别强调捉缝灰应用铁板"横掖竖划"，不能有蒙头灰，要把毛病解决在使麻之前。在长廊施工中，还有一个故事不得不提：在"砍活"时，有游人向媒体反映说"有人在砍长廊，搞破坏，让媒体救救长廊"。北京电视台记者还专程来到颐和园了解情况。他代表公司接受记者采访并详细介绍了"砍活"是为了做地仗时粘结得牢固，是中国古建筑油漆彩绘传统工艺和做法，通过电视台的宣传打消了游人的误解。

2001年之后他又负责了中山公园水榭修缮，2003年中国香港粉岭私家园林彩画，天坛公园神乐署修复等工程油饰施工。2005年他负责了景山公园万春亭等五亭修缮工程油饰施工。他编制的地仗施工交底，不但给出了各道灰料的详细配比，各工序的施工方法及验评标准，更是对材料及每道工序严格把关。万春亭在使麻工序中，从开浆粘麻、砸干轧、翻轧，到潲生、走水轧、整理活等进行严格要求。在万春亭金柱铁箍处做"两麻六灰"地仗时，要求必须在柱子、梁枋的垫层找合格后方可使麻。市文物局质监站专家到工地检查指导时夸奖说"油画队还有这样的队伍，这麻使的厚度、平整度干净利落"。（图65-2）。

2007年他负责了中山公园长廊油饰彩画工程油饰施工。在地仗施工中，他对"一麻五灰"工序和工艺提出了具体要求：一是旧地仗砍除、清理(斩砍见木)；二是撕缝、楦缝、下竹钉；三是汁浆；四是捉缝灰；五是通灰；六是使麻；七是磨麻；八是亚麻灰；九是中灰；十是细灰；十一是磨细灰、钻生油；十二是轧线。他对每道工序进行严格把关，保证了施工质量（图65-3）。2008年之后他负责哈萨克斯坦"北京大厦"仿古工程建设，景山公园集祥阁修缮等工程油饰施工。2000年他被评为北京市总工会爱国立功竞赛标兵。2011年6月退休。

图65-1　1999年颐和园太和号游船油饰彩画
图65-2　2005年景山公园万春亭等五亭修缮工程
图65-3　2007年中山公园长廊油饰彩画工程（张道顺提供）

掌握"大漆"技术的后起之秀 李海先

男，1961年8月出生。古建油漆作技师。1979年9月来园林局修建工程处油画队学徒，油工，师从刘玉明。他的父亲李克祥曾将他托付给刘玉明师傅学习古建油漆作技术。1982年在园林修建公司油画队任油工班长。1995年他参加北京市园林局技术比赛，获得"古建油工榜眼"。2006年在园林古建公司第五分部任油工工长。2014年至今在公司总承包三部任油工工长。他技术好，擅长油漆作实操，掌握"大漆"施工技术。2014年他被评为公司古建技艺油漆作传承人。享受北京市政府技师特殊津贴。收徒李鹏胜、董兴旺。

1979年以来他主要参加了颐和园长廊修缮，陶然亭公园慈悲庵修缮，戒台寺修缮等工程油饰施工。1983之后他任班长，带领全班人员参加北海公园小西天修缮，1984年颐和园大戏台修缮，1988年佛香阁修缮、苏州街复建，北海公园快雪堂修缮，端门下架油饰，恭王府油饰，1991年日本北海道天华园建设等工程油饰。1993年他承包主持了北海公园重檐八方亭修缮油饰工程。1995年他负责颐和园东宫门油饰，中央党校省部级干部研讨楼工程（西院）油饰施工。

1995年北京市建委安排公司支援北京西客站建设，他负责西客站顶层平台古建景观工程油饰施工。在混凝土构件上做地仗油饰，表面采用新型涂料。彩画是采用明式与宋式相结合的新式彩画形式。这一新材料、新工艺、新做法的油饰彩画工艺达到了非常好的效果。公司荣获铁道部建厂局颁发的"西客站建设工程三等功"。油漆彩画工程队副队长李松云也参加了施工（图66-1）。1999年之后他参加颐和园长廊修缮油饰工程。2005年他负责故宫太和门东、西庑及周边建筑修缮工程油饰施工，杨凤歧、褚玉军等也参加了施工（图66-2）。2009年之后他负责济南园博会北京园建设，济南南郊宾馆七星湖改造，2011年重庆园博会北京园建设等工程油饰施工。

2012年他任第五分部油工工长，负责北京园博会北京园建设工程的油作实操和技术指导。在聚景阁混凝土仿古构件地仗油饰施工中，对传统材料和新材料的掺合配比进行了研究与尝试，采用了新材料、新工艺，增强了地仗粘结强度，取得较好质量效果（图66-3）。2015年负责官园花鸟鱼虫改造仿古建筑工程油作施工。2009年针对东岳庙东路伏魔殿原彩画被油漆覆盖情况，他负责组织完成的"东岳庙伏魔殿外檐彩画复原技术探索"项目"脱漆"技术攻关课题，该成果获得北京城建集团科技成果二等奖。他还在社会上讲课传授古建油饰施工工艺与技术。

图66-1	1995年西客站顶层平台古建景观工程（杨宝生提供）
图66-2	2005年故宫太和门东、西庑及周边建筑修缮工程
图66-3	2012年北京园博会北京园建设工程（张道顺提供）

图66-1

图66-3

图66-2

何方铎 — 擅长匾额制作的油漆作新秀

男，1963年9月出生。1982年3月来园林修建公司古建工程服务队学徒，油工。他虽然没有拜过师，但向李福田油漆作老师傅学习了一些古建油漆技术。1983年他任油工班班长。1989年在公司第五工程队任油工班班长，1999年任油工工长。2003年在公司第五分部任油工工长。2014年至今在公司总承包三部任油工工长。他性格内向，虚心好学，技术全面，擅长油漆作实操和匾额制作。

1982年他主要参加了香山公园碧云寺修缮，中央党校新建水榭、牌楼等工程油饰施工。1983年之后他任班长，带领全班职工参加了烟台南山公园修缮，陶然亭公园窑台修缮，1985年圆明园福海油饰彩画，1986年恭王府大戏楼油饰，1989年友谊宾馆牌楼油饰彩画，1992年日本熊本孔子公园二期建设，1993年营口人艺剧院装修等工程油饰。他从1993年开始公派出国两年多到非洲扎伊尔参加北京住总集团总包的巴多里特总统庄园工程油作施工。从1997年开始他先后参加德国柏林得月园建设一、二、三期工程油饰施工。他还曾为香山公园孙中山纪念堂，陶然亭公园名亭区亭子，中山公园来今雨轩饭庄，德国柏林德月园等工程制作匾额。

1999年他任油工工长，负责香山公园玉华岫复建工程油饰施工（图67-1）。2001年参加国际文化节德国展区木塔模型（高3米多）安装油饰施工。2002年之后他负责卧佛寺修缮，香山公园东门区油饰，智化寺油饰，2003年香山公园香雾窟复建，2006年香山公园碧云寺修缮、2007年见心斋保护修缮（图67-2），2011年北京静宜园（香山）昭庙清净法智殿、琉璃塔修缮等工程油饰施工。2014年参加静宜园（香山）永安寺修复工程施工，任质检员，还负责静宜园（香山）栖月崖等景区修复工程油饰施工（图67-3）。2015年参加加拿大萨斯卡通市中山亭油饰施工，圆满完成了施工任务。

图67-1　1999年香山公园玉华岫复建工程

图67-2　2007年香山公园见心斋保护修缮

图67-3　2014年静宜园（香山）栖月崖等景区修复工程——牌楼

画作匠师

资深老画师 郑守仁

男，1905年4月出生，北京房山人。1920～1923年在北京魁远斋油漆局学徒，画工，师从常魁林。1952年10月经李宗介绍来颐和园管理处工程班，画工工长。1953年他参加颐和园佛香阁第一次的全面整修油饰。1957年1月合并到园林局修建工程处油画队，画工。他擅长线法，因技术好、辈分高，以画作掌作为主，"起谱子"和预算是他的长项。他掌作完成的彩画工程有：1953年颐和园佛香阁建筑群修缮、1954年排云殿建筑群修缮、谐趣园修缮、德和园建筑群修缮、1959年长廊修缮、1960年石丈亭修缮、1964年清晏舫修缮、景福阁天花油画、1965年宜芸馆维修等彩画工程。他的绘画作品有：邀月门东面以散点透视绘画的西湖风景迎风板线法，是颐和园最大的迎风板线法（图68-1），他的包袱线法作品在宜芸馆、谐趣园、对鸥舫、长廊等处（图68-2、图68-3）。

1957年园林局修建工程处成立了画工革新小组，以他为主，还有画作匠师冯庆生、杨继民等，他们经过反复实践成功研制了画工天花漏板"丝印工艺"（预制时分为制板、各色印刷、漏线、攒活等工序），后应用于颐和园景福阁回纹箍头、连珠卡子、天花制作。此工艺效果与传统手工绘制无区别，且工效提高了近30倍。他还主要参加了1958年景山公园亭子修缮，1962年香山公园碧云寺大雄宝殿修缮，1963年北海公园阅古楼维修等彩画工程。1965年退休。

图 68-1　1959年颐和园长廊邀月门迎风板线法（杨宝生提供）
图 68-2　颐和园对鸥舫包袱线法之一（杨宝生提供）
图 68-3　颐和园对鸥舫包袱线法之二（杨宝生提供）

六场通透的老画师 李福昌

男，1913年5月出生，河北武强人。1927～1932年在北京瑞兴斋彩画局学徒，画工。师从他的姨父刘顿，坐科所学是用泥金在家具等载体上作画，被称为"描金匠"。1953年4月来颐和园管理处工程班，画工。1954年他参加颐和园佛香阁修缮工程，被评为一等奖，奖50元。1956年被评为先进生产者。1957年1月合并到园林局修建工程处油画队，画工。1965年晋升七级画工。他技术好，一个工沥粉36条龙，油作、画作全精通，尤以画作为最，是"六场通透"的画师。擅长人物、山水、走兽的绘画。迎风板和廊心人物绘画有颐和园排云殿、德和园、宜芸馆后垂花门等处（图69-1、图69-2），包袱、聚锦人物有贵寿无极、山色湖光共一楼、德和园等处（图69-3～图69-5），山水、走兽绘画集中于谐趣园等处（图69-6、图69-7）。他凭着一身本事成为颐和园彩画掌作的第二人，经他掌作的彩画精品有贵寿无极、谐趣园、景福阁、听鹂馆等处。收徒王忠福、孙炳堂。

1959年他还参加了人民大会堂建设宴会厅的大柱子立粉和大会堂舞台全部彩画工程施工。1960年公派出国参加蒙古人民共和国工程建设彩画工程。之后他主要参加了1963年北海公园阅古楼修缮、1964年琼岛小建筑修缮，香山公园碧云寺修缮、1965年昭庙修缮，1969年天安门重建，1971年颐和园听鹂馆维修，1974年颐和园龙王庙修缮等工程彩画。他参加编写的《公园古建筑修缮手册》，对于指导油饰彩画施工作业和培养年轻油画工起了很大的作用。在北海公园画舫斋施工时，他还给年轻人讲授彩画绘画技术。1974年12月退休。

图69-1　颐和园宜芸馆后垂花门"古城会"迎风板人物（杨宝生提供）
图69-2　颐和园宜芸馆后垂花门"单骑救主"迎风板人物（杨宝生提供）
图69-3　颐和园贵寿无极"高祖斩蛇"聚锦人物（杨宝生提供）
图69-4　颐和园山色湖光共一楼"听瀑"聚锦人物（杨宝生提供）
图69-5　颐和园德和园(大戏台)"羲之爱鹅"聚锦人物（杨宝生提供）
图69-6　颐和园谐趣园宫门包袱山水（杨宝生提供）
图69-7　颐和园谐趣园宫门包袱走兽（杨宝生提供）

张举善 超过前人线法大师

男，1908年12月出生，北京房山人。1924～1927年在北京前门外取灯胡同18号学徒，画工，师从黄德全。他专攻线法。1952年供职于西安建筑公司，画工。1953年调入北京市对外贸易部美术加工厂，画工。1958年8月来园林局修建工程处油画队，画工。1958年他参加了颐和园长廊油饰彩画修缮工程（105间），他的线法作品遍布颐和园，精品集中于石丈亭、眺远斋、宜芸馆、谐趣园等处（图70-1、图70-2）。1964年在湖山真意大梁上，他带着冯义与张锡龄开创了线法红楼梦人物绘画，成为颐和园人物绘画的又一经典（图70-3、图70-4）。

新中国成立后，绘画的线法与光绪年间保存下来的万寿寺、颐和园西宫门等处的线法相对比，不难看出是超越前人的。颐和园经典线法绘画是20世纪50～70年代老画师们的作品。线法绘画大师级人物主要有郑守仁和张举善，还有冯珍、康振江（颐和园）等。张举善在颐和园绘画的线法最多，作品遵循古法，色彩稳重朴实，绘画精细入微，构图大气严谨，他成为线法绘画顶级画师。他带出来的徒弟冯义，在继承的基础上又发展了洋抹线法，成为青出于蓝而胜于蓝的佼佼者，这与他的德艺双馨是分不开的。

他还主要参加了1962年香山公园碧云寺大殿修缮，北海公园双虹榭修缮，中山公园瑞珍厚修缮，1963年北海公园阅古楼修缮、1964年琼岛小建筑修缮，卧佛寺修缮，1965年香山公园昭庙修缮等工程彩画施工。1968年12月退休。

图 70-1　颐和园石丈亭包袱线法（杨宝生提供）
图 70-2　颐和园宜芸馆垂花门迎风板线法（杨宝生提供）
图 70-3　1964年张举善、张锡龄、冯义合笔颐和园湖山真意"红楼梦"线法人物之一（杨宝生提供）
图 70-4　1964年张举善、张锡龄、冯义合笔颐和园湖山真意"红楼梦"线法人物之二（杨宝生提供）

张锡龄 绰号"美人张"

男，1904年5月出生，北京朝阳人。1919～1923年在北京东四头条瑞丰学徒，画工。他擅长人物，尤以侍女绘画为最，人称"美人张"。1954年3月在崇文区头条象牙作，画象牙小样。1954年7月经王振生介绍来颐和园管理处工程班，画工。1954年他参加颐和园佛香阁修缮工程，被评为三等奖，奖20元。1957年1月合并到园林局修建工程处油画队，画工。他的作品主要在颐和园，迎风板和廊心人物绘画在（排云殿建筑群）（图71-1），包袱精品有宜芸馆的《东周列国志》（图71-2）和湖山真意的《红楼梦》人物（图71-3），聚锦人物精品有鱼藻轩的《西厢记》（图71-4）和贵寿无极的《红楼梦》（图71-5）。1964年，他在湖山真意与张举善合笔创新了线法人物。他还擅长异兽绘画，20世纪50年代佛香阁爬山廊、德和园游廊上的异兽都是他的作品，他还在湖山真意创作了十二属性异兽（图71-6、图71-7），他最精美的异兽保留在贵寿无极（图71-8）。此外，他还擅长草虫绘画，作品遍布颐和园，精品集中在宜芸馆、眺远斋、谐趣园等处（图71-9）。

1958年他参加了颐和园长廊油饰彩画修缮工程（105间），其中，还有王贵绘制的花鸟作品，邵铎画的山水，宋振刚绘制的金鱼作品等。他还主要参加了1958年景山公园亭子修缮，1962年香山公园碧云寺大殿修缮，1963年北海公园阅古楼修缮，1964年琼岛小建筑修缮等工程彩画施工。1965年5月退休。

图71-1　颐和园排云殿"封神演义"迎风板人物（杨宝生提供）
图71-2　颐和园宜芸馆"东周列国"包袱人物（杨宝生提供）
图71-3　颐和园湖山真意"红楼梦"包袱人物（杨宝生提供）
图71-4　颐和园鱼藻轩"西厢记"聚锦人物（杨宝生提供）
图71-5　颐和园贵寿无极"红楼梦"聚锦人物（杨宝生提供）
图71-6　张锡龄创作的十二属相——鼠（杨宝生提供）
图71-7　张锡龄创作的十二属相——牛（杨宝生提供）
图71-8　颐和园贵寿无极异兽作品（杨宝生提供）
图71-9　垂花门上的池子草虫（杨宝生提供）

冯庆生 "高彩匠"画师

男，1919年8月出生，北京房山人。中共党员。1936~1939年在北京琉璃厂观音阁长春油漆局学徒，画工，师从张仕桀。他擅长画落墨山水和花鸟。1953年8月来颐和园管理处工程班，画工，他第一次参加颐和园佛香阁全面整修油饰工程，被评为一等奖，奖50元。1955年、1956年被评为一等奖。1957年1月合并到园林局修建工程处油画队，任画工班长。1959年他掌握了"起谱子"技术，而以前都是郑守仁负责"起谱子"。1959年他被评为园林局修建工程处生产标兵。1960年晋升六级画工。他的绘画作品主要集中于颐和园的长廊、谐趣园、意迟云在、景福阁、写秋轩、听鹂馆等处（图72-1、图72-2）。收徒李菲菲、陆弘、王光宾、李燕肇。

他善于钻研业务，开展技术革新。1954年在颐和园排云殿油饰工程中，他创造出"漏晕色"操作方法（天花漏板工艺的一种），提高工效约25%。在佛香阁油饰工程中，他又创造出"自来水笔"操作工具（把颜色装在猪尿泡里，把刷子绑在猪尿泡上，里边加芯子），提高工效40%~50%。1957年他参加园林局修建工程处成立的画工革新小组，与其他画作匠师们经过反复实践成功研制了画工天花漏板"丝印工艺"，提高工效近30倍，后应用于颐和园景福阁天花制作。1959年他参加北海公园长廊油饰，又创造了"漏仙鹤"新工具（在做天花时，以前用刷子刷色，经过改进后用漏板漏漏出来的仙鹤形状），进度又快质量又好，还能大量节约材料。他还采用"双尖沥粉"，比单尖沥粉提高工效一倍多。

1959年6月他代表园林局参加人民大会堂建设，在第一指挥部彩画专业队担任画工组长。他带领一个组，负责大会堂宴会厅的大柱子沥粉，超额120%完成任务，获得第一指挥部的奖励。后来他又安排到第二指挥部负责大会堂舞台全部彩画施工。之后又被调到第三指挥部彩画分队任副队长，带领70人开展劳动竞赛，超额180%完成任务，大家也分到了超额奖励（图72-3）。1960年他参加中南海紫光阁、周总理办公院油饰彩画施工，负责"起谱子"，并推广"漏板漏"新工具。1960年6月他赴蒙古人民共和国参加彩画工程施工。

他还主要参加了1962年香山公园碧云寺大殿修缮、1965年昭庙修缮，1969年卧佛寺大殿修缮，1971年北海公园长廊油饰，1977年香山公园碧云寺中山堂油饰，1979年陶然亭公园慈悲庵修缮等工程彩画施工（图72-4）。1979年7月退休。退休后，他在园林修建公司劳动服务公司被返聘，任画作技术顾问。1983年参加烟台南山公园修缮彩画工程。

图 72-1　颐和园景福阁包袱山水（杨宝生提供）
图 72-2　颐和园写秋轩之瞰碧台廊心山水（杨宝生提供）
图 72-3　1959年人民大会堂建设彩画
图 72-4　1979年陶然亭公园慈悲庵修缮彩画（张道顺提供）

杨继民 忠厚老画师

男，1934年1月出生，北京房山人。1951～1952年在北京琉璃厂观音阁长春油漆局学徒，画工，师从张仕桀，他与冯庆生是师兄弟。他技术全面，和玺彩画、旋子彩画、苏式彩画无所不能。他擅长"起谱子"。1954年1月来颐和园管理处工程班，画工。1956年晋升为五级画工。1957年1月合并到园林局修建工程处油画队，画工。1957年他参加园林局修建工程处成立的画工革新小组，与其他画作匠师们经过反复实践成功研制了画工天花漏板"丝印工艺"。收徒张玉兰。

1959年和1979年他先后两次参加颐和园长廊修缮油饰彩画工程，他绘画了花鸟作品和一幅包袱人物（图73-1）。第二次长廊油饰彩画施工，他对包袱内有保留价值的人物画，对地仗采取特殊的处理后，提底色，用色重新勾画出来，保持原画面的效果，把原作品保留下来。"水淹七军"、"草船借箭"、"闹无底洞"等作品，就是他用这种技法保留下来的。还有他绘制的"画龙点睛"、"蓝桥捣药"等作品。1979年长廊彩画还有赵实兴（爱新觉罗·溥仙）绘制的花鸟作品，杨继民还参加了颐和园听鹂馆等油饰彩画工程，画家干画工，开创了"颜色写意"绘画技法。1979年长廊彩画还有冯世怀的绘画作品。

杨继民还主要参加了1962年北海公园双虹榭修缮、1964年琼岛小建筑修缮，颐和园湖山真意、鱼藻轩油饰（图73-2），1965年香山公园琉璃塔修缮，1971年颐和园听鹂馆修缮，北海公园长廊油饰、1972年五龙亭修缮，1974年颐和园龙王庙修缮、1977年画中游修缮、东宫门整修油饰等彩画工程。1978年他参加了潭柘寺中轴线牌楼、天王殿、大雄宝殿、毗卢阁即配殿配楼的彩画工程（图73-3），他带着画作匠师冯世怀、王忠福、杨瑞亭、张京春、盛大鸣、刘立新等负责画作。施工前，他和赵立德、郑殿基一起对中轴线建筑进行了普查，详细记录原做法和原工艺，由郑殿基写出做法说明，保证了"原工艺、原材料、原做法"的落实。1979年他参加陶然亭公园慈悲庵修缮彩画工程。1984年他带领画作匠师吴泽民、曹毅、臧迎建、贾树鹏、刘金利、邓宝晨等参加武汉黄鹤楼油饰彩画施工，特别是以仙鹤为主题的天花板的创新设计，至今仍为上品（图73-4～图73-6）。1990年4月退休。

图 73-1　颐和园长廊"画龙点睛"包袱人物（杨宝生提供）
图 73-2　颐和园鱼藻轩六架梁包袱花鸟（杨宝生提供）
图 73-3　1978年潭柘寺大雄宝殿大梁彩画（杨宝生提供）
图 73-4　1984年武汉黄鹤楼天花之一（杨宝生提供）
图 73-5　1984年武汉黄鹤楼天花之二（杨宝生提供）
图 73-6　杨继民在北海公园团城合影。右起：杨继民、赵立德、杜仙洲、李聚贤、李子风（赵杰提供）

民间画家 李作宾

男，1904年出生，河北新城县人。家境不错，父辈两人只有他一根独苗，便重点培养他学艺，从师于寺庙僧人，学习人物和壁画绘画，从小打下了扎实基础。出师后以卖画为生，他是一位农民画家。1953年来颐和园管理处工程班，画工。1957年1月合并到园林局修建工程处油画队，画工。他的绘画开创了古建筑彩画绘画的新篇章，完成了从匠到师的升华，可以说他是"前无古人，后无来者"的古建筑彩画绘画大师。他的绘画工艺为"落墨搭色"，绘画线条是"钉头鼠尾螳螂腰"；墨色浓重，颐和园宜芸馆东配房的两个廊心画的是"落墨人物"，不施任何颜色，开创了颐和园落墨人物绘画的先河（图74-1、图74-2）。他的绘画博采众长、汲取各方营养，他临摹清代著名画家任伯年的作品，真是惟妙惟肖（图74-3）。他在落墨搭色技法中融入洋抹、国画、油画等技法，在保持传统工艺基础上有所发展，使绘画脱俗升华，并满足现代观瞻需求。他的作品主要在颐和园的长廊（图74-4）、谐趣园、留佳亭（图74-5）、眺远斋（图74-6）、北宫门、宜芸馆及后门廊、荇亭及周边建筑，绘画于迎风板、包袱、聚锦等不同载体，题材广泛、内容丰富、洋洋大观，其中不乏他创作的珍品。

1979年他第二次参加长廊油饰彩画施工。针对包袱多，老师傅年岁已高，不能上架子，工期紧等特点，他首创了"包袱预制"新工艺，开创了"提地儿彩画"和"过色见新"新工艺。他不但人物画得好，山水、花鸟、走兽亦佳，如颐和园谐趣园、长廊上的包袱山水，花鸟擅长仙鹤与八哥，谐趣园中的"日月同辉"（松鹤延年）的题材都是他的作品（图74-7），长廊、眺远斋等处都有他的八哥花鸟题材（图74-8）。

北海仿膳、善因殿还保留着他的人物、花鸟作品。陶然亭公园慈悲庵亦留有他绘制的"刘海戏金蟾"作品。他1962年回原籍，继续卖画为生，做他的农民画家。1979年颐和园长廊重新彩画时，请他回来，时间达一年有余，为长廊绘画包袱人物80余幅，为八方亭画了4块迎风板。1985年园林古建公司修缮烟台毓璜顶，请他在家画了15块迎风板人物，这是他在古建筑上的最后作品（图74-9）。

| 图 74-1 | 颐和园宜芸馆后门廊"承彦桥归"包袱人物（杨宝生提供）
| 图 74-2 | 颐和园宜芸馆东配房后檐"落墨"廊心人物（杨宝生提供）
| 图 74-3 | 任伯年"苏武牧羊"粉本（摩自《荣宝斋画谱》清·任颐绘人物）（杨宝生提供）
| 图 74-4 | 颐和园长廊"苏武牧羊"包袱人物（杨宝生提供）
| 图 74-5 | 颐和园留佳亭"大闹天宫"迎风板人物（杨宝生提供）
| 图 74-6 | 颐和园眺远斋游廊"对牛弹琴"包袱人物（杨宝生提供）
| 图 74-7 | 颐和园谐趣园游廊"日月长寿"包袱花鸟（杨宝生提供）
| 图 74-8 | 颐和园眺远斋游廊包袱花鸟（杨宝生提供）
| 图 74-9 | 1985年烟台毓璜顶"八仙"迎风板人物（杨宝生提供）

图 74-1

图 74-2

图 74-3

图 74-4

图 74-5

图 74-6

图 74-7

图 74-8

图 74-9

孔令旺 "硬抹实开"人物绘画大师

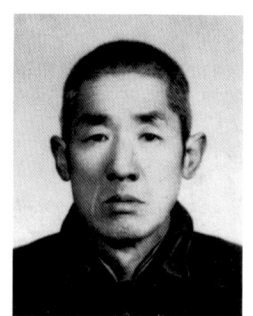

男，1905年5月出生，河北霸县人。从1922年开始跟父亲学画工，在北京干画工散活。1958年10月经李作宾介绍来园林局修建工程处油画队，定为六级画工。1959年他参加颐和园长廊油饰彩画工程，他在长廊绘制了"呼延灼大战杨智"、"十八罗汉斗悟空"、"竹林七贤"迎风板人物等作品。1959年被评为修建工程处红旗手。收徒彭晓玲。

他和李作宾哥俩生活上是好友，业务上是"对头"。李作宾参加的工程他也都参加了，老哥俩对着干，不分高低，因此出现了"较劲儿"作品，使颐和园人物绘画水平达到了巅峰。在谐趣园、北宫门、眺远斋、荇亭、长廊有两人的大量"较劲儿"作品。以长廊八方亭迎风板为例，两人绘画文对文、武对武，连绘画名称都一一相对。如，他画"竹林七贤"（图75-1），李作宾对"桃花源记"；他画"八大锤"（图75-2），李作宾对"长坂坡"；他画"枪挑小梁王"，李作宾对"三英战吕布"等。在山水、花鸟题材上老哥俩也较劲儿，两人在谐趣园留下不少山水、花鸟作品，如他画一幅"莺歌燕舞"（图75-3），李作宾一定对应一幅"日月同辉"。两人的较劲儿作品，从颐和园较到北海仿膳，从北海再到烟台毓璜顶。

他绘画认真、一丝不苟，一天到晚总是不停地画，没有李作宾时依然如故。颐和园石丈亭、湖山真意、眺远斋（图75-4）、玉澜堂（图75-5），陶然亭公园慈悲庵，潭柘寺流杯亭、行宫院等处留下了不少他的珍品（图75-6）。

1965年他参加颐和园宜芸馆及前庭院油饰彩画工程，展示了他的才能。他在宜芸馆彩画上开创了两个第一：一是"硬抹实开"人物，"硬抹实开"是传统工艺，旧时主要用于花鸟题材的绘画，人物绘画都是"落墨搭色"工艺，因此，他开创了颐和园彩画"硬抹实开"技法人物的先河；第二是在宜芸馆率先使用连环画册（小人书）粉本，他是照着小人书绘画颐和园包袱人物的第一人。宜芸馆有以《三国演义》、《西游记》连环画册为粉本的包袱人物，还有《大闹天宫》、《白蛇传》彩色连环画册为粉本的包袱人物（图75-7）。1966年5月退休。退休后在园林局修建工程处油画队返聘，任画作技术顾问。颐和园景福阁是1973年油饰彩画的，当时人物画还不敢画，他只得"反串"了山水（图75-8），使颐和园人物绘画少了不少珍品。1979年他参加了第二次颐和园长廊油饰彩画施工，留下了他近百幅宝贵作品。

图75-1　颐和园秋水亭"竹林七贤"迎风板人物（杨宝生提供）
图75-2　颐和园寄澜亭"八大锤"迎风板人物（杨宝生提供）
图75-3　颐和园谐趣园游廊"莺歌燕舞"包袱花鸟（杨宝生提供）
图75-4　颐和园眺远斋"舌战群儒"包袱人物（杨宝生提供）
图75-5　颐和园玉澜堂"水漫金山"包袱人物（杨宝生提供）
图75-6　1979年潭柘寺行宫院"大闹天宫"包袱人物（杨宝生提供）
图75-7　任率英绘《白蛇传》彩色连环画十一图粉本（杨宝生提供）
图75-8　颐和园景福阁包袱山水（杨宝生提供）

冯义 线法创新大师

男，1935年1月出生，北京人。1953年来颐和园管理处工程班学徒，画工。师从郑守仁，学艺于师叔张举善。他擅长线法，开创了洋抹线法。1953年他参加了颐和园佛香阁第一次的全面整修油饰，硬卡子开粉最多每工100个。1957年1月合并到园林局修建工程处油画队，画工。1969年在油画队任画工二班班长。收徒包一建。1958年他参加了颐和园长廊修缮油饰彩画工程（105间），有他绘制的"墨叶花"（黑叶子花）、"博古"等作品（图76-1、图76-2）。1979他第二次参加了颐和园长廊整修油饰施工，有他绘制的包袱线法、包袱洋抹山水。他还负责"沥粉"，沥大粉横平竖直、沥小粉线条均匀，最多每工沥粉50条龙。还有画作匠师王忠福绘制的包袱山水作品。

1959年6月他参加了人民大会堂建设宴会厅的大柱子沥粉和大会堂舞台全部彩画施工。1969年他支援第五建筑公司参加天安门重建施工，园林局修建工程处负责天安门北面和西侧的油饰彩画，房修二公司负责天安门南面和东侧油饰彩画。天安门重建时，要把长66米、宽37米、高33米的天安门城楼整体罩在用杉篙和苇席搭设的巨大席棚内，其主要作用一是保密，天安门重建工程被定为"秘密翻建"；二是保温，在席棚四周铺设取暖管，中山公园内建临时锅炉房，连接通往席棚内取暖的上下水管道。施工中，天安门城楼按照原貌重建的原则早已确定，但在细节上，"原貌重建"的分寸还要具体分析和把握。如对于城楼上的彩画各方意见就很激烈，有人认为，古建筑重建就应当按照传统的方式修建，保持原有的龙的装饰。另一种意见则坚持，城楼上的"金龙和玺"彩画是"四旧"，属于封建内容，应该具有新的革命意义，提出用葵花等取代龙。两种意见争持不下，后经周总理批示：天安门彩画整体用朴素的"西番莲和玺"（大丽花）。他带领画作匠师李福昌负责天安门北面和西侧的彩画施工，编入油漆彩画连彩画班，他因娴熟"沥粉"技术被称为"沥粉大师"。天安门重建，从1969年12月开工到1970年4月完工仅仅用了112天，一座金碧辉煌、雄伟壮丽的天安门城楼展现在世人面前（图76-3）。

他还参加了1963年北海公园阅古楼修缮、1964年琼岛小建筑修缮，颐和园湖山真意油饰、景福阁天花油画，1965年北海公园画廊修缮，1971年颐和园听鹂馆修缮（图76-4、图76-5），北海公园五龙亭修缮，1976年颐和园谐趣园油饰、1977年画中游修缮，地坛公园古建油饰，1978年潭柘寺油饰彩画，陶然亭公园慈悲庵修缮等彩画工程。1980年被调到北京电影制片厂。为传承苏式彩画工艺技术，培养具有苏式彩画传统工艺水准的画师，2013年12月25日园林古建公司举办了苏式彩画技艺传统拜师仪式，他喜收公司画工张民光为其弟子。在"保护文化遗产，传承古建技艺"大型横幅悬挂的拜师会场上，师傅坐在有红缎椅垫的太师椅上，徒弟张民光行拜师礼。徒弟向师傅敬茶，师傅赠予徒弟赠言。师傅送给徒弟自己画的线法照片，徒弟赠送师傅一把工笔扇面。公司领导和原油画队退休职工以及部分在职画作匠师也一同见证了（图76-6、图76-7）。

图 76-1	颐和园石丈亭墨叶花之一（杨宝生提供）
图 76-2	颐和园石丈亭墨叶花之二（杨宝生提供）
图 76-3	1970年天安门重修后修建工程处与房修二公司画工合影。前排左起：李福昌（一）、冯义（二）、蒋广全（三）、李聚贤（四）。后排左起：李则成（一）、王梦楼（四）、赵金成（五）（冯义提供）
图 76-4	1971年颐和园听鹂馆小戏台包袱线法（冯义提供）
图 76-5	1971年颐和园听鹂馆小戏台包袱线法（杨宝生提供）
图 76-6	2013年冯义收张民光为徒合影（杨宝生提供）
图 76-7	2013年冯义在收徒仪式上合影。左起：刘玉明、冯义、徒弟包一健（杨宝生提供）

秦书林 油画全能画师

男，1954年10月出生。中专学历。中共党员。1971年12月来园林局修建工程处油画队学徒，油工。1974年改学彩画，走的是油漆与彩画全面发展之路。他曾担任画工班班长、画工工长。他擅长落墨山水、写意花卉等，理论与实践相结合，开创了油作、画作一人"掌作"的先河。1988年9月在园林古建公司任油漆彩画工程队副队长，1992年8月任队长，2003年任第三分部经理，2010年任公司总经理助理兼第三分部经理。2014年他被评为公司古建技艺油画传承人。

1979年、1989年他两次参加颐和园长廊油饰彩画工程，绘画的作品集中于长廊包袱、方心、聚锦绘画上百幅，落墨山水包袱50多幅（图77-1、图77-2）。他还主要参加了1972年颐和园听鹂馆修缮、1976年谐趣园油饰、1977年东宫门整修油饰、南湖岛油饰（图77-3）、画中游修缮、1978年陶然亭公园慈悲庵修缮，潭柘寺油饰彩画，1981年香山公园见心斋修缮，1983年天津水上公园油画，北海公园小西天修缮，1984年卧佛寺藏经楼修缮，颐和园大戏台修缮等油饰彩画工程。

他主持的油画工程主要有：1984年英国利物浦燕秀园建设，1985年齐齐哈尔关帝庙油饰，1986年恭王府吟香醉月楼、戏楼油饰彩画，济南解放阁、万竹园修缮等油饰彩画工程。1987年他组织英国曼彻斯特中国城牌楼油饰彩画施工，并设计绘制彩画谱样。王忠福也参加了施工。1988年他参与十三陵昭陵复建工程油画方案的设计和审定，并绘制部分彩画图样。

1989年之后他任公司油漆彩画工程队副队长、队长，三分部经理期间，负责组织北海公园快雪堂油饰彩画施工。1991年负责日本北海道天华园油饰彩画工程方案的制定和小样及彩画的预制。1993年负责组织广东银海宋街建设工程油饰彩画施工，主持的彩画设计完全体现了宋代风格建筑（图77-4、图77-5）。1994年之后又负责组织中央党校省部级干部研讨楼修缮，1996年颐和园澹宁堂油饰彩画，1998年昆明世园会万春园建设，1999年颐和园长廊修缮，2005年景山公园万春亭等五亭修缮（图77-6），2007年中山公园长廊油饰彩画，哈萨克斯坦"北京大厦"仿古建筑等修缮油画工程施工。他还参加2008年天安门广场摆花宫灯画心图案设计。2010年参与组织西宁市京韵青风景区建设。2011年负责组织天安门广场摆花大红灯笼制作安装，参加施工的人员还有：冯志刚、夏云贵、李志普等。

他精通各种油饰彩画工艺，几十年在古建彩画工艺做法、颜料调配方面潜心研究探索，坚持继承与发展，取得了重大突破和创新成果。如1992年天津清真寺油漆彩画施工，他考虑到宗教因素经过反复试验用现代材料替代传统材料，达到了古建油漆彩画质量要求。1996年他任课题组长主持研究"中国古建油漆作地仗新工艺"，获得北京市科技进步三等奖，1997年被列入北京市重大科技推广项目。他潜心探索研究古建彩画材料的研发与使用课题，特别是彩画大色如巴黎绿、佛青等如何保持色彩耐久，同时具有抗湿、抗潮、不脱落、粘结力强等特性。他发现乳胶调色弊病甚多，色彩不耐久、易变色、不易找补，特别是靠近水面的建筑彩画几年就不行了。他经过数年的实践努力，攻克了这一难题。2003年在中国香港粉岭私家园林彩画施工中，将研制出的抗湿抗潮、防雨水侵蚀、色彩耐久延年的彩画工艺做法与颜料调配应用到此项工程，一改过去对雨水侵蚀的彩画采用"罩油"的做法（图77-7）。2013年他负责组织青岛世园会北京园工程施工，将所研制的"清水木蜡油"新工艺与技法应用于此项工程大木装修。对传统的烫蜡工艺进行革新，开创了新型的环保材料和工艺，成为最为便捷的油漆工艺，既解决了以往松木不能上蜡的问题，达到了硬木烫蜡的效果，又彻底解决了油饰上的环保问题（图77-8、图77-9）。2014年他研制的清水木蜡油工艺中"蜂蜡"技法应用到"水立方"室内木隔断装修，为APEC会议在京召开添彩。2014年10月退休。退休后被公司返聘，2015年他主持第十届武汉园博园北京园建设工程施工（图77-10）。1990年、1992年、1995年被评为北京市园林局先进个人。1996年中国风景园林学会授予他"园林古建技术名师（画作）荣誉称号"。1997年被评为北京市爱国立功竞赛标兵。

图 77-1	1979年颐和园长廊包袱山水之一（杨宝生提供）
图 77-2	1979年颐和园长廊包袱山水之二（杨宝生提供）
图 77-3	1977年颐和园南湖岛油饰彩画（杨宝生提供）
图 77-4	1993年秦书林绘制的广东银海城宋街彩画式样一（秦书林提供）
图 77-5	1993年秦书林绘制的广东银海城宋街彩画式样二（秦书林提供）
图 77-6	2005年景山公园万春亭等五亭修缮
图 77-7	2003年中国香港粉岭私家园林彩画（张民光提供）

图 77-8　2013年青岛世园会北京园"清水木蜡油"油饰（秦书林提供）

图 77-9　2013年青岛世园会北京园（杨宝生提供）

图 77-10　2015年武汉北京园建设（杨宝生提供）

陆弘 人物绘画状元

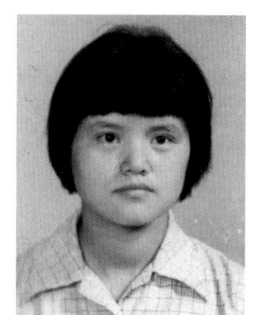

女，1956年2月出生。1974年9月来园林局修建工程处施工二队李振麒瓦工班。1975年1月调到油画队画工一班学徒，画工。班长王忠福。师从冯庆生。她擅长彩画实操。1980年被评为北京市园林局先进个人。1985年被评为北京市园林局"三八"红旗手。1995年在北京市园林局行业竞赛评比中被授予"古建彩画状元"。1996年被中国风景园林学会授予"园林古建技术名师（画作）荣誉称号"。她的作品集中在颐和园长廊、画中游，最好的绘画是乐寿堂配殿的落墨廊心人物（图78-1）。她还擅长"婴戏"（小孩）绘画（图78-2）。

1979年参加颐和园长廊油饰彩画工程，有她绘制的"渊明爱菊"、"赤壁夜游"、"降龙"、"伏虎"、"八仙过海"等包袱人物（图78-3）。还有张京春绘制的落墨廊心和包袱人物。她与张京春是人物绘画的姊妹花，都是画人物的。张京春从画师到画家，早已到中国香港、东南亚作画，现成立了自己的工作室。还有青年画师李远的人物绘画，多以小人书为粉本，《水帘洞》3幅，《东郭先生》2幅，《病入膏肓》1幅，《智取陈仓》2幅等，长廊还有花鸟、走兽包袱人物。他们自创的铁线落墨搭色或工笔重彩，人物传神、栩栩如生，给后人留下了宝贵的作品，有许多作品已被颐和园管理处作为文物记入了档案。

她还主要参加了1975年颐和园写秋轩修缮、1976年谐趣园油饰、1977年画中游修缮，1979年潭柘寺油饰彩画，陶然亭公园慈悲庵修缮，戒台寺修缮，颐和园霁晴轩修缮，1981年北海公园天王殿维修彩画，1984年卧佛寺油饰，颐和园大戏台修缮等油饰彩画工程（图78-4）。1986年她参加北海公园小西天油饰彩画施工，画作匠师王忠福、李远、吴泽民、杨瑞亭、曹毅、贾树鹏、张京春、李叔虹、盛大鸣、刘金利、张志波、邓宝晨等也参加了施工。之后她又参加1988年明十三陵昭陵复建，颐和园佛香阁修缮、苏州街复建等彩画工程。1990年之后用一年左右的时间，她和马玉梅、张京春一起在油画队设计、制作了包括各种天花和各式标准彩画小样。1991年之后她还参加了日本北海道天华园建设，颐和园景明楼复建（图78-5），1994年中央党校省部级干部研讨楼修缮，1996年颐和园澹宁堂油饰彩画、畅观堂油饰、2000年文昌阁油饰，中山公园2号院翻建，2003年中国香港粉岭私家园林彩画等彩画工程（图78-6）。2004年12月退休。

图 78-1	颐和园乐寿堂聊斋志异"秋海棠"落墨廊心人物（杨宝生提供）
图 78-2	颐和园画中游"婴戏"迎风板人物（杨宝生提供）
图 78-3	1979年颐和园长廊邀月门迎风板（局部）（杨宝生提供）
图 78-4	1984年颐和园德和园（大戏台）修缮彩画（杨宝生提供）
图 78-5	1991年颐和园景明楼复建彩画（杨宝生提供）
图 78-6	2003年中国香港粉岭私家园林彩画（张民光提供）

线法绘画新秀 包一建

女，1953年10月出生。1970年6月来园林局修建工程处油画队学徒，画工，班长李福昌。后到冯义画工二班，师从冯义。她专攻线法。1970年开始她主要参加了香山公园碧云寺修缮、昭庙修缮，1971年颐和园听鹂馆修缮，北海公园长廊油饰，1974年颐和园龙王庙修缮、1996年谐趣园油饰、1977年画中游修缮、东宫门整修油饰等彩画工程。

1979年她参加了颐和园长廊整修油饰工程，有她绘制的包袱线法。主要作品：邀月门"提地儿"郑守仁1959年绘迎风板，长廊四架梁方心线法，她与师爷郑守仁合笔长廊包袱线法（图79-1），还有冯东洪绘制的包袱山水。冯东洪20世纪90年代调出园林古建公司，后师从北京画院当代山水画名家郭传璋先生，学习水墨山水，从画匠到画家。之后包一建又参加潭柘寺油饰彩画，陶然亭公园慈悲庵修缮，1979年戒台寺修缮，1981年北海公园天王殿维修彩画，1984年颐和园大戏台修缮，卧佛寺油饰，1986年北海公园小西天修缮（图79-2），1988年佛香阁修缮、苏州街复建，明十三陵昭陵复建，1990年北京柏林寺行宫院复原（图79-3），1991年日本北海道天华园建设，颐和园景明楼复建（图79-4），1994年中央党校省部级干部研讨楼修缮，1996年颐和园澹宁堂油饰彩画（图79-5）、畅观堂油饰等彩画工程（图79-6）。2003年10月退休。

图79-1　郑守仁与包一建合笔长廊包袱线法（杨宝生提供）
图79-2　1986年北海公园小西天观音殿修缮后藻井天花（杨宝生提供）
图79-3　1990年包一建绘制的柏林寺行宫院油饰彩画工程正殿彩画修复式样（罗德阳提供）
图79-4　1991年颐和园景明楼复建彩画（杨宝生提供）
图79-5　1996年颐和园澹宁堂复建仿清早期苏式彩画（杨宝生提供）
图79-6　1996年颐和园畅观堂油饰彩画（杨宝生提供）

王洪 优秀画作工长

男，1958年2月出生。中共党员。1977年3月北京大兴县红星公社插队，知青。1978年12月来园林局修建处油画队画工一班学徒，画工，班长王忠福。1994年在园林古建公司油漆彩画工程队任画工班班长，1996年任画工工长。2003年在公司第三分部任画工工长。2009年在北京建工学院礼堂拜古建彩画专家王仲杰先生为师。他擅长山水国画以及古建彩画设计与研究。

1979年开始他主要参加了颐和园长廊整修油饰，潭柘寺油饰彩画，戒台寺修缮，1983年北海公园小西天修缮，1984年颐和园大戏台修缮，武汉黄鹤楼油饰彩画（图80-1），1988年颐和园佛香阁修缮、苏州街复建，日本新潟天寿园建设，1991年加拿大枫华园酒店建设，日本熊本孔子公园建设等彩画工程。

1991年之后他任画工工长，主持颐和园景明楼复建，1992年天津清真寺修缮，1993年广东银海城宋街建设，1994年天安门广场国庆摆花中华轮（图80-2），德国路德维西堡中国酒店，1995年中央党校省部级干部研讨楼工程（东院），1996年颐和园澹宁堂油饰彩画、1997年画中游修缮、1999年清晏舫（石舫）修缮、长廊修缮、"太和号"游船油饰，2002年天坛公园神乐署修复（图80-3），2003年中国香港粉岭私家园林彩画，2004年景山公园万春亭等五亭修缮等彩画工程。

2005年他主持了天坛祈年殿院建筑群修缮彩画施工，任画作工长。祈年殿院建筑群各建筑的外檐彩画，根据1935年前历史照片重新绘制；室内彩画除尘，残缺处修补。祈年殿院各建筑的彩画形式分为和玺彩画和旋子彩画两种。和玺彩画包括：南砖门为龙和玺彩画，祈年殿为双色金琢墨龙凤和玺彩画，祈年门、皇乾殿为金琢墨龙凤和玺彩画。旋子彩画包括：东、西配殿为墨线大点金旋子彩画，东、西砖门为墨线小点金旋子彩画。他在彩画施工中，负责"起谱子"和指导沥粉等关键技术工序。祈年殿、皇乾殿和祈年门原室内彩画保存完好，此次修缮做法为除尘，首先用掸子清除尘土，再用软毛刷仔细清理彩画表面，最后用特殊工艺做出的荞麦面团在彩画上进行滚粘，清除了彩画尘土（图80-4）。

2007年他主持中山公园长廊彩画施工，负责长廊彩画的设计、"起谱子"和施工技术指导。对长廊包袱彩画内容逐段逐间地进行二次设计，编排出每一间内外檐每块包袱的题材和内容。组织画面时许多元素也不是信手拈来，他翻阅了大量画册，尤其在绘制洋抹等写实山水时，还组织人员到相关景点拍摄实景照片供绘制参考。参加施工的主要人员还有：李志普、姚双杰、何景龙、李玉福等（图80-5）。

2006年他任项目经理，负责组织宁夏驻北京办事处四合院工程建设。2008年他还主持哈萨克斯坦"北京大厦"商务中心仿古建筑工程彩画（图80-6）和2010年西宁市京韵青风景区建设工程部分彩画施工。2011年参加天安门广场摆花制作安装大红灯笼等。2013年2月退休。

图80-1　1984年武汉黄鹤楼油饰彩画（杨宝生提供）
图80-2　1994年天安门广场摆花——中华轮油画。右一：王洪
图80-3　2002年天坛神乐署正殿修复除尘后的内檐彩画
图80-4　2005年天坛祈年殿院建筑群修缮外檐彩画
图80-5　2007年中山公园长廊油饰彩画
图80-6　2008年哈萨克斯坦北京大厦牌楼油饰彩画（王洪提供）

张玉兰 桃柳燕绘画新秀

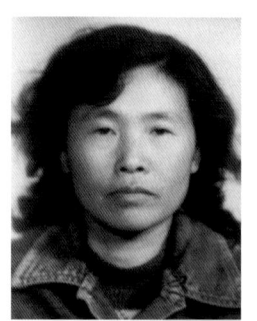

女，1953年2月出生。1970年6月来园林局修建工程处油画队学徒，画工，师从杨继民。班长李福昌。后到画工二班，班长冯义。她擅长桃柳燕绘画。

她主要参加了1971年颐和园听鹂馆修缮，北海公园长廊油饰，1973年颐和园益寿堂修缮、景福阁修缮、1974年龙王庙修缮、1975年写秋轩修缮，香山昭庙修缮，1976年颐和园涵虚堂修缮、五方阁修缮、1977年画中游修缮等彩画工程。

1979年她参加颐和园长廊油饰彩画施工，有她绘制的长廊包袱金鱼"金鱼（玉）满堂"两幅，长廊枋心金鱼、桃柳燕，八方亭、鱼藻轩方心金鱼很多幅（图81-1～图81-4）。1979年以后公司彩画工程的金鱼题材基本是她画的。她还参加了1978年潭柘寺油饰彩画，陶然亭公园慈悲庵修缮，1979年戒台寺修缮，1981年北海天王殿维修彩画，中山公园新建金鱼展园，香山见心斋修缮、1982年碧云寺修缮油饰，1986年北海公园小西天修缮，颐和园大戏台修缮，1988年颐和园佛香阁修缮、苏州街复建，十三陵昭陵棱恩殿复建，北海公园快雪堂修缮（图81-5），1991年日本北海道天华园建设，颐和园景明楼复建，1994年中央党校省部级干部研讨楼修缮，1996年颐和园澹宁堂油饰彩画、畅观堂油饰、2000年文昌阁油饰，中山公园2号院翻建等工程彩画。2003年2月退休。退休后她还参加了中国香港粉岭私家园林彩画施工（图81-6）。

图81-1　1979年颐和园长廊包袱金鱼（杨宝生提供）
图81-2　1979年颐和园长廊枋心金鱼、桃柳燕（杨宝生提供）
图81-3　1979年颐和园长廊八方亭檐步内檐彩画（杨宝生提供）
图81-4　颐和园鱼藻轩彩画（杨宝生提供）
图81-5　1988年北海快雪堂浴兰轩彩画（杨宝生提供）
图81-6　2003年中国香港粉岭私家园林彩画——会客厅（秦书林提供）

罗德阳　山水绘画标兵

男，1958年5月出生。中共党员。1977年3月北京顺义县北务公社插队，知青。1978年12月来园林局修建处油画队画工二班学徒，画工，班长冯义。1988年在园林古建公司油漆彩画工程队任画工班班长。1990年任画工工长。1990年被评为北京市园林局优秀园林青年。1991年被评为北京市爱国立功竞赛标兵。

1979年开始他主要参加了颐和园长廊整修油饰，香山芙蓉馆修缮，陶然亭公园慈悲庵修缮，潭柘寺油饰彩画，戒台寺修缮，1981年中山公园新建金鱼展园，1982年香山公园碧云寺修缮油饰，1983年天津水上公园油画，北海小西天修缮，1984年武汉黄鹤楼油饰彩画，颐和园大戏台修缮，1988年颐和园佛香阁修缮、苏州街复建，十三陵昭陵棱恩殿复建，他具体负责藏经楼外檐油饰彩画施工。1988年之后又参加了北海公园快雪堂修缮，日本新潟天寿园建设彩画施工。画作匠师贾树鹏、关鹏等也参加了天寿园施工。

1990年他还主持恭王府邀月台游廊油饰彩画，队里采用工号招标方法，他提出承包方案，在工期进度，材料节约，工力安排上都比较科学合理，一举中标，他带领全班以全优的质量按期完工。古建专家李聚贤老先生称赞道："你们古建公司油画队的活越来越精了。"北京东城区柏林寺行宫院彩画是唯一的清早期苏式彩画，是他1990年主持复原的，他与妻子杨翠萍各画了一个式样，是夫妻合作的最好范例（图82-1～图82-4）。1991年以后他主要参加了日本熊本孔子公园建设，颐和园景明楼复建，1992年天津清真寺修缮，1994年负责中央党校省部级干部研讨楼修缮等彩画工程施工。1995年负责北京西客站顶层平台古建景观工程彩画施工，彩画是采用明式与宋式相结合的新式彩画形式（图82-5）。1996年他参加颐和园澹宁堂油饰彩画、畅观堂油饰彩画工程。1997年之后他负责景山公园万春亭修缮，1998年昆明世界园艺博览会万春园建设，2000年颐和园文昌阁油饰，埃及中埃青年友谊林牌楼及仿古建筑，2002年约旦安曼市侯赛因"中国园"建设等工程油饰彩画。2003年参加德国不来梅亭子，中国香港粉岭私家园林彩画等彩画工程。画作匠师芮学雷也参加了中国香港粉岭私家园林彩画施工。2003年之后又负责那王府修缮等彩画工程施工（图82-6）。2013年5月退休。

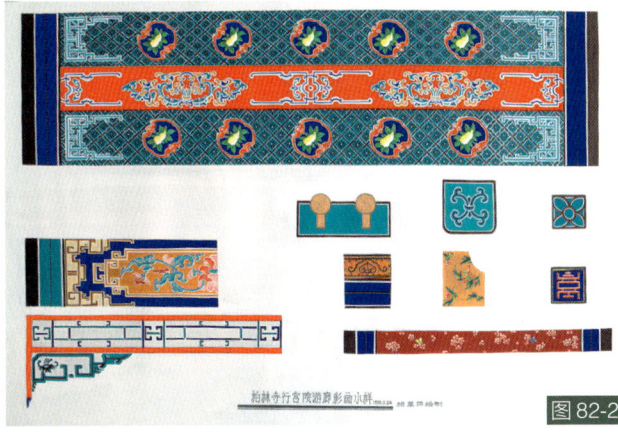

图82-1　1990年北京东城区柏林寺行宫院油饰彩画合影。前排右起：王玉伟（一）、王效清（四）、张壮（七）。后排右起：罗德阳（一）、洪伟（四）（罗德阳提供）

图82-2　1990年罗德阳绘制的柏林寺行宫院正殿彩画修复式样之一（罗德阳提供）

图82-3　1990年罗德阳绘制的柏林寺行宫院正殿彩画修复式样之二（罗德阳提供）

图82-4　1990年罗德阳绘制的柏林寺行宫院正殿彩画修复式样之三（罗德阳提供）

图82-5　1995年北京西客站顶层平台古建景观工程油饰彩画

图82-6　2003年那王府西路修缮油饰彩画（杨宝生提供）

杨翠萍 人称"牡丹杨"

女，1956年10月出生。中技学历。与罗德阳是夫妻，被称为"彩画上的夫妻档"。1976年4月来园林局修建处油画队学徒，油工，师从金惠青，后学画工。擅长花鸟题材绘画，人称"牡丹杨"。1976年以来她主要参加了颐和园谐趣园油饰、涵虚堂修缮、1977年画中游修缮、东宫门整修油饰、1978年听鹂馆油饰等彩画工程。1979年参加颐和园长廊油饰彩画工程，她的绘画作品为花鸟题材，主要画牡丹，长廊硬抹实开技法的包袱牡丹基本都是她画的（图83-1、图83-2）。

1978年之后她还参加了潭柘寺油饰彩画，陶然亭公园慈悲庵修缮，1979年戒台寺修缮，1981年北海公园天王殿维修彩画，中山公园新建金鱼展园（图83-3），香山公园碧云寺修缮油饰，1984年颐和园大戏台修缮，1986年北海公园小西天修缮，1987年颐和园乐寿堂油饰、1988年苏州街复建（图83-4），北海公园快雪堂修缮，颐和园长廊修缮，1990年天坛公园神厨、神库修缮等彩画工程。1991年之后她主要参加了日本北海道天华园建设，1994年中央党校省部级干部研讨楼修缮，1996年颐和园澹宁堂油饰彩画、1999年清晏舫（石舫）天花制作（图83-5）、2000年文昌阁油饰等彩画工程（图83-6）。2004年12月退休。

图83-1　1979年颐和园长廊包袱牡丹（杨宝生提供）
图83-2　杨翠萍为颐和园长廊彩画预制包袱（耿刘同提供）
图83-3　1981年中山公园"愉园"彩画（杨宝生提供）
图83-4　1988年颐和园苏州街复建彩画（杨宝生提供）
图83-5　1999年颐和园清晏舫（石舫）天花制作（杨宝生提供）
图83-6　2000年颐和园文昌阁油饰彩画（杨宝生提供）

马玉梅 花鸟绘画新秀

女，1956年10月出生。中技学历。1976年4月来园林局修建处油画队学徒，油工，师从王清华，后学画工。她有绘画天赋，悟性好，作品有灵气。由于她的绘画水平高，一些重点工程和关键的彩画部位都安排她参加绘制。

1976年以来她主要参加了颐和园谐趣园油饰、涵虚堂修缮、1977年画中游修缮、东宫门整修油饰、1978年听鹂馆油饰、知春亭及文昌阁整修等彩画工程。1979年她参加颐和园长廊油饰彩画施工，绘画精品是鱼藻轩大梁上的包袱花鸟，长廊不但有她绘制的包袱花鸟（图84-1），还有她的翎毛花卉作品。

1978年之后她还参加了潭柘寺油饰彩画，陶然亭公园慈悲庵修缮，1979年戒台寺修缮，1981年北海公园天王殿维修彩画，中山公园新建金鱼展园，香山公园碧云寺修缮油饰，1983年中南海西华厅油饰彩画，天津水上公园油画，齐齐哈尔明月岛油饰，1984年颐和园大戏台修缮，烟台蓬莱阁修缮，1986北海公园小西天修缮，1987年颐和园乐寿堂油饰，其中的迎风板花鸟是她的经典之作（图84-2、图84-3）。1988年之后她还参加颐和园佛香阁修缮（图84-4）、苏州街复建，北海公园快雪堂修缮（图84-5），颐和园长廊修缮，1990年天坛公园神厨、神库修缮等彩画工程。之后用一年左右的时间，她和陆弘、张京春一起在油画队设计、制作了包括各种天花和各式标准彩画小样。期间她们多次到颐和园观摩学习公司以前画作老匠师遗留下来的绘画作品。她们制作的彩画小样作品至今保留在油画队，为宣传公司承揽工程起到了关键的技术作用。1991年之后她还参加了日本北海道天华园建设，1996年颐和园澹宁堂油饰彩画等彩画工程（图84-6、图84-7）。2004年12月退休。

图84-1　1979年颐和园长廊包袱花鸟（杨宝生提供）
图84-2　1987年颐和园乐寿堂迎风板花鸟之一（杨宝生提供）
图84-3　1987年颐和园乐寿堂迎风板花鸟之二（杨宝生提供）
图84-4　1988年颐和园佛香阁修缮彩画（杨宝生提供）
图84-5　1988年北海快雪堂澄观堂彩画（杨宝生提供）
图84-6　1996年颐和园澹宁堂油饰彩画（杨宝生提供）
图84-7　马玉梅工作照（马玉梅提供）

画师中的巾帼标兵

王光宾

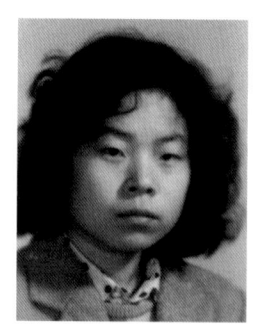

女，1964年3月出生。1983年1月来北京市园林局建筑工程公司古建工程一队学徒，画工，师从冯庆生。1985年在园林古建公司古建工程服务队工作，画工。1989年在第五工程队任画工。2003年在公司第五分部任画工工长。2009年在北京建工学院礼堂拜古建彩画专家王仲杰先生为师。她擅长彩画设计、绘画实操。2014年被评为公司古建技艺画作传承人。

1983年以来她主要参加了地坛公园神库修缮，烟台南山公园修缮，1984年北京植物园卧佛寺油饰，1985年圆明园福海油饰彩画，陶然亭公园新建杜甫草堂、姊妹亭、沧浪亭，1986年颐和园龙王庙修缮、烟台毓璜顶油饰，1995钓鱼台大楼复建及廊子、亭子修缮，1998年德国柏林得月园二期建设，1999年香山玉华岫复建，2001年烟台毓璜顶公园油饰等工程彩画施工。2003年她任画工工长，负责香山公园香雾窟复建工程清中期彩画设计和质量管理。

2003年她还参加了香山公园勤政殿复建工程，为彩画负责人。在彩画施工中，从"起谱子"到工程结束，得到了彩画专家王仲杰先生的关心与指导，严格按照清中期龙和玺彩画施工。她虚心向王先生学习彩画技艺，勤政殿和玺彩画"谱子"都是她亲手绘制的。在金龙制作时，她更是精益求精。勤政殿上千条龙纹，从升龙、降龙、行龙、团龙等纹饰，她毫无保留地指导、传授彩画技艺实操的画工，付出了大量心血。勤政殿复建工程，荣获北京市"竣工长城杯金奖"，这是古建界受此殊荣的首例（图85-1）。2004年她参加颐和园耕织图景区复建工程，任彩画工长，设计了耕织图复建工程金线苏画包袱内容，画面上体现了当时男耕女织场景。人物以江南水乡农民为主，场景以农作为基础来组织画面。专家评价为"绘制水平和精细程度是近年来的上品"（图85-2）。2008年负责东岳庙东路古建修缮彩画（图85-3）。

2009年3月退休。她退休后公司第五分部返聘，任画作技术顾问。2009年负责济南园博会北京园建设工程彩画包袱预制及质量管理。2010年参加静宜园（香山）昭庙清净法智殿、琉璃塔等修缮工程，协助甲方、设计师完成彩画纹饰设计并负责"起谱子"。2011年负责十方普觉寺（卧佛寺）轴线建筑彩画（图85-4）以及重庆园博会北京园建设工程彩画质量管理。2012年她参加北京园博会北京园工程建设，北京园彩画为旋子、苏式彩画两种，她负责彩画设计（图85-5～图85-7）。她还曾为《颐和园长廊苏式彩画》绘制彩画式样2幅；为《颐和园排云殿—佛香阁—长廊大修实录》绘制长廊四个亭子中迎风板人物白描图8幅；为《颐和园建筑彩画艺术》绘制彩画式样16幅，以及部分白描图和式样。她曾参加公司"东岳庙伏魔殿外檐彩画保护复原技术探究"项目"脱漆"技术攻关，该成果获得北京城建集团科技成果二等奖。2014年她设计的APEC雁栖湖国际会议中心海晏厅灯花方案，被甲方选中而中标，她负责"起谱子"，并带领工人圆满完成这一政治任务，使会议中心海晏厅得到了"画龙点睛"的效果（图85-8）。2014年她负责香山（静宜园）永安寺修复工程彩画技术指导（图85-9）。2014年被评为北京城建集团三八红旗手。她从事绘画、彩画设计和彩画工长三十多年来,每项工程都圆满完成,可谓画师中的巾帼标兵。

图85-1

图85-1　2002年香山勤政殿复建油饰彩画内景（杨宝生提供）
图85-2　2004年颐和园耕织图延赏斋苏式彩画（杨宝生提供）
图85-3　2008年王光宾绘画的东岳庙东路伏魔殿彩画式样（杨宝生提供）
图85-4　2011年王光宾绘画的卧佛寺大雄宝殿彩画金琢墨石碾玉旋子彩画式样（杨宝生提供）
图85-5　2012年北京园博会北京园聚景阁彩画（杨宝生提供）
图85-6　2012年北京园博会北京园聚景阁二层彩画（杨宝生提供）
图85-7　2012年北京园博会北京园聚景阁首层内檐彩画
图85-8　2014年APEC峰会雁西湖国际会都（核心岛）宴会厅天花吊顶彩画
图85-9　2014年香山静宜园永安寺修复工程彩画（鄂疆辉提供）

260 / 261 画作匠师

图85-7

图85-8

图85-9

李燕肇 从画师到项目经理

男，1966年6月出生。大专学历。古建项目经理。文物保护工程责任工程师。1982年6月来北京市园林局建筑工程公司古建工程一队学徒，画工，师从冯庆生。他擅长彩画设计、绘画实操。1985年在园林古建公司古建工程服务队工作，画工。1989年在公司第五工程队工作，画工。1995年在公司油漆彩画工程队工作，画工。2014年至今在公司总承包一部任项目经理。2014年被评为公司古建技艺画作传承人。收徒江永良。

1982年以来他主要了参加卧佛寺一、二期修缮，烟台南山公园修缮，王府井东来顺油饰彩画，1983年中央党校新建水榭、牌楼，1984年动物园豳风堂修缮，1985年圆明园福海油饰彩画，地坛公园方泽轩、宰牲亭修缮，惠中饭店装修，1986年颐和园龙王庙修缮，陶然亭公园窑台修缮，1989年北海公园庆霄楼修缮，房山石花洞新建廊子等工程彩画施工。1990年之后他负责友谊宾馆庭院连廊彩画，1991年安全部"8926"工程，1992年日本熊本孔子公园二期，香山公园索道站、静翠湖亭子，1993年颐和园听鹂馆分店装修，1995年西客站顶层平台古建景观，1996年颐和园澹宁堂油饰彩画、畅观堂油饰、2000年文昌阁油饰等工程彩画施工。

2003年参加中国香港粉岭私家园林彩画工程，他对长约15米、高1.8米的壁画做了二次设计，并绘制了江南山水市景壁画，绘画细腻、墨色浑厚（图86-1）。2003年他在那王府修缮油饰彩画（图86-2、图86-3）。2004年他为颐和园耕织图景区复建工程绘制部分彩画包袱（图86-4）。2004年他任彩画工长，负责故宫太和门东、西庑及周边建筑修缮工程彩画施工（图86-5～图86-7）。

2006年他开始承包彩画项目，在"灯花"设计施工中成绩斐然。"灯花"，是新式彩画，即在吊顶上做彩画。他设计施工的灯花，主要服务于中央领导们的住宅和办公场所，业绩十几处，积累了丰富的实践经验，成为当今灯花设计施工的领军人物。

2014年嵩祝寺修缮工程是他担任项目经理的代表作。嵩祝寺是乾隆皇帝为蒙古活佛章嘉呼图克图建造的"驻京办事处"。寺内保留着大部分乾隆时期的彩画，其中藏经楼及配殿彩画是搭袱子金琢墨石碾玉旋子彩画，是全国独一无二的。他在彩画保护中做出了突出贡献：一是正殿彩画保护，正殿顶棚拆除后，露出乾隆时期的吉祥草彩画，全部原状保留；二是藏经楼彩画保护，对藏经楼搭袱子金琢墨石碾玉旋子彩画进行除尘修补，局部补做，使这一独特彩画得到更好的传承。嵩祝寺修缮工程彰显了画师承担项目经理的优势（图86-8）。1989年他被评为北京市劳动服务公司先进个人。

图86-1　2003年中国香港粉岭私家园林江南山水市景大型壁画（张民光提供）
图86-2　2003年那王府"羲之爱鹅"包袱人物（杨宝生提供）
图86-3　2003年那王府包袱山水（杨宝生提供）
图86-4　2004年颐和园耕织图包袱山水（杨宝生提供）
图86-5　2004年故宫太和门东、西两庑修缮彩画（杨宝生提供）
图86-6　2004年故宫太和门西庑修缮彩画（杨宝生提供）
图86-7　2014年嵩祝寺修缮（杨宝生提供）
图86-8　2015年李燕肇（中）在嵩祝寺藏经楼与徒弟江永良（左）和李海先徒弟董兴旺合影（杨宝生提供）

张民光　后起之秀　人物绘画

男，1962年10月出生。中专学历。1982年9月在北京大华陶瓷厂工作，工人。1984年1月在北京義利食品厂工作，画工。1989年来园林古建公司油漆彩画工程队，画工。后拜冯义为师。他擅长人物、山水、花卉。尤以"落墨搭色"人物为好，宗李作宾，人物线条采用钉头鼠尾，施色以传统的赭石、花青为主色。特别是人物绘画的"开脸"（面部上色），是传统的"五白"技法，有独到之处。2014年至今在公司总承包一部任彩画工长。2014年被评为公司古建技艺画作传承人。

1989年以来他主要参加了颐和园苏州街复建，北海公园快雪堂修缮，恭王府油饰，1990年天坛公园神厨、神库修缮，1991年东四清真寺修缮，颐和园景明楼复建等彩画工程。1991年他参加了日本北海道天华园建设工程彩画施工。他利用近一年的时间，为"天华园"彩画包袱预制百余幅，题材为《三国演义》、《红楼梦》、《西游记》、《水浒》以及山水花鸟。画工匠师王忠福负责天华园彩画包袱预制工作。1992年之后他还参加了日本熊本孔子公园二期建设，友谊宾馆壁画，1994年德国路德维西堡中国酒店，1995年中央党校荟名园、北方园林景区油画，1996年颐和园澹宁堂油饰彩画（图87-1）、畅观堂油饰，1999年北海公园画舫斋修缮，2000年颐和园文昌阁油饰，2001年中山公园水榭修缮，2002年来今雨轩饭庄修缮等彩画工程（图87-2）。2003年参加中国香港粉岭私家园林彩画工程，绘制而成的两幅大型壁画《群仙祝寿》、《十八罗汉》就是采用了这种画法，受到各方赞扬（图87-3、图87-4）。之后他又参加那王府油画，中山公园松柏交翠亭油饰彩画、愉园修缮、投壶亭修缮、2007年长廊油饰彩画等彩画工程。

2008年他参加了天安门广场摆花工程，为巨型中华宫灯作画。宫灯为最具代表性的六方宫灯，平面为正六角形，每边长为3.21米，平面对角线长为10.21米，宫灯总高10米（不含基座高2.6米）。上层设计为中国万里长城图案，下层设计中国传统的富贵牡丹图案。宫灯上层，他用落墨山水技法将长城题材6幅画在6尺生宣纸上；宫灯下层，他用工笔重彩技法将牡丹花卉6幅画在8尺生宣纸上。12幅画心拍照后再由广告公司喷绘在灯箱广告布上，充分体现了中国传统民族文化。之后将12幅宫灯花心装裱后，由园林绿化局收藏，彰显了他的绘画水平（图87-5）。2013年颐和园德和园大修彩画时，聘请他绘画了全部廊心，其中颐乐殿后檐的两块廊心最见功底。东廊心画的"刘海戏金蝉"（图87-6）、西廊心画的"和合二仙"（图87-7）。2015年他参加武汉园博园北京园建设彩画施工，绘制了与湖北有关的《三国演义》故事11幅人物和部分山水花鸟包袱作品，让人称绝（图87-8）。

图87-1　1996年颐和园澹宁堂"张敞画眉"廊心人物（杨宝生提供）
图87-2　2002年中山公园来今雨轩饭庄修缮彩画（杨宝生提供）
图87-3　2003年中国香港粉岭私家园林"画龙点睛"包袱人物（张民光提供）
图87-4　2003年中国香港粉岭私家园林大型壁画——"十八罗汉"（局部）（张民光提供）
图87-5　2008年天安门广场摆花——巨型"中华宫灯"（杨宝生提供）
图87-6　2013年颐和园德和园颐乐殿"刘海戏金蟾"廊心人物（杨宝生提供）
图87-7　2013年颐和园德和园颐乐殿"和合二仙"廊心人物（杨宝生提供）
图87-8　2015年武汉园博园北京园建设彩画（杨宝生提供）

山石
匠师

周学凯 山石艺术大师

男，1933年10月出生，河北青县人。中共党员。工程师。1952年12月到公园管理委员会工程队学徒，瓦工。他先后担任瓦工班长、施工队长、劳资科长、山石土建工程队队长。他很有天赋，自学成才，对造园艺术、山石堆砌颇有研究，在叠石造园立意上很好地体现了山不在高，贵在层次；水不在深，妙在曲折；峰岭之胜，在于深秀的构思。他还曾撰写了《山石艺术》小册子予以总结和提炼，培养年轻人学习叠石造园技艺，可谓山石艺术大师。

1953年以来他主要参加了动物园新建黑白熊山，1954年颐和园中心岛牌楼修缮，1955年陶然亭公园慈悲庵修缮等工程。1957年园林局修建工程处决定以修香山公园为重点成立了二工区，孙祖培任工长。同年2月八大处修缮开工，由二工区管理，派他负责组织施工，带领由颐和园合并来的老师傅们（50多岁）和40多名临时工，历时一年的努力，先后完成了八大处一处200立方米的山坡毛石墙，二处走廊及所有古建筑屋面翻修，三处所有建筑屋面裹垄修缮，七处古建筑全部修缮。当时的施工条件相当困难和艰苦，劳动强度非常大，施工所用的砖、瓦、石、木等建筑材料都要靠人往山上背和扛，施工用水由山后农民（2角钱一挑）来供应。

1958年之后他主要参加了颐和园长廊（105间）修缮，1962年香山公园碧云寺大殿修缮，卧佛寺修缮，1969年动物园新建羚羊馆，1972年北海公园五龙亭修缮，1974年香山公园昭庙修缮，1991年加拿大枫华园酒店建设等工程。他还擅长砖雕，经他之手加工制作的砖雕先后用于1975年颐和园石舫修缮，1981年中山公园新建金鱼展园，1983年中国画研究院庭院（图88-1～图88-6），1984年英国利物浦燕秀园建设，1985年西土城遗址公园复建，1988年日本新潟天寿园建设等工程。

他从1982年香山饭店庭院工程开始专攻码山石。1983年第一工程队成立山石组，他带着夏志英、庞建明、韩树松、全振山4人干起了山石活。1988年园林古建公司组建山石土建工程队，他任队长。他带领大家先后设计并主持完成了几十项规模不同的假山造景工程。主要有：1983年中国画院庭院，香山公园松林餐厅，1984年长城饭店屋顶花园，首都体育馆喷泉，1985年西苑饭店、竹苑，清华大学工字厅，空军招待所，1985年北戴河喷泉，1985年玉泉山喷泉等山石工程。1985年他主持完成了双秀公园1300吨山石造景工程，公司还请来了济南市园林局山石大师何东华支援工程建设并作为山石技术顾问（图88-7）。1986年他设计并主持了西苑饭店大堂大型假山盆景施工。盆景宽5.5米，高3.5米，材料采用聚乙烯，经过人工剔凿、刻画、打磨、喷砂、着色等施工工序，假山盆景山势形状与大自然奇山险峰非常相似。1986年之后他又设计主持了动物园，邓小平住所庭园（图88-8），北京师范学院，1986年承德市喷泉，1987年首都宾馆庭院，紫竹院筠石苑（图88-9）、友贤山馆，1989年北京军区庭园，北京展览馆，大港油田，国安宾馆庭院，1993年首钢集团喷水池等山石、瀑布、喷泉、园林造景等工程。

1988年他参加日本新潟天寿园建设。天寿园占地7000平方米，设计主要采用我国皇家园林的造园手法，风格秀丽轻盈，园路逶迤，景色幽邃。他带领夏志英、庞建明、全振山等人主持完成了山石造景工程，堆砌山石 400 多吨。公司请来济南市园林局何东华师傅作为山石技术顾问。同年 10 月 8 日完工并举行开园仪式，时任国家副主席的王震为该园题写了园名（图 88-10、图 88-11）。

1991 年他参加日本北海道天华园建设。公司以第二工程队为主，第五工程队为辅派出工程技术人员 202 名，赴日施工 9 个月。天华园占地面积约 4 公顷，建筑面积 3910 平方米，其下深百米多的峡谷，是登别市名胜之一。天华园以前区、宝塔和茶室建筑呈三角形构图，永安塔高 41 米，是登别市的标志性建筑。中间以大假山为核心的园林区有瀑布、水池、洞穴，形象逼真，气势壮观。在他的指挥下，带领夏志英、庞建明、韩树松、全振山、张彭等人，一周排一次施工进度，冒着严寒，顶着 20 分钟下 20 厘米厚的大雪施工作业。主峰"飞来峰"的最大一块封顶石重达 30 吨，安装难度相当大，采用了 2 台百吨汽车吊，有时 3 台汽车吊同时起吊才得以完成。施工历时半年之久，山石用量达 7500 吨（其中日本当地供山石 7000 吨）。天华园其规模之大，气势之雄伟，堪称叠山之最（图 88-12 ～图 88-14）。工程完工后，他还在专业技术刊物《古建园林技术》上发表了题为《日本北海道山石工程施工技术和艺术效果的探讨》的论文，社会评价很高。1993 年 12 月退休。

图 88-1　1983 年中国画研究院大厅前砖雕"梅"（周学凯提供）
图 88-2　1983 年中国画研究院大厅前砖雕"兰"（周学凯提供）
图 88-3　1983 年中国画研究院大厅前砖雕"竹"（周学凯提供）
图 88-4　1983 年中国画研究院大厅前砖雕"菊"（周学凯提供）
图 88-5　1983 年中国画研究院大厅前砖雕"玉兰"（周学凯提供）
图 88-6　1983 年中国画研究院大厅前砖雕"牡丹"（周学凯提供）

图 88-7

图 88-8

图 88-9

图 88-10

图 88-11

图 88-7　1985年双秀公园山石工程（周学凯提供）
图 88-8　1986年邓小平住所庭园工程（周学凯提供）
图 88-9　1987年紫竹院公园筠石苑山石工程（杨宝生提供）
图 88-10　1988年日本新潟天寿园建设山石工程。周学凯（左一）
图 88-11　1988年日本新潟天寿园建设
图 88-12　1991年日本北海道天华园鸟瞰（李松云提供）
图 88-13　1992年日本北海道天华园建设工程——大假山山石梁安装（周学凯提供）
图 88-14　1992年周学凯和弟子们在日本北海道。庞建明（右一）、张彭（右二）、韩树松（右三）、周学凯（右四）、夏志英（左二）（周学凯提供）

叠石造园 后起之秀 夏志英

男，1955年11月出生。中共党员。1976年4月在北京北郊农场插队，知青。1978年12月来园林局修建处第一工程队学徒，瓦工。他从1982年开始在香山饭店庭院工程向周学凯师傅学习叠石造园技术。他爱动脑筋，心灵手巧，有悟性，一点就会。1983年公司第一工程队成立山石组，他调到山石组。1988年园林古建公司组建山石土建工程队，他任班长。1996年中国风景园林学会授予他"园林古建技术名师（假山工）荣誉称号"。他擅长山石堆叠、假山造景，是叠石造园后起之秀。

从1983年开始他专攻码山石，主要参加了中国画院庭院，香山公园松林餐厅，1984年长城饭店屋顶花园，首都体育馆喷泉，1985年西苑饭店，清华大学工字厅，玉泉山喷泉，1985年空军招待所等山石工程。1985年他参加了双秀公园山石造景工程，带领一组人码放北侧配峰山石。之后他又参加了1985年动物园，邓小平住所庭院，1987年西安唐华宾馆庭院，首都宾馆庭院，北京师范学院，紫竹院筼石苑、友贤山馆，1988年日本新潟天寿园建设（图89-1），1989年北京军区庭院，大港油田庭院，1990年山西水泉寨公园，1991年日本北海道天华园建设等山石工程（图89-2）。

1993年开始他独立主持了首钢集团喷水池，大庆庭院，1997年德国柏林得月园建设，天安门广场国庆摆花假山造景，1998年昆明世界园艺博览会万春园建设（图89-3），2002年约旦安曼市侯赛因"中国园"建设，2003年香山公园勤政殿复建，2004年中山公园水榭驳岸改造等山石工程（图89-4）。

2007年他又主持完成了厦门花博会"同和园"山石工程，叠石造山是该工程的一大亮点。他带领大家在施工中，严格遵循拼叠山石"同质、同色、接形、合纹"的原则和技法。"同质"，就是在山石拼叠组合时，要做到品种、质地一致。"同色"，除了质地相同外，力求色泽上的一致或协调，不失其自然风格。"接形"，就是要根据山石外形特征，将其互相拼叠组合，石形互接，特别讲究顺势，在保证预期变化的基础上又浑然一体。山石拼叠时石料处于单独状态时，主要侧重的是外轮廓的变化。当石与石相互拼叠时，山石间的石缝就变成了山石的内在纹理脉络。在山石拼叠中，"合纹"讲究山石上下的衔接严密。上下石相接时除了有意识地把大块石面闪进以外，还要避免在下层石上面闪露一些很破碎的石面。厦门"同和园"假山高7.5米，用山石约1000吨，叠石造园效果得到了组委会的称赞："公司是中国古代建筑艺术的优秀传承者"（图89-5）。2009年他还主持完成了济南园博会北京园山石工程，很好地表现了叠石造园艺术和观赏效果（图89-6）。2010年11月退休。退休后，2015年还主持完成了唐山世博会北京园建设山石工程等。

图89-1

图89-2

图89-3

图89-4

图89-5

图89-6

图89-7

图89-1	1987年西安唐华宾馆庭院山石工程（杨宝生提供）
图89-2	1988年日本新潟天寿园建设山石工程
图89-3	1989年昆明世界园艺博览会万春园山石工程
图89-4	1992年日本北海道天华园建设山石工程（全振山提供）
图89-5	2004年中山公园水榭驳岸改造工程（杨宝生提供）
图89-6	2007年厦门花博会"同和园"——北京园山石工程
图89-7	2009年济南园博会北京园建设工程山石工程

富有灵感的叠石新秀 庞建明

男，1957年9月出生。中技毕业。中共党员。1976年4月来园林局修建工程处第一工程队学徒，瓦工。他曾在第一工程队任瓦工班副班长。从1982年开始在香山饭店庭院工程向周学凯师傅学习叠石造园技术。1983年第一工程队成立山石组，他调到山石组。1988年公司组建山石土建工程队，他任副班长。他擅长山石堆砌、假山造景。在叠石造景的立意构图、园林空间、形态层次、手法技巧上赋有灵感，能很好地体现了主从分明、疏密有度、层次清晰、波浪起伏的叠石造园观赏效果。

从1982年开始他主要参加了松竹宾馆庭院，1983年中国画院庭院，香山公园松林餐厅，1984年长城饭店屋顶花园，1985年双秀公园建设，首都体育馆喷泉，1985年西苑饭店山石、西苑饭店竹苑，清华大学工字厅，空军招待所，玉泉山喷泉，动物园兽舍庭院（图90-1），1987年西安唐华宾馆庭院，首都宾馆庭院，北京师范学院（图90-2），紫竹院筠石苑、友贤山馆，空军总部医院，气象局庭院，1988年日本新潟天寿园建设（图90-3），1989年北京军区庭院（图90-4），大港油田庭院，国安宾馆庭院，1990年山西水泉寨公园，1991年日本北海道天华园建设（图90-5），通县齐天乐园，1993年首钢集团喷水池等山石工程。1983年他被评为北京市园林局先进个人。1985年被评为北京市园林局文明职工。2007年9月退休。

图 90-1　1985年北京动物园山石工程（周学凯提供）
图 90-2　1987年北京师范学院山石喷泉工程（周学凯提供）
图 90-3　1988年日本新潟天寿园建设山石工程
图 90-4　1989年北京军区庭园工程（周学凯提供）
图 90-5　1992年日本北海道天华园建设山石工程（全振山提供）

吃苦耐劳的叠石班长 韩树松

男，1952年12月出生。中共党员。1971年2月在北京平谷县大华山公社插队，知青。1974年9月来园林局修建工程处加工厂学徒，架子工。1975年调入施工一队瓦工一班学徒，瓦工，师从班长李庆增。1983年第一工程队成立山石组，他调到山石组。他先后在园林古建公司第一工程队、山石土建工程队任班长，在第六分部任项目经理。他于1982年从香山饭店庭院工程开始学习山石堆砌，并向周学凯师傅学习叠石造园技术。擅长山石堆砌、假山造景。

1975年开始他学习瓦作技术，1977年之后他主要参加了动物园新建小兽舍、新建非洲象房，1978年紫竹院公园新建水榭等工程。从1982年开始他干起了山石工程，带领全班完成了一个又一个山石造园工程。他主要参加了1982年松竹宾馆庭院，1983年中国画院庭院，香山公园松林餐厅，1984年长城饭店屋顶花园，1985年西苑饭店（图91-1），清华大学工字厅等山石工程。1985年他参加双秀公园山石造景工程，用山石1300吨。主峰是济南市园林局山石大师何东华带着人码放的，韩树松带着人主持完成了北侧配峰山石施工（图91-2）。之后他又参加了1985年玉泉山喷泉，1986年安全部水池，1987年紫竹院筠石苑（图91-3）、友贤山馆，1989年北京展览馆，大港油田，1990年山西水泉寨公园，1991年加拿大枫华园酒店建设，1991年日本北海道天华园建设（图91-4），1992年通县齐天乐园，1993年首钢集团喷水池，1993年大庆庭院等山石工程。他在1997年、1998年两次赴德国参加得月园建设山石工程施工（图91-5）。2004年他又主持完成了恭王府后花园山石维修工程，很好地体现了王府花园叠石造景观赏效果（图91-6）。

1993年开始他任项目经理，曾主持过北海公园永安寺、白塔修缮、1996年团城大殿修缮、1999年画舫斋修缮，2002年北京少年宫寿皇殿及周边建筑抢险加固，北海公园阐福寺修缮，2004年北京少年宫维修，2005年景山公园万春亭等五亭修缮等工程施工。2007年12月退休。退休后2008年又参加了哈萨克斯坦"北京大厦"仿古建筑工程施工。

图91-1	1985年西苑饭店山石工程（周学凯提供）
图91-2	1985年双秀公园山石工程
图91-3	1987年紫竹院筠石苑山石工程（杨宝生提供）
图91-4	1992年日本北海道天华园建设工程——大假山西峰施工中（周学凯提供）
图91-5	1997年德国柏林得月园建设山石工程。韩树松在得月园叠山（[德国]杜尼·约克摄）
图91-6	2004年恭王府后花园山石维修工程

技法讲究的叠石新秀 全振山

男,1956年7月出生。中共党员。1973年6月在北京海淀区温泉公社插队,知青。1974年9月来园林局修建工程处第一工程队学徒,瓦工。他从1982年香山饭店庭院工程开始接触和学习山石堆叠,并向周学凯师傅学习叠石造园艺术(图92-1)。1983年公司第一工程队成立山石组,他抽调到山石组,攻学叠石造园技术。1988年园林古建公司组建山石土建工程队,他又调到山石土建工程队。他善于学习思考,叠石技法讲究,不论是选石还是叠石均较好地体现了"透、漏、瘦、皱、丑"山石形态与造园意境。他擅长园林假山设计与山石堆砌、山水盆景,还在社会上讲课传授山石造园技艺。2001年中国风景园林学会授予"园林古建技术名师(假山工)荣誉称号"(图92-2)。

1974年开始他当瓦工时,主要参加了颐和园听鹂馆修缮,1975年陶然亭公园新建水榭,香山公园昭庙修缮,1976年颐和园眺远斋修缮,1977年毛主席纪念堂绿化植树,1978年动物园新建非洲象房,紫竹院公园新建水榭等工程施工。

从1983年开始他干起了山石活,主要参加了中国画院庭院,香山公园松林餐厅,1985年西苑饭店竹苑,清华大学工字厅,双秀公园,动物园,邓小平住所庭园,北京师范学院,1985年空军招待所,玉泉山喷泉等山石工程。1986年3月他和周学凯师傅一同去西藏,为班禅住所庭院码山石,整修湖岸。之后他又参加了1987年西安唐华宾馆庭院,紫竹院公园筠石苑、友贤山馆,颐和园西岸高钓区湖岸工程,1988年日本新潟天寿园建设(图92-3),动物园新建熊猫馆工程室外庭院,1989年北京军区庭院,友谊宾馆庭院,北京展览馆,大港油田庭院,1990年山西水泉寨公园,1991年日本北海道大华园建设(图92-4),通县齐天乐园,北京电视台庭院,1993年首钢集团喷水池,大庆油田,1997年德国柏林得月园建设(图92-5),2003年香山公园勤政殿复建,2004年恭王府后花园山石维修等山石工程。2005年参加景山公园万春亭等五亭修缮工程施工。

他还主持完成了2009年济南南郊宾馆四合院,2010年西安园博会北京园山石工程(图92-6)。2011年7月退休,公司第五分部返聘。2012年参加北京静宜园(香山)昭庙清净法智殿、琉璃塔修缮工程。主持完成了重庆园博会北京园山石工程,很好地体现了师法自然、追求神似的意境(图92-7)。他经过几十年的学习研究与施工实践,从理念、相石、选石、采石、因境立意,境以境出,乃至施工之立基、缀中层、妆顶等环节均很好地把握应用于叠石造园之中。

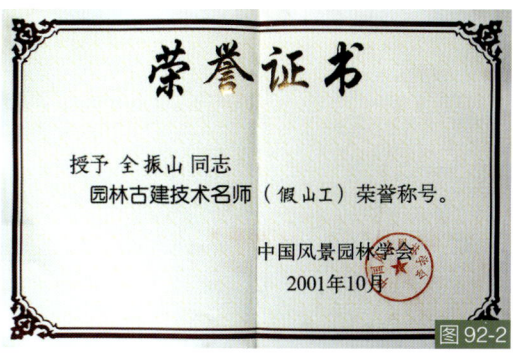

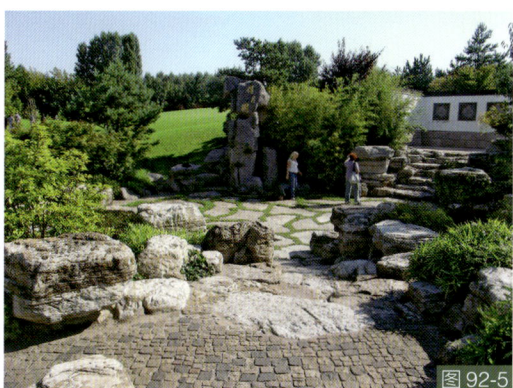

图92-1　1982年香山饭店庭院山石工程。后排左一香山饭店设计师美籍华人贝聿铭，左二韩良顺的徒弟，左三全振山，左四苗建华，前排左二庞建明（全振山提供）

图92-2　2001年园林古建技术名师（假山工）

图92-3　1988年日本新潟天寿园建设山石工程

图92-4　1992年日本北海道天华园建设山石工程（全振山提供）

图92-5　1997德国柏林得月园建设山石工程

图92-6　2010年西安园博会北京园（全振山提供）

图92-7　2012年重庆园博会北京园山石工程（全振山提供）

扎彩作 匠师

绰号"北京唯一的架子工" 徐文奎

男，1895年10月出生，北京宣武人。1909～1913年在北京兴隆木厂子学徒，扎彩工（架子工）。1952年8月来颐和园管理处工程班，扎彩作。1957年1月合并到园林局修建工程处，扎彩作。他擅长"起重"，能根据金、银、铜、铁、石的外观尺寸大小推算出它的重量。提起他，当时在北京古建同行中是很有名气的，"北京有一个半架子工，他占一个，其弟徐文启占半拉儿"，绰号"北京唯一的架子工"。

1950年，他参加了天安门广场改造扩建工程，具体负责华表向北平移施工。每根华表由须弥座柱础、柱身和承露盘组成，通高为9.57米，其直径为98厘米，重约20000公斤。他发挥自己"起重"技术绝活，采用打箱加固"整体垂直平移法"施工作业，顺利地将华表向北平移了6米，得到了古建同行们的夸赞。

1953年他参加由颐和园负责组织施工的佛香阁第一次全面整修油饰工程。佛香阁是颐和园的主体建筑，全园景物的核心。建筑面积1463.88平方米，高41米，为八角三层、两平座四重檐的全木结构建筑。四面环以围廊及南北门。他负责佛香阁整修油饰的架子搭设工作。他采取了内外连接的"掏空法"和佛香阁与众香界之间搭设两层"天桥"马道的架子搭设方法，既解决了施工材料的运输问题，又节约了大量工力（图93-1）。1954年被评为特等奖。1957年他还参加了动物园新建犀牛馆工程（图93-2）以及十三陵长陵，颐和园佛香阁，天坛公园祈年殿等避雷针安装架子搭设。1955年被评为北京市劳动模范。1958年2月退休。

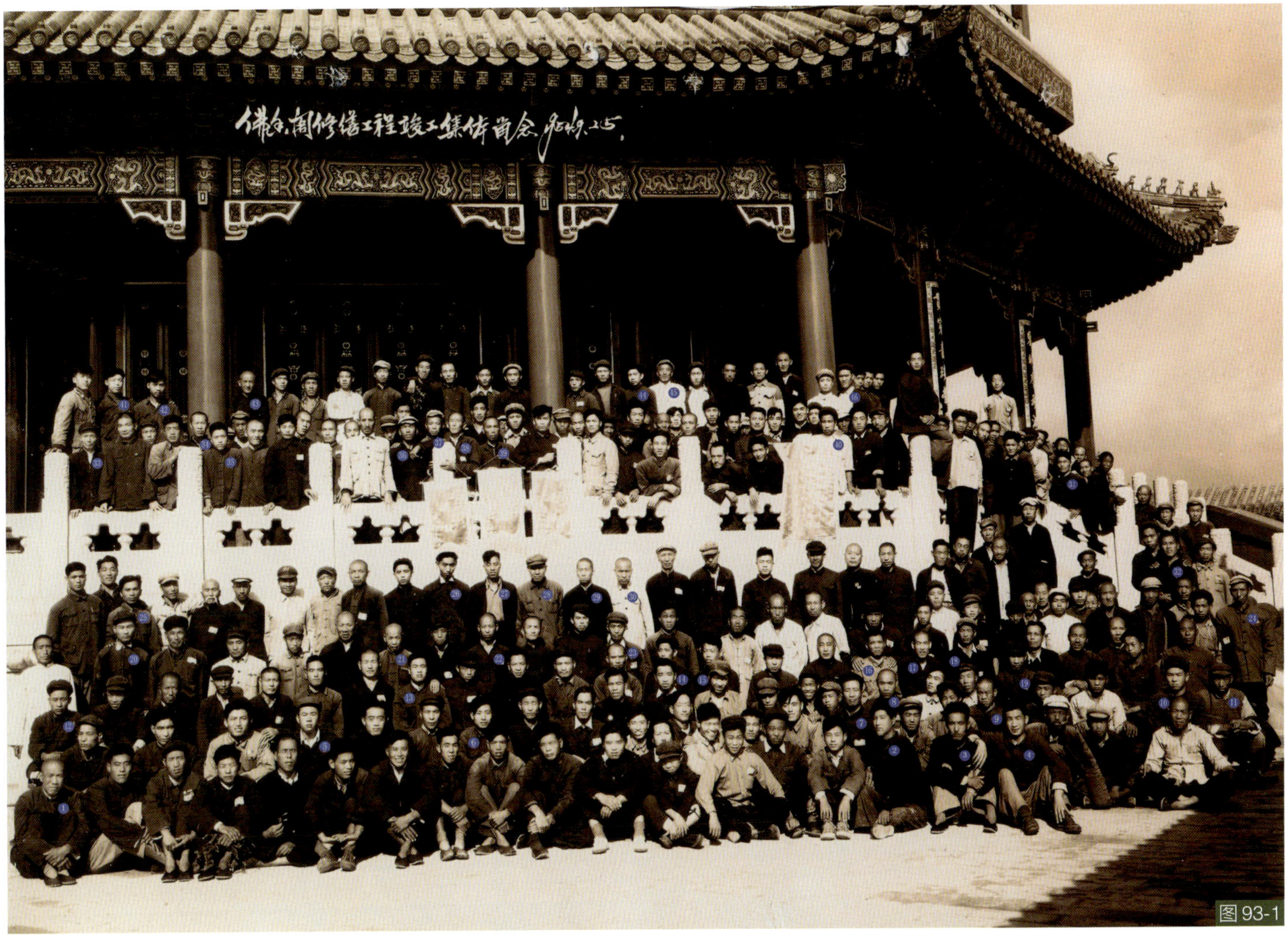

图93-1

图93-2

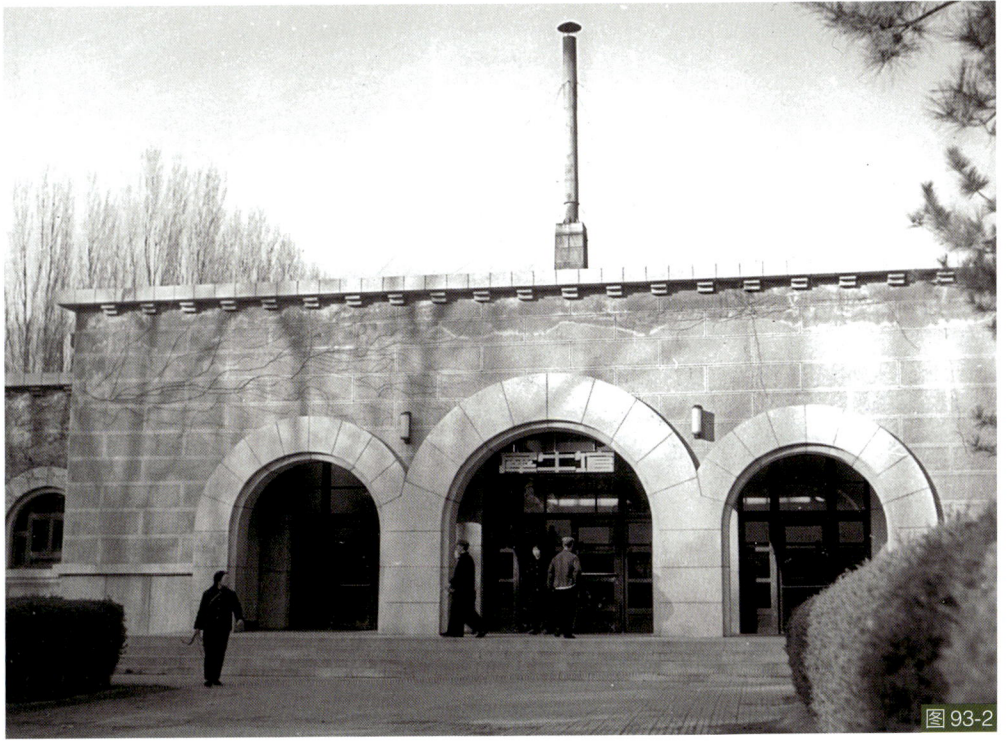

图93-1 1954年颐和园修缮佛香阁职工合影，其中有：扎彩作匠师徐文奎（24）、张炳全（43）；木作匠师张忠和（12）、徐文彬（1）；瓦作匠师李庆增（36）、崇俊福（18）、安德厚（11）（颐和园提供）

图93-2 1957年西郊公园（北京动物园）新建犀牛馆（动物园提供）

"打牮拨正" 扎彩大师 —— 顾永林

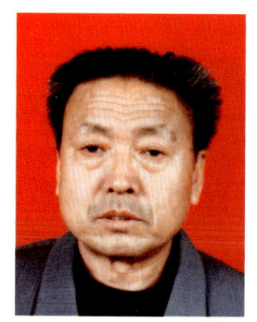

男，1934年1月出生，北京大兴人。中共党员。工程师。1952年在北京大兴县意兴棚铺学徒，扎彩工，师从王秉均。1953年11月来颐和园管理处工程班，扎彩作。1954年他参加颐和园佛香阁第一次全面整修油饰工程施工。1957年1月合并到园林局修建工程处，扎彩作。1977年7月修建工程处第二施工队任副队长。1982年3月在园林修建公司第一施工队任副队长。1990年在园林古建公司第一工程队任党支部书记。他擅长古建筑各种架子的设计与搭设，特别是"起重"、"打牮拨正"有一手绝活。他耐心向年轻人传授扎彩作和起重技术，收徒王茂生、陈晓小、马寿海等。

从1957年开始他主要参加了十三陵长陵，颐和园佛香阁，天坛公园祈年殿，1958年北海公园白塔，景山公园万春亭，前门箭楼，1964年潭柘寺，戒台寺等古建筑安装避雷设施架子搭设。1958年之后他主要参加了颐和园长廊（105间）修缮，1963年景山公园敞亭修缮拨正，1965年香山公园昭庙修缮，1969年卧佛寺大殿修缮，1972年北海牌楼柱子墩接、五龙亭更换柱基础等工程架子搭设。

1983年他参加了北海公园小西天修缮施工，主持架子搭设和小西天"托梁换柱"及"整体打牮"。在观音殿修缮过程中，他带领王贵申、安景旺、李京民等人，根据现场的实际情况，大胆采用整体打牮的施工工艺，把200多平方米、重约60吨的屋面整体打起来固定在牮柱上。由于打牮部位过高，无法采用一般打牮方式，于是他就设计了一个打牮专用工具，将千斤顶放在牮柱顶端的升降套里，这个升降套能升能降稳定性强，它的优点是长时间承载后不变形。打牮时，同时使用四个千斤顶，每两人负责一个千斤顶，听他的统一号令四个同时向上打。受牮结构不允许偏歪，必须保证打起的大木构件始终保持水平状态，这样才能保证藻井、天花同时升降，从而确保雕刻精美的藻井完整地保留下来。然后将打起来的部分在升降套的预留口处，垫上方钢和扁铁，这时花台梁及梁上抹角梁等构件，可以任意抽换、修补和加固了。此做法在国内古建筑修缮中实属首次，得到国家文物局专家们的赞扬，不仅保护了藻井，还减少了拆卸大量构件，节约了大量的材料和人工（图94-1、图94-2）。

1988年他负责组织颐和园佛香阁修缮架子搭设，他沿用了内外连接的"掏空法"和佛香阁与众香界之间搭设"天桥"两层马道的架子搭设方法，还设计并主持完成了"溜槽"及平座"打牮拨正"施工架子搭设（图94-3）。1988年之后他还主持十三陵昭陵复建工程（图94-4），1989年天安门广场摆花组字坡面花坛架子搭设。

1989年他负责组织了北京动物园大熊猫馆工程架子搭设。该工程基础以支撑拱架的钢筋水泥灌注桩和承台梁为主，主体是由环形拱架和随拱架落在承台梁上的壳体组成的钢筋水泥结构。整个造型新颖独特、匠心独具。11 对拱架和壳体的断面为倒 T 形。它们在三维空间上，没有任何一个剖面形状是相同的。入口处拱架最高点距地面 18 米，最宽处跨度为 22 米。他还自行研制垂直水平拉檐机和吊装顶板吊装架子（图 94-5、图 94-6）。1991 年参加北海公园白塔粉刷施工，他自行设计、搭设白塔移动式旋转架子，大大节省了工力和费用（图 94-7），此工法获得北京市科技进步二等奖。他被评为北京市工业企业优秀科技人员三等奖。1991 年还参加了日本熊本孔子公园建设工程施工。

1994 年 3 月退休。退休后园林古建公司返聘，任扎彩作技术顾问。他还多次在颐和园、北海公园、动物园讲授古建架子搭设技术。1998 年他参加了香山碧云寺罗汉堂修缮工程，为了更好地保护室内罗汉，避免彩画、木构件受到雨雪的侵蚀，他设计并主持搭设了文物保护防雨罩棚，解决了防雨雪、防风、排水等问题，满足了结构及屋面施工要求，更起到了文物保护的作用，这种防护措施是公司在本市文物修缮工程中首次采用的（图 94-8）。

2005 年他参加天坛祈年殿院建筑群修缮工程，任技术顾问，负责设计架子搭设方案（图 94-9），组织祈年殿斗子匾起重摘挂。祈年殿斗子匾体量之大，高 4.3 米、宽 4 米、厚 40 厘米，重约 2500 公斤。因扫青工序只有将匾平放才能进行施工，所以必须要把匾摘下来。他研究制定摘匾方案，并在现场亲自指挥，利用祈年殿外檐脚手架在二层檐上方搭设承重平台（用以承托、存放摘下的匾），平台两侧支搭立杆，上放"马梁"，马梁上挂两个 4 吨吊链，通过吊链成功地将匾摘下。扫青完毕后，又按此方案顺利地把匾原位挂回（图 94-10）。2005 年还参加景山万春亭等五亭修缮工程，设计万春亭三层檐两层悬挑荷载脚手架和上下山运输轱辘马坡道。他的"古建筑修缮大棚搭设技术"，从 1998 年香山碧云寺罗汉堂首创使用，到 2002 年天坛神乐署的使用，再到故宫太和门东、西两庑及太和殿的应用（图 94-11），已成为古建筑修缮普遍采用的技术措施（图 94-12）。1962 年他被评为红旗手。1986 年被评为北京市园林局先进个人、北京城建技协先进个人。1989 年被评为北京市园林局先进个人。1996 年获北京市园林局园林新风奖（图 94-13）。

图 94-1　1983 年北海公园小西天修缮。顾永林（左三）在观音殿西花台梁上与工人合影（张客唯提供）
图 94-2　获奖证书
图 94-3　1988 年颐和园佛香阁修缮架子搭设

图94-4　1988年顾永林在昭陵棱恩殿施工中（杜忠义提供）
图94-5　1989年北京动物园大熊猫馆模板承重子搭设
图94-6　获奖证书

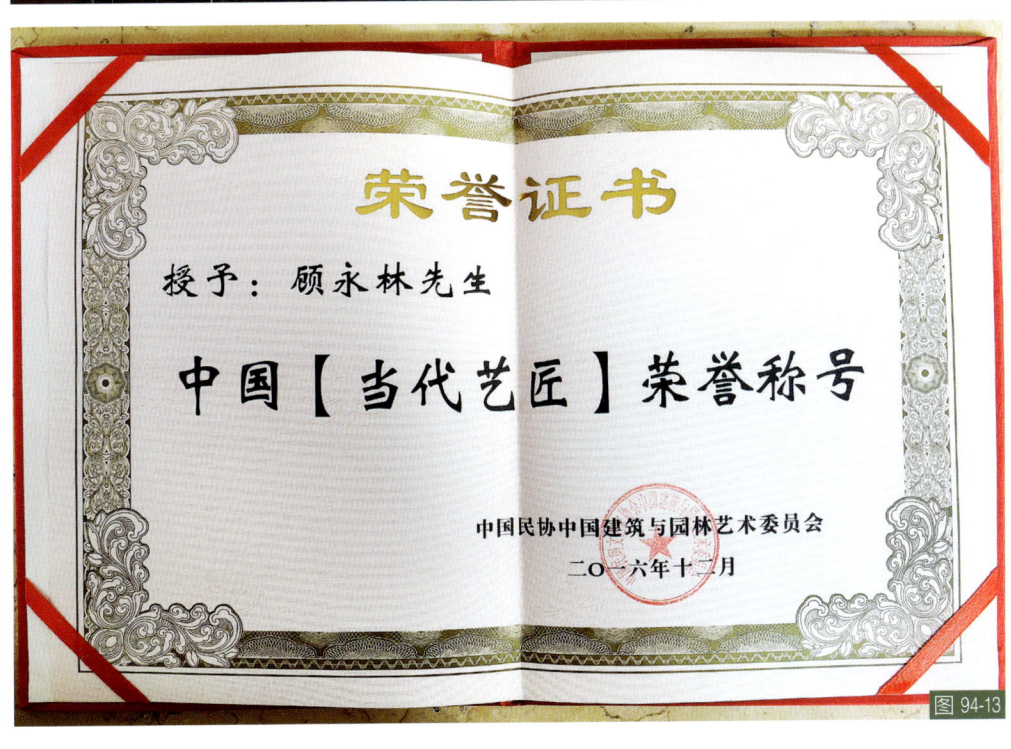

图94-7　1992年北海白塔移动式旋转架子（杜忠义提供）
图94-8　1998年香山碧云寺罗汉堂修缮大棚搭设
图94-9　2005年天坛祈年殿修缮架子搭设
图94-10　2005年天坛祈年殿斗子匾起重摘挂（杨宝生提供）
图94-11　2005年故宫太和门西庑修善（弘义阁架子）（杨宝生提供）
图94-12　2006年顾永林指导搭设故宫太和殿修缮大棚架子（杨宝生提供）
图94-13　中国"当代艺匠"荣誉称号

扎彩作老班长 王文江

男，1935年2月出生，北京海淀人。中共党员。1952年10月经史俊川介绍来西郊公园（动物园）工作。1952年12月在公园管理委员会工程队工作，壮工，后学习扎彩工。1960年调入北京市园林局小汤山苗圃工作。1963年在园林局绿化一大队工作，四级架子工。1964年8月来园林局修建工程处任架子工班班长。1975年在修建工程处第一施工队任架子工班班长。1984年在园林古建公司第一工程队任架子工班班长。他工作认真负责，干活不惜力，技术好。

1964年以来他带全班人员主要参加了潭柘寺避雷设备安装，北海公园琼岛小建筑修缮，1965年香山公园昭庙修缮，1973年紫竹院公园新建大桥，1974年颐和园龙王庙修缮、1978年长廊修缮，紫竹院公园新建水榭，潭柘寺油饰彩画（图95-1），1980年颐和园新建宿舍楼，1982年香山公园碧云寺修缮，1983年北海公园小西天修缮（图95-2），颐和园大戏台修缮，1985年西土城遗址公园复建，颐和园新建石舫餐厅等工程架子搭设。

1988年他参加了十三陵昭陵裬恩殿复建工程的架子搭设。裬恩殿复建施工架子为异形架子，不与建筑物连接，完全靠纵向戗、横向戗、斜角拉接，其难度较大，技术要求高。他带领第一工程队架子工班张长柏、安景旺、李金龙等，克服困难，顶着大雪配合大木立架（图95-3）。之后他又带领全班扎彩匠师参加1989年颐和园石丈亭修缮、长廊修缮，1989年天安门广场摆花组字坡面花坛架子，动物园新建熊猫馆等工程架子搭设。他还曾支援借调给油画队，到颐和园，北海公园搭设施工架子。1976～1978年他连续三年被评为修建处先进生产者。1982年、1983年被评为北京市园林局先进个人。1990年6月退休。退休后在第五工程队返聘，任扎彩作技术顾问。

图 95-1　1978年潭柘寺大雄宝殿油饰彩画（杨宝生提供）
图 95-2　1983年北海小西天修缮
图 95-3　1988年十三陵昭陵祾恩殿复建工程（杜忠义提供）

扎彩匠师"神仙" 李春林

男,1933年4月出生,浙江绍兴人。1958年7月来园林局修建工程处油画队,扎彩工。1984年在园林古建公司油画队工作,扎彩工。他个头不高,聪明灵巧,眼睛有神,在油画队干长了,对油活也有所了解,人称"神仙"。1976年、1980年被评为北京市园林局先进个人。

1958年以来他主要参加了颐和园长廊(105间)修缮,景山公园亭子修缮,北海公园避雷针安装,1961年龙潭公园避雷设施安装,1962年香山公园碧云寺大殿修缮,1964年卧佛寺修缮,潭柘寺避雷设备安装(图96-1),1965年八大处修缮,北海公园五龙亭修缮,1971年动物园象房扩建,1974年颐和园龙王庙修缮、听鹂馆修缮,1975年陶然亭公园新建水榭,1976年颐和园谐趣园油饰、画中游修缮等工程架子搭设。

1978年之后他又参加了陶然亭公园慈悲庵修缮工程架子搭设,扎彩作匠师刘贺然、宇国有、陈万军等也参加了施工。1979年参加戒台寺修缮工程架子搭设,扎彩作匠师张天波等也参加了施工(图96-2)。1981年之后他参加北海公园天王殿维修彩画,1984年颐和园大戏台修缮(图96-3),1986颐和园龙王庙修缮等工程架子搭设。1988年1月退休。退休后被第五工程队返聘,任扎彩作技术顾问。

290 / 291　扎彩作匠师

图96-1　1964年潭柘寺避雷针安装
图96-2　1979年戒台寺修缮（刘鹰提供）
图96-3　1984年颐和园大戏台修缮

从新建到古建扎彩匠师 张国维

男，1944年6月出生，北京人。1962年8月在北京市第六建筑公司，架子工。1979年调入园林局修建处第二施工队，扎彩工，后任架子工班班长。1984年在园林古建公司第二工程队任架子工班班长。他在六建公司学的是新建架子，来修建处之后才开始接触学习古建架子搭设技术。他虚心向顾永林师傅学习古建扎彩技术，通过几个工程干下来，很快就基本掌握了古建扎彩技术。1996年被中国风景园林学会授予"园林古建技术名师（架子工）荣誉称号"。

1979年以来他主要参加了陶然亭公园慈悲庵修缮（图97-1），戒台寺修缮，1980年中山公园神厨、神库修缮，1981年端门修缮（图97-2），1983年陶然亭公园窑台修缮等工程架子搭设。1983年他参加了北海公园小西天修缮工程及普查架子搭设，他带领第二工程队架子工班扎彩匠师于国友、李俊生、董跃军、陈万军等很好地完成了架子搭设任务。1983年之后他又带领全班职工参加了北海公园新建文艺厅等工程架子搭设。1988年带领李志军、陈万军等支援一队参加十三陵昭陵祾恩殿复建工程架子搭设。

1989年之后他带领大家参加北海公园快雪堂修缮，天安门广场摆花组字坡面花坛，动物园新建熊猫馆等工程架子搭设，带领李志军、陈万军等配合熊猫馆工程环形拱架模板支撑架子搭设。1990年之后他又带领大家参加天坛公园神厨、神库修缮，158中学修缮，西城少年宫修缮，1991年颐和园景明楼复建，1993年园林科研所搬迁，1994年中央党校省部级干部研讨楼工程（西院，1995年东院）修缮，1995年西客站顶层平台古建景观建设，1997年天安门广场摆花宫灯制作安装，紫竹院公园筠香楼等工程架子搭设。1998年参加北京植物园新建展览温室工程施工，担任安全员。

2000年6月退休。退休后，2007年、2008年他被请来参加天安门广场国庆摆花工程，指导广场东、西两则全部花坛的山体架子和南则两组大型标语灯箱架子搭设（图97-3）。1983年被评为北京市园林局先进工作者。1989年被评为北京市园林局文明职工。1990年被评为北京市园林局先进个人。

图97-1　1978年陶然亭公园慈悲庵修缮工程（张道顺提供）
图97-2　1981年端门修缮工程架子搭设
图97-3　2007年天安门广场两组大型标语灯箱架子搭设（张道顺提供）

扎彩作后起之秀 张长柏

男，1957年1月出生。1974年4月在北京平谷榕城公社插队，知青。1975年12月来园林局修建工程处第一施工队学徒，扎彩工。后任架子工班班长。他曾在园林古建公司第六工程队、油漆彩画工程队任架子工班班长、架子工长。他不怕吃苦，有力气，虽然没有拜过师，但曾向张炳全、顾永林等老师傅们学习"起重"和古建架子搭设技术，是扎彩作后起之秀。

1976年以来他主要参加了颐和园谐趣园油饰，1978年紫竹院公园新建水榭，潭柘寺油饰彩画等工程架子搭设。1978年他参加颐和园长廊修缮工程。11月开工，正值冬季，为保证施工质量和工期要求，在扎彩作大师顾永林带领下有王桂申、李京民、刘树山、安景旺、杨奉安等搭设施工架子和冬施暖棚。暖棚材料为一层塑料布，一层带丝棉布的草帘子。棚内采用铁皮半截桶制作的简易取暖炉子，并砌有暖墙，为冬施提供了保温措施。

1979年之后他主要参加了戒台寺修缮，1982年香山公园碧云寺修缮（图98-1），1983年北海公园小西天修缮，1988年十三陵昭陵棱恩殿复建，1989年天安门广场摆花组字坡面花坛等工程架子搭设。1989年参加北京动物园新建熊猫馆工程，任架子工班班长，他带领第一工程队架子工班扎彩作匠师安景旺、李金龙、库维信、赵吉斌、陈德庆等参加熊猫馆室内满堂红支顶架子、室外双排异形架子和拱形悬梁架子搭设等。1991年之后他又带领全班人员参加动物园新建金丝猴馆，首钢集团新建东大门，1994年园林局新建办公楼，1996年动物园新建象房、鸟馆、科普馆等工程架子搭设。

2005年他参加了景山公园万春亭等五亭修缮工程，任架子工长，负责架子搭设。万春亭屋面挑顶后，发现西南角抹角梁脱榫下沉达6厘米，正心桁、挑檐桁拔榫最大达18.5厘米，金柱歪闪最大达22厘米。经罗哲文等古建专家论证后作出了"歪闪的构件必须拨正"的结论。施工中，由于万春亭建于高台之上且室内供奉佛像，空间狭小无法支顶垡杆，因此他采用以脚手架为固定点将木架拉正的方法进行施工。第一步，去除约束：三层落架至承椽枋，二层落架至平板枋，一层落架至平身科斗拱；拆除走马板、栈墙板、槛窗、槅扇、槛框、雀替、天花支条及帽儿梁、槛墙柱门；去掉大木构架榫卯处的木楔、卡口，松开柱头与额枋连接的铁件，将各构件接头的榫、卯内清理干净。第二步，拨正柱体：由东南角金柱开始逆时针拨正，使用钢丝绳将金柱与其歪闪反方向脚手架的立杆上的A点连接，使用2吨吊链将其拉归原位。第三步，增加约束：归位后采用加斜向戗杆，绑扎铅丝的方法将柱体固定，再安装三层大、小额枋，垫板，二层平板枋，斗拱，挑檐桁，正心桁等横向木构件并卡好卡口及涨眼。撤除附加约束后，金柱最大歪闪2.5厘米，抹角梁归回原位，正心、挑檐檩拔榫最大2厘米，保证了结构的安全（图98-2）。2011年他还主持天安门广场摆花大红灯笼制作安装的架子搭设（图98-3）。2012年1月退休。

图 98-1　1982年香山公园碧云寺修缮（周彦忠提供）
图 98-2　2005年景山公园万春亭等五亭修缮工程运输马道搭设（张道顺提供）
图 98-3　2011年天安门广场摆花大红灯笼制作安装架子搭设（张道顺提供）

马广德 擅长"起重"扎彩作新秀

男，1957年3月出生。1974年6月在北京门头沟潭柘寺公社插队，知青。1978年12月来园林局修建处第二施工队学徒，扎彩工。之后在园林古建公司第四分部任架子工工长。他虽然没有拜过师，但曾向顾永林、李春林、刘贺然、张国维等多位扎彩作老匠师学习"起重"和古建架子搭设技术，是擅长"起重"的扎彩作新秀。

1979年以来他主要参加了陶然亭公园慈悲庵修缮、新建影院，戒台寺修缮（图99-1），1981年北海公园天王殿维修彩画，端门修缮，1983年陶然亭公园窑台修缮，北海公园小西天修缮、新建文艺厅，1988年北海公园快雪堂修缮，十三陵昭陵祾恩殿复建，1989年天安门广场摆花组字坡面花坛，动物园新建熊猫馆，1994年中央党校省部级干部研讨楼工程（西院，1995年东院）修缮，1998年昆明世博会万春园建设，中山公园兰亭避雷安装等工程架子搭设。2005年参加天坛祈年殿院建筑群修缮、圜丘、2006年皇穹宇院建筑群修缮等工程施工，任安全员。

2011年他参加静宜园（香山）昭庙清净法智殿、琉璃塔修缮工程，在昭庙过梁石安装中发挥了重要作用。四块过梁石，每块有4.6米长，宽60～75厘米不等，厚度约60厘米，重量均在5吨多，有一块过梁石重量达6吨多。由于施工面窄小无法使用吊装机械，要将过梁石安装在3.88米高的白台正门月台上，给安装带来了极大的难度。他经过现场勘查反复研究最终制定了过梁石倒运、安装施工方案。首先在昭庙外墙用吊车将过梁石吊置墙内平台上，然再从平台一步一步地平移置50米外处，再吊装在月台上。他在现场组织实施，采用传统的起重、吊装技术，通过滚杠、前拉后撬等办法向前移动倒运过梁石。遇转角拐弯处，采用"马梁架"、吊链、千斤顶等起重工具移位转向。安装时由于吊链长度不够，将两个吊链串起来同时起吊。经过十几天的努力，安全顺利地完成了过梁石的倒运和安装（图99-2）。另外昭庙琉璃牌坊前有幡杆四座，在安装幡杆时，为解决吊车摘钩问题，他还采用了吊装前将大麻绳系在幡杆吊装带上的索扣上，待幡杆吊装固定后，再落钩拉绳的方法，节省了人力和物力。2012年3月退休。退休后他又参加了北京园博会中国园林博物馆室外展园工程施工，负责组织"染霞山房"、"塔影别苑"牌楼、影壁等工程架子搭设（图99-3）。

图99-1

图99-2

图99-1　1979年戒台寺修缮工程（张道顺提供）

图99-2　2011年静宜园（香山）昭庙清净法智殿、琉璃塔修缮工程（张道顺提供）

图99-3　2012年北京园博会中国园林博物馆室外展园工程——"染霞山房"（周彦忠提供）

图99-3

六零后扎彩作新秀 席大朋

男，1963年11月出生。1982年6月来北京市园林局建筑工程公司古建工程一队学徒，扎彩工。1983年园林修建公司古建工程服务队，扎彩工。1989年在园林古建公司第五工程队工作，扎彩工，2002年任架子工长。2003年第五分部架子工长。2014年至今公司总承包三部，架子工长。他话不多，朴实能干。虽然没有拜过师，但向颐和园的廉兴业，修建处的王文江、张天波、李春林等老师傅学习古建扎彩技术，受益匪浅，是目前公司唯一在职的六零后扎彩作新秀。

1982年以来他主要参加了中央党校新建水榭、牌楼，卧佛寺一、二期修缮，1983年地坛公园神库修缮，1985年地坛公园宰牲亭修缮、方泽轩修缮，安全部宽街招待所装修，陶然亭公园名亭区新建杜甫草堂、姊妹亭、沧浪亭、烟雨亭、吹台，1986年恭王府油饰，北海公园仿膳油饰彩画，1989年广济寺修缮，1991年安全部"8926"工程，1992年双安商场屋顶仿古建筑，香山公园索道上站及中站建设，1996年香山公园欢喜园复建等工程的架子搭设。

1998年他参加了香山碧云寺罗汉堂修缮工程架子搭设，并参与了罗汉搬运保护工作。一是罗汉堂室内罗汉移位保护。在影响施工的部位，将用棉布包裹好的罗汉由须弥座移至事先制作好并衬垫聚苯板的专用木椅上，安装木防护架，外用塑料布封护。用此方法进行保护的罗汉有167尊。二是罗汉移至含青斋进行异地保护。由于罗汉堂内空间狭小，为便于施工，更好地保护罗汉，制作专用轿椅将84尊罗汉用人抬至异地存放。工程竣工后，再将移动保护的罗汉按绘制的位置图依次、准确地请回原位（图100-1）。他还参加了罗汉堂修缮工程文物保护防雨罩棚的架子搭设，有效地保护了室内罗汉，避免了彩画、木构件受雨雪的侵蚀。1999年他还参加了香山公园玉华岫复建工程架子搭设。

2002年之后他任架子工长，先后负责香山公园香雾窟复建、勤政殿复建（图100-2），2003年德国柏林德月园三期建设，2004年香山公园兄弟楼翻建、2007年见心斋修缮，颐和园霁清轩修缮，2007年、2008年天安门广场国庆摆花，2011年静宜园（香山）昭庙清净法智殿、琉璃塔修缮，2012年北京园博会北京园建设（图100-3），2014年静宜园（香山）香山寺修复和栖月崖景区修复等工程的架子搭设，为大木立架、屋面瓦瓦、外檐彩画、室内装修、彩画吊顶等提供条件。

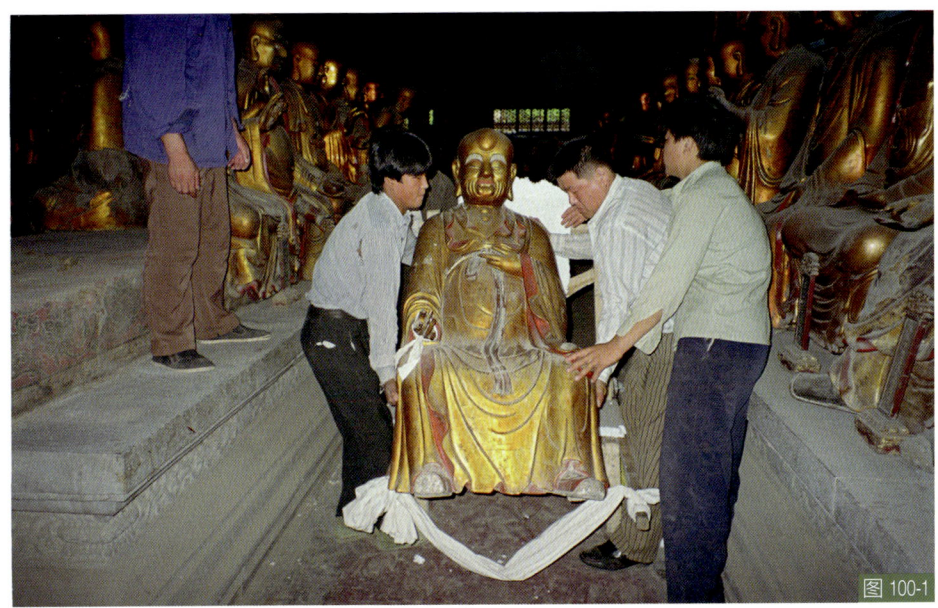

图 100-1　1999年香山碧云寺罗汉堂修缮时对罗汉进行异地保护
图 100-2　2002年香山公园勤政殿复建工程架子搭设
图 100-3　2012年北京园博会北京园建设（张道顺提供）